海军舰船装备保障能力评估理论与方法

蔡文军　李晓松　著

国防工业出版社

·北京·

内容简介

本书围绕海军舰船装备保障能力建设的相关内容,系统介绍了舰船装备保障能力评估的相关问题,并进行了实例分析。全书内容包括:绪论;海军舰船装备保障能力生成模式;海军舰船装备保障能力评估体系;海军舰船装备保障能力评估指标体系;海军舰船装备保障能力评估模型;海军舰船装备保障能力评估实施;海军舰船装备保障能力评估案例。

本书可作为军事装备学、军事运筹学、作战指挥学、军事后勤学等专业研究生的教材,也可供军事院校有关专业的教师、研究生和本科高年级学员以及从事装备发展论证、装备管理、装备保障等工作的人员参考。

图书在版编目(CIP)数据

海军舰船装备保障能力评估理论与方法/蔡文军,李晓松著.一北京:国防工业出版社,2013.7
ISBN 978-7-118-08861-8

Ⅰ.①海... Ⅱ.①蔡...②李... Ⅲ.①军用船—军械技术保障—评估 Ⅳ.①E144

中国版本图书馆 CIP 数据核字(2013)第 110096 号

※

国防工业出版社出版发行

(北京市海淀区紫竹院南路23号 邮政编码100048)
北京嘉恒彩色印刷责任有限公司
新华书店经售
*
开本710×960 1/16 印张13¾ 字数245千字
2013 年 7 月第 1 版第 1 次印刷 印数1—2500 册 定价42.00 元

(本书如有印装错误,我社负责调换)

国防书店:(010)88540777   发行邮购:(010)88540632
发行传真:(010)88540755   发行业务:(010)88540717

前　言

　　海军舰船装备保障能力评估（以下简称舰船装备保障能力评估）是海军装备保障理论研究的热点和难点，也是海军装备保障建设实践的重要环节。作者从事海军装备保障研究近 20 年，多次参与了海军舰船装备保障能力评估等实践活动。由于缺乏评估理论和方法的支撑，评估实践活动"先天不足"，存在一些难点和问题，制约了舰船装备保障能力评估深入开展。针对评估理论和实践中的问题，结合多年的研究成果和工作经历，作者集中研究了舰船装备保障能力评估的若干问题，撰写了《海军舰船装备保障能力评估理论与方法》一书。该书的出版对于促进舰船装备保障能力评估理论体系的完善、指导舰船装备保障能力评估实践、加快舰船装备保障能力生成模式的转变，具有一定的开拓意义和理论价值。同时，通过本书的案例研究，能够为从事舰船装备保障能力评估的相关人员提供一个理性思考和实践探索的指导工具，推动舰船装备保障能力评估迈向科学化、专业化和规范化的发展之路。

　　本书围绕海军舰船装备保障的特点，立足舰船装备保障建设的现状，针对舰船装备保障能力评估过程中的"瓶颈"问题，按照提出问题、分析问题、解决问题的思路，通过运用定性与定量相结合、理论分析与案例验证相结合的方法，从生成模式、评估体系、评估指标、评估模型、评估实施和案例研究等 6 个方面，对海军舰船装备保障能力评估的相关理论与方法进行了较为系统、全面、深入和细致的研究。

　　根据有关保密规定要求，本书对舰船装备保障现状、评估指标和评估数据进行了模糊处理，但这并不影响舰船装备保障能力评估理论与方法的实用性。在本书写作过程中，作者阅读了国内外相关学者的文献，引用了其中许多重要研究成果，并在书中加以了标注。作者对这些学者在评估领域所做出的重要贡献表示崇高的敬意，并对引用他们的成果感到荣幸。标注中若有遗漏之处，望原著作者予以谅解。

　　在本书写作过程中，海军装备机关、海军装备研究院某研究所的领导和同事给予了关心和指导。叶开富、王乐、赖建煌、彭术光、吕剑锋等海军机关人员对舰船装备保障能力评估工作倾注了大量心血；彭廷华副所长兼总工、雷良水副所长、王鹰研究员、钱晋研究员、邓智嘉主任等专家对本书写作给予了帮助和指导；薛勇、郭全魁、李鑫、舒绍干、高国华、于永涛、罗飞、杨瑞平等学者对本书的内容提出了许多建议;闫海港、赵冰工程师参与了部分图表的标绘。在此,作者一并表示感谢。

本书是在导师陈庆华教授的悉心指导和热忱关怀下完成的,本书的选题、研究、撰写和出版的全过程无不凝结着陈教授的心血。在此向陈教授表示深深的感谢!

由于作者理论水平有限,书中谬误之处在所难免,敬请广大读者批评指正。

目　录

第1章　绪　论

1.1　研究背景及意义

1.1.1　研究背景

我国海军是由水面舰艇部队、潜艇部队、海军航空兵部队、海军岸防兵部队和海军陆战队五大兵种和许多专业技术勤务部(分)队组成的,是能够独立遂行战役作战任务的军种。其中,水面战斗舰艇、水面登陆舰艇、潜艇和辅助舰船等舰船装备是我国海军武器装备的重要组成部分,也是海军部队完成作战、训练、战备等任务的重要物质基础,更是海军实力的代表和象征。

作为海军力量重要组成部分的舰船装备,必须通过及时有力的技术保障、调配保障、战备工作、保障指挥等装备保障活动,才能发挥其应有的作战效能而产生战斗力。海军舰船装备保障是海军力量形成的重要基础、海军工作的重要内容和构成海军战斗力的重要因素,已成为海军军事活动的重要组成部分,影响着海军战役战术的制定和运用,制约着海战的规模、进程和结局。海军舰船装备技术密集、种类繁多、作战区域广阔、海上使用环境恶劣,决定了海军舰船装备保障具有技术性强、范围广泛、组织复杂、岸海一体的鲜明特点。

装备作战能力和保障能力是部队战斗力的重要组成部分。装备作战能力是指装备所具备的完好的战术技术性能和遂行作战任务的能力,是部队战斗力的重要物质技术基础。装备保障能力是指为保持与恢复装备作战能力所具备的技术保障、供应保障和调配保障能力[1]。随着军事斗争准备不断深入、海军转型建设不断推进和舰船装备飞速发展,海军舰船装备保障面临要保障多代装备、多种区域、多样任务的严峻形势,从反恐维稳、封锁护航到大规模作战等多样化任务,要求具备快速、全面、持续、精确的海军舰船装备保障能力。

舰船装备保障能力评估研究,就是运用先进的理论和科学的方法,从宏观和微观两个层面,从静态和动态两个方面,从装备管理使用、装备保障指挥、器材供应保障、装备技术保障等多个角度,建立舰船装备保障能力评估指标、模型和方法体系,对海军舰船装备保障能力建设水平和效果进行科学、客观、公正的评判;解决舰船装备保障能力评估的"短板"和"瓶颈",提高舰船装备保障能力评估的效果;进一步查找海军舰船装备保障能力建设过程中存在的问题、薄弱环节,为海军舰船装备

1

保障能力建设和军事斗争装备准备提供科学的决策依据。

1.1.2 研究意义

1. 舰船装备保障能力评估具有重要的理论价值

（1）具有军事理论创新价值。胡锦涛同志在中国共产党第十七次全国代表大会的报告中指出:"适应世界军事发展新趋势和我国发展新要求,推进军事理论、军事技术、军事组织、军事管理创新。[2]"胡锦涛同志在中国共产党第十八次全国代表大会的报告中指出:"紧跟世界新军事革命加速发展的潮流,积极稳妥进行国防和军队改革,推动中国特色军事变革深入发展。坚持以创新发展军事理论为先导,着力提高国防科技工业自主创新能力……"舰船装备保障能力评估理论是一个不断发展、完善的理论体系,需要与时俱进的内容对其进行理论支撑,需要不断注入新鲜血液,以适应时代的迅速发展。目前,海军舰船装备保障能力建设的理论研究已日趋走向成熟,但对于舰船装备保障能力评估相关内容的研究和探索还不够系统深入,与海军舰船装备保障能力建设结合得还不够紧密,迫切需要发展和创新。

（2）具有学术研究价值。马克思在现代科学刚起步时指出:"一种科学只有成功地运用数学时,才算达到了真正完善的地步。[3]"数学以其严密性、准确性而成为许多学科研究的必备工具,是一门理论发展走向成熟的标志。本书通过借鉴先进的评估理论,结合舰船装备保障能力评估的最新研究成果,以文献法、比较法和数据分析法为工具,综合运用系统科学、运筹学、经济学、管理学、统计学等多学科的理论和方法,充分利用定性和定量相结合的工具,分析舰船装备保障能力评估相关问题,对舰船装备保障能力评估进行系统深入的探讨和研究,将弥补这一研究领域的空白,从而有利于拓展装备保障能力评估的研究方法,为舰船装备保障能力评估提供一个具有可操作性和实用性的评估指标体系和评估模型体系,同时也将不断完善和丰富海军装备保障理论,具有重要的学术研究价值。

（3）具有实践指导价值。随着海军转型建设不断深入推进、军事斗争准备不断拓展深化,军事斗争装备准备评估工作已转入常态化开展,迫切需要结合海军舰船装备保障能力建设的特点,采用科学的方法对海军舰船装备保障能力进行评估。本书遵循"从实践中来,到实践中去"的辩证唯物主义认识论观点,研究提出的评估指标、评估模型、评估方法既来源于实践,又服务于实践,努力实现从实践到认识的一次飞跃,再从认识到实践的二次飞跃,为海军舰船装备保障能力建设实践和评估活动的开展提供理论指导,有助于为遂行多样化军事任务的海军舰船装备提供高效、及时的保障。

2. 舰船装备保障能力评估是提高舰船装备保障能力的需要

（1）有利于检验海军舰船装备保障能力建设的效果。从工作周期看,舰船装备保障能力评估是海军舰船装备保障能力建设的出发点和归宿。只有科学解决舰船装备保障能力评估的难点问题,有针对性地采取有效的舰船装备保障能力评估方式方法,才能准确发现和查找海军舰船装备保障能力建设过程中存在的各种问题,采取针对性强的措施,改进薄弱环节,从而最终判断海军舰船装备保障能力建设是否科学有效。在此基础上,确定提高海军舰船装备保障能力的切入点和突破口,制定切实可行的对策和措施,扎扎实实地抓好落实,不断提高海军舰船装备保障能力。

(2) 有利于引导海军舰船装备保障能力建设的方向。海军舰船装备保障能力建设需要投入大量的人力、物力和财力,在军事斗争海军舰船装备保障准备和装备保障能力建设实施过程中,可能由于多种原因(比如保障方案、指挥手段、技术保障、供应调配等),使装备保障能力建设各项工作不够协调一致,导致一些低水平的重复工作,完成的装备保障能力建设工作质量不高、效果不好。如何确保装备保障能力建设朝着正确的方向发展,不偏离目标呢? 很重要的一方面就是用科学的装备保障能力评估指标体系来做指导。有了指标体系做指导,就有了正确的方向,明确了需求和侧重方面,从而避免了盲目,提高了效率,对引导海军舰船装备保障能力建设方向具有重要的指导意义。

(3) 有利于提高海军舰船装备保障能力建设的质量。在海军舰船装备保障能力建设过程中,海军机关一直在不断探索提高海军舰船装备保障能力建设质量的有效途径,其中涉及到加强保障方案制定与执行、重视技术保障力量构建、注重装备保障指挥方式方法、加强机动保障手段建设等。通过开展舰船装备保障能力评估,可以提出海军舰船装备保障能力建设的标准和要求,进一步规范海军舰船装备保障能力建设环节,做到有效监控、管理和提高海军舰船装备保障能力建设的质量,最终促进海军舰船装备保障能力建设的良性发展。

3. 舰船装备保障能力评估是促进保障力量战备建设的需要

(1) 正确实施海军舰船装备保障指挥决策的需要。信息是决策的基础,没有准确可靠的信息,就没有正确的决策。要实施正确的海军舰船装备保障指挥决策,必须依赖于对各种信息及时、准确和全面的了解掌握,而海军舰船装备保障能力的具体情况又是海军装备保障指挥员及其指挥机构必须掌握的最重要的内容。古人曰"知己知彼,百战不殆",可见知己知彼的重要性。对海军舰船装备保障能力以及影响和制约保障能力的各种因素进行正确判断和科学评估,是海军舰船装备保障指挥决策的可靠依据,是海军舰船装备保障组织实施顺畅、高效的前提条件。

(2) 科学运用战时海军舰船装备保障力量的需要。舰船装备保障力量作为战时装备保障力量的重要组成部分,担负着所在区域内舰艇检修、应急抢修、器材供应和机动保障等任务。战时舰船装备保障能力由指挥决策、应急抢修、存储收发、运输筹供、前出支援、机动防护等多种要素构成。在实施保障过程中,要根据保障对象需求、保障环境特点等实际情况,灵活采用岸基保障、海上保障、待机保障、伴随保障、应召保障、巡回保障等多种保障方式。对战时海军舰船装备保障能力进行客观、全面的评估,有助于根据任务需求,整体筹划,通盘考虑,对舰船装备保障力量进行科学合理编组、灵活运用,切实做到心中有数,谋求整体保障效能的提高,为合理区分和正确使用保障力量提供基本依据。

(3)加强海军舰船装备保障战备建设的需要。分析论证海军舰船装备保障能力并不是评估的唯一目的,更重要的是通过评估,查找海军舰船装备保障战备建设中存在的问题及其原因,为有针对性地加强保障力量战备建设打好基础。通过评估,有助于搞清楚海军舰船装备保障力量战备建设现状,找准存在的主要问题和薄弱环节,进一步明确和深化抢修中心、保障点、保障队、支援队等战时保障编组形式,完善平战转换模式和机制,在此基础上确定保障力量战备建设的切入点和突破口,制定切实可行的对策和措施,扎扎实实地抓好落实,不断提高战时海军舰船装备保障能力。

1.2　相关概念

概念是反映对象的特有属性的思维形式。正如毛泽东同志指出的那样:"概念这种东西已经不是事物的现象,不是事物的各个片面,不是它们的外部联系,而是抓着了事物的本质,事物的全体,事物的内部联系了。概念同感觉,不但是数量上的差别,而且有了性质上的差别。循此继进,使用判断和推理的方法,就可产生出合乎论理的结论。[4]""任何理论首先必须澄清杂乱的,可以说混淆不清的概念和观念。只有对名称和概念有了共同的理解,才能够清楚而顺利地研究问题……如果不能精确地确定它们的概念,就不可能透彻地理解它们的内在规律和相互关系。[5]"概念的界定是识别、分析和解决问题的第一步。

1.2.1　海军舰船装备

1. 海军装备

海军装备是指,"海军实施和保障海军军事行动的平台、武器、电子信息系统及相关设备器材的统称。"海军装备主要包括舰艇、海军飞机与直升机、海军导弹、水中武器、海军火炮及弹药、两栖装甲车、海军指挥信息系统、海军通信设备、海军探测设备、海军电子对抗设备、海军导航设备、三防设备(防核、防化学、防生物武器)、水文气象设备、海上防险救生设备、海洋测绘装备和设备器材,以及各种后勤、装备保障装备和设备器材。按照兵种划分,海军装备主要有:潜艇部队装备,包括核动力潜艇和常规动力潜艇;水面舰艇部队装备,包括水面战斗舰艇和辅助舰船;海军航空兵部队装备;海军岸防兵部队装备;海军陆战队装备,如图1-1所示。

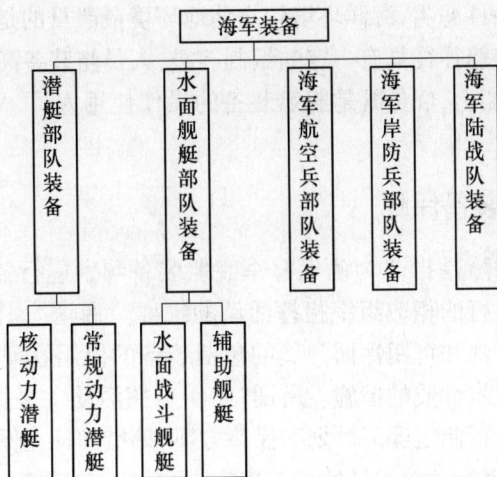

图 1-1 海军装备构成（按兵种划分）

2. 海军舰船装备

舰船装备既可以指各种舰船,也可以指组成舰船的各种装备。

舰船装备与相关概念的关系如图 1-2 所示。

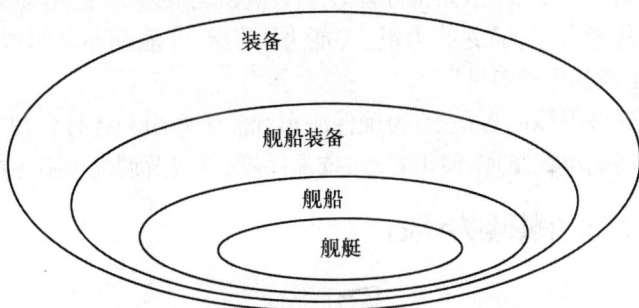

图 1-2 "舰船装备"与相关概念的关系

舰船装备有别于其他军事装备,它有诸多特点[6,7]:

(1) 体系庞大、构成复杂,例如,现代化的新型驱逐舰一般由船体结构、动力系统、电力系统、全船保障系统、生命力系统、直升机舰面系统、导航系统、通信系统、舰舰导弹武器系统、舰空导弹武器系统、主炮武器系统、副炮武器系统、弹炮结合进程反导武器系统、反潜武器系统、电子战系统、声纳和雷达探测系统、作战指挥控制系统等十多个系统组成。

(2) 技术高度密集,舰船装备几乎与当代所有的工业部门有关,是当代各领域技术的高度集成。

(3) 活动区域宽阔,特别是我国海军走向深蓝后,其活动区域遍及各大洋。

(4) 使用环境条件恶劣,海洋环境较之陆地环境最严重的是腐蚀性。

(5) 一艘海军舰船往往具有一定的编制等级,人员与装备高度结合,舰员既生活在船上,又战斗在船上,舰员既是舰船装备的操作使用人员,又是舰船装备的直接维护保养人员。

1.2.2　海军舰船装备保障

海军舰船装备保障是指,"为确保海军舰船装备顺利遂行各种任务而采取的各项保证性措施与进行的相应组织指挥活动的统称。"所谓"保证性措施"是围绕海军舰船装备的完好性和可用性而开展的包括装备的使用管理、维修保养、抢救、修理和储存保管等技术性质的措施。所谓"组织指挥活动",是指为保证性措施成功地实施而进行的包括制定保障计划和保障方案、筹措和补充保障资源、运用保障力量、协调和控制保障行动等领导性质的措施[8]。

海军舰船装备保障还包括一些技术勤务保障工作,如舰船消磁、消音,潜艇充气、充电等,是最具海军特点的一项装备保障工作。

1.2.3　海军舰船装备保障能力

在现代汉语中"能",一般是指才能、才干、本领、能够(在主、客观条件具备下,会做,会完成)等意义;"力"是指力量。"能力"是指"才能和办事的本领",或者指"能胜任某项工作的主观条件"[9]。

海军舰船装备保障能力是指:为确保海军舰船装备顺利遂行各种任务,提高其保障效率所必需的组织指挥、使用管理、技术保障、供应及调配保障等能力。

1.2.4　舰船装备保障能力评估

1. 评估

评估,评议估计[9],即评价与估量,是指对某一事物的客观价值、作用、地位做出判断的活动,是依照一定的标准对客观事物进行观察,并做出价值判断的结果。

2. 舰船装备保障能力评估

舰船装备保障能力评估是海军舰船装备保障能力建设过程中不可缺少的重要环节,它具有对海军舰船装备保障能力建设过程及其效果进行判断,通过信息反馈调控海军舰船装备保障能力建设过程的作用,保证海军舰船装备保障能力达成预期目标。它是以既定的能力建设目标为依据,运用评估理论、方法和技术,系统地、科学地收集处理舰船装备保障能力评估信息,对海军舰船装备保障能力建设过程和效果进行客观描述、价值判断、心理同构的过程。舰船装备保障能力评估对于海军舰船装备保障能力建设和发展,对于海军舰船装备保障的管理和决策,都起着至关重要的作用。

舰船装备保障能力评估作为衡量海军舰船装备保障能力建设过程和效果的重要工具,不仅可以揭示出海军舰船装备保障能力建设的质与量、合理与不合理,从而加以肯定与否定,同时还能指导和促进海军舰船装备保障能力建设朝着正确的方向发展。

舰船装备保障能力评估的基本内容包括评价和估算两个方面。评价的内容是指海军舰船装备保障能力各要素的水平、结构和关系的合理性,主要包括:海军舰船装备保障能力各要素自身的数量和质量;各要素之间结构的合理程度;海军舰船装备保障能力与保障对象之间的合理程度。估算的内容主要包括根据特定要求计算海军舰船装备保障某一能力的大小。

据此,可以将"舰船装备保障能力评估"定义为:依据海军舰船装备保障能力建设的价值、理念、目标和原则,以提高海军舰船装备保障能力为价值标准,以海军舰船装备保障能力的具体标准为依据和尺度,遵循海军舰船装备保障的规律和特点,在充分获取评估信息的基础上,运用科学可行的方法和手段,科学、客观、系统的对海军舰船装备保障能力进行的价值判断。

上述"舰船装备保障能力评估"的概念包含以下 5 个方面的含义:

(1)舰船装备保障能力评估必须依据海军舰船装备保障能力建设目标和原则。舰船装备保障能力评估目标是以海军舰船装备保障能力"是否达到了预先设定的效果"、"是否完成任务"为评判依据;舰船装备保障能力评估原则是以海军舰船装备保障能力建设"是否做的合理"、"是否合乎海军舰船装备保障能力的基本要求"为评判依据。两个评价依据都具有客观性和规范性,也都具有舰船装备保障能力评估的信度和效度。

(2)舰船装备保障能力评估的主要内容是海军舰船装备保障能力建设的过程和结果。舰船装备保障能力评估要对海军舰船装备保障能力建设的过程和结果进行评估,是动态过程和静态结果的结合,构建的舰船装备保障能力评估指标体系必须是全方位的,既要考虑结果指标,也要考虑过程指标;既要考虑静态指标,也要考虑动态指标。

(3)舰船装备保障能力评估的主要工作是"价值判断和量评"。价值判断是定性的评估,主要是评估海军舰船装备保障能力是否达到要求,目前处于什么状态等;量评工作是指定量评估,主要是评估某一单位的舰船装备保障能力具体分值,以及多个单位的舰船装备保障能力的比较与排名等。

(4)舰船装备保障能力评估贯穿海军舰船装备保障能力建设的各个环节。舰船装备保障能力评估是一个动态评估、循序渐进的过程,要在海军舰船装备保障能力建设过程中定期开展评估。通过开展全过程的舰船装备保障能力评估,能够及时修正海军舰船装备保障能力建设的目标和方式,解决海军舰船装备保障能力建设过程中出现的问题,实现海军舰船装备保障能力建设资源的合理配置与组合,追求最佳效果和目标的达成。

(5) 舰船装备保障能力评估是多角度、全方位的评估。舰船装备保障能力评估要求从海军舰船装备保障指挥员、指挥机构和业务主管机关等多个角度进行评估,同时要对指挥能力、供应调配能力、技术保障能力、机动保障能力等方面进行全方位的评估,还要对保障能力的变化情况进行全面性的评估。

1.3 评估的分类

从不同角度出发,舰船装备保障能力评估可以分为不同的类型。

1. 按评估时机进行分类

舰船装备保障能力评估按评估时机进行划分,可分为预测性评估、过程性评估和总结性评估三大类。预测性评估是在组织保障行动前,通过对海军舰船装备保障能力进行预测,及时发现各保障能力的薄弱环节,进行有效改进,提高海军舰船装备保障能力,以确保保障行动能高效实施。过程性评估是对海军舰船装备保障行动过程中的装备保障能力进行评估。总结性评估是以海军某一阶段或某次重大军事行动的舰船装备保障情况进行的工作总结为依据,从而对海军舰船装备保障能力作出的鉴定和评估。总结性评估所关注的是保障行动的结果,以及对随后保障的影响,基本不涉及保障的详细过程,是事后的评估。

2. 按使用环境进行分类

舰船装备保障能力评估按海军舰船装备使用环境分类,可以分为平时舰船装备保障能力评估、战时舰船装备保障能力评估和任务舰船装备保障能力评估(演习任务、护航任务等)等。

3. 按评估的内容进行分类

舰船装备保障能力评估按评估的内容,可分为单项能力评估与综合能力评估。单项能力评估是指对海军舰船装备保障能力的各专业能力或各要素的评估。综合能力评估则是对海军舰船装备保障能力进行全面的评估,运用相关的评估技术对各单项能力评估结果进行综合,如指标的分类、标准值与权重的确定及综合计算等。

4. 按评估的范围进行分类

舰船装备保障能力评估按评估的范围,可分为3个层次:针对整个海军的舰船装备保障能力评估(评估对象1个);针对海军舰队的舰船装备保障能力评估(评估对象3个)和针对海军基地或部队的舰船装备保障能力评估(评估对象多个)等。

因此,根据上述内容可以归纳出舰船装备保障能力评估的分类,具体如图1-3所示。

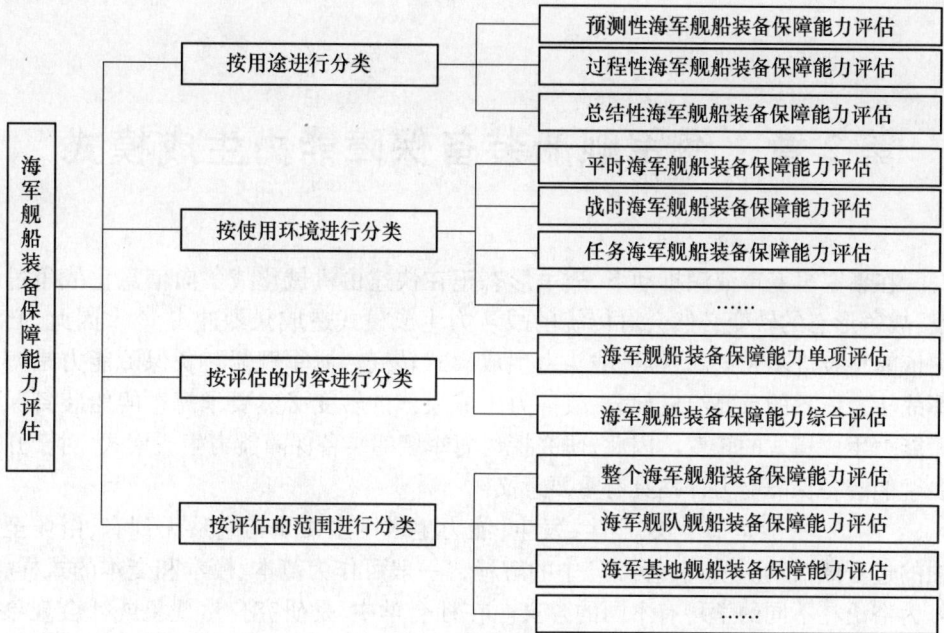

图 1-3　舰船装备保障能力评估的分类

　　本书所研究的舰船装备保障能力评估,主要是已进行的舰船装备保障能力评估理论、指标、模型和方法等研究。按评估时机,主要包括预测性评估、过程性评估和总结性评估,但侧重于总结性评估;按评估使用环境,主要包括平时、战时,任务舰船装备保障能力评估,但侧重于平时检查性质的评估;按评估的内容,主要包括单项评估和综合评估,但侧重于在单项评估基础上的综合评估;按评估的范围,主要针对海军基地舰船装备保障能力进行评估,因为海军基地曾经是具有相对完整能力的舰船装备保障主体力量。海军舰船装备保障各类评估之间并无本质区别,只是针对评估对象、评估时机在评估指标体系、评估模型、评估实施等方面有所区别,本书的研究内容不代表海军舰船装备保障现状和机关业务工作。

第2章 海军舰船装备保障能力生成模式

在新军事变革浪潮推动下,战争形态正在快速由机械化战争向信息化战争过渡,战争形态的转变必然会对传统的战斗力生成模式造成猛烈冲击[10]。因此,必须依靠科技进步和创新,推进战斗力生成模式转变。海军舰船装备保障能力是海军战斗力体系的重要组成部分,战斗力生成模式的转变必然要求海军舰船装备保障能力生成模式的转变。因此,研究探讨海军舰船装备保障能力生成模式,对于开展舰船装备保障能力评估具有重要意义。

"生成"一般是指生长、产生、发生,能力生成则主要是指它从无到有、由弱至强的过程或活动。模式,《辞海》中的解释,"一般可作为范本、模本和变本的式样,作为俗语在不同的学科有不同的含义。在社会学中,是研究自然现象或社会现象的理论图式和解释方案,同时也是一种思想体系和思维方式"。

进一步可以从3个方面来理解海军舰船装备保障能力生成的内涵:

(1)从海军舰船装备保障能力生成的主体来看,是各级装备保障机关和保障实体;

(2)从海军舰船装备保障生成的内容来看,应包括适应需要的海军舰船装备保障人才队伍、高性能的保障装备、设备、器材和设施以及满足需求的海军舰船装备装备保障理论、科学合理的海军舰船装备保障体制编制、稳步发展的海军舰船装备保障运行机制等;

(3)从海军舰船装备保障能力生成的目标来看,海军舰船装备保障能力应与军事技术、武器装备以及作战样式等发展相适应,其最终指向是适应需求又不断增强的海军舰船装备保障能力。

由此,海军舰船装备保障能力的生成模式,可以理解为"形成海军舰船装备保障能力的方式。其主要取决于所处时代的生产力水平,综合国力向军事领域转化的能力、作战需求的特点和军事环境,等等。"

2.1 生成模式的定性分析

海军舰船装备保障能力生成模式的定性分析主要包括3个部分:海军舰船装备保障能力生成模式的影响因素、各因素之间的相互关系和海军舰船装备保障能力生成模式的实现途径。该部分主要参考了文献[11–15]。

2.1.1　生成模式的影响因素

海军舰船装备保障能力生成模式的影响因素包括外部因素和内部因素。

(1) 外部影响因素。海军舰船装备保障能力生成模式的外部环境主要体现在对能力生成有相互影响、相互作用的资源、技术、政策、信息等方面。

① 技术。高新技术广泛运用于军事系统,大幅提升了武器系统的性能,同时也促进了战争形态的历史性转变。这些变化一方面对保障人员、保障装备、提出了严峻的挑战,同时也为海军舰船装备保障能力生成手段、方法的多样性开启了新的途径。

② 军事战略。我军军事战略的适时调整和变化必然导致军队发展各方面的思路与要求的相应转变,海军舰船装备保障能力生成模式也要根据军事战略的变化,进行适当的调整。

③ 国防费。国防投入及其分配情况是海军舰船装备保障能力生成质量和效益的重要基础。近年来,随着我国经济实力的稳步提高,国防投入的总量也在逐步提升,这为海军舰船装备保障能力生成提供了十分有利的条件。

(2) 内部影响因素。海军舰船装备保障能力生成模式的内部影响因素可简单归结为保障人员、保障资源(含保障装备、器材、设备、设施等)、保障理论、保障训练以及保障体制等。

① 保障人员。保障人员是海军舰船装备保障能力生成活动的主体,是装备保障能力生成模式中最关键、最活跃的因素,其整体素质状况对装备保障能力生成的效率和综合效益将起重要作用。

② 保障资源。保障资源是海军舰船装备保障能力生成的基础,保障装备的综合性能及信息化程度直接影响到保障能力的生成与提高。保障资源包括保障装备、器材、设备和设施等。

③ 保障理论。先进的保障理论是影响海军舰船装备保障能力生成模式的一个重要因素。

④ 保障训练。海军舰船装备保障训练是实现海军舰船装备保障能力生成、巩固和提高的基本途径。

⑤ 保障体制。海军舰船装备保障体制是海军舰船装备保障的组织系统、机构设置和保障人员、保障装备编配的具体规定,是海军舰船装备保障能力生成的重要因素之一。

在海军舰船装备保障能力生成模式的内部影响因素中,保障资源和保障人员等构成的客观实体属于物质范畴;而保障体制是保障能力生成的规划决策与组织协调,各种保障信息以及各要素的相互联系是人脑对客观实体的反映,属于意识范畴。按照从物质到意识、由低层到高层的顺序,可将装备保障能力生成系统划分为物理域、信息域和认知域。对于海军舰船装备保障能力生成来说,最佳的组合方式,就是通过对物理域、信息域和认知域三个领域的综合集成,形成三域合一,构成从底层到高层的一条无缝"价值链",从而实现人员与海军舰船装备的最佳结合,主观与客观的高度统一,认知与行动的有机协调,如图2-1所示。

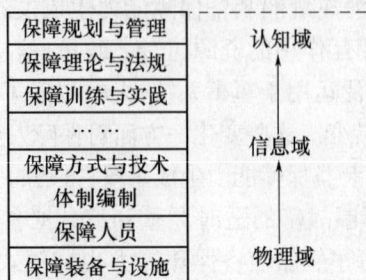

图2-1 装备保障能力生成模式的内部影响因素

2.1.2 生成模式影响因素的定性关系

综上所述,海军舰船装备保障能力生成模式主要受外部和内部两个方面的影响,如图2-2所示。实质上,海军舰船装备保障能力生成、巩固与提高的过程,也是各影响因素发生变化、相互影响、共同作用的过程。

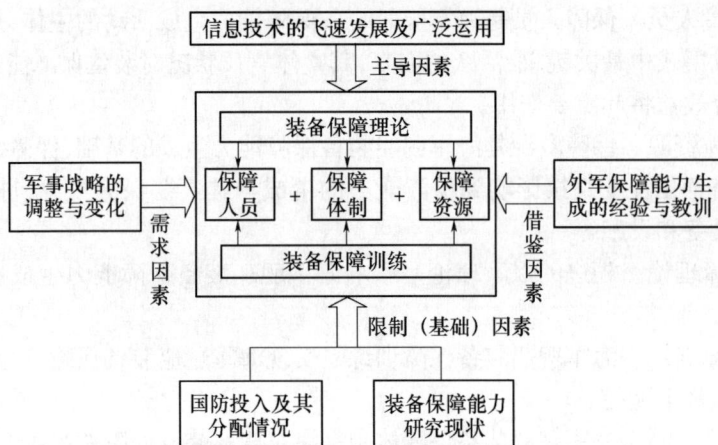

图2-2 装备保障能力生成模式影响因素的相互关系

外部因素是海军舰船装备保障能力生成模式的重要影响因素。在海军舰船装备保障能力生成模式的外部环境因素中,信息技术是主导因素,军事战略的调整与变化是需求因素,外军保障能力生成的经验教训是借鉴因素,而国防投入及其分配情况既是保障能力生成模式的限制因素,又是基础因素。它们对海军舰船装备保障能力生成模式既有阻碍和制约作用,又有推进和提升作用。

内部因素是海军舰船装备保障能力生成模式的决定性因素。海军舰船装备保障能力生成模式的内部因素包括保障理论、保障人员、保障资源、保障体制及保障训练等,其中保障理论是依据,保障人员是主体,保障资源是基础,保障体制是纽带,保障训练是途径,它们相互作用,相互影响,共同构成海军舰船装备保障能力生成模式的整体。因此,只有改变构成要素的状态或提升构成要素的素质,才能从根本上促使海军舰船装备保障能力生成模式发生质的改变。

2.1.3 生成模式的实现途径

海军舰船装备保障能力不是凭空生成的,它必须通过一定的方式或手段来实现,形成从无到有、从弱到强的生成过程,这个方式或手段就是海军舰船装备保障能力生成的途径。

首先来分析一下海军舰船装备保障能力的存在状态:第 1 种是海军舰船装备保障能力处于零状态或潜在状态,也就是没有海军舰船装备保障能力,或是海军舰船装备保障能力没有显性地表现出来;第 2 种是弱状态,可称为保障能力的静止状态,说明已经具有海军舰船装备保障能力,但还比较弱小;第 3 种是海军舰船装备保障能力的强状态,可称为保障能力的理想状态。

对于从潜在状态到静止状态,能力生成的途径很多,主要有保障资源建设、装备保障动员、人员培养等,而对于从静止状态到理想状态,途径也很多,主要有保障训练、保障实践等,如图 2-3 所示。

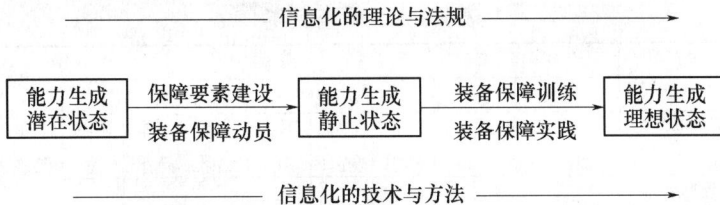

图 2-3 装备保障能力生成的实现途径

2.2 生成模式的定量分析

海军舰船装备保障能力生成模式是动态变化、不断完善的过程。它的动态变化受影响因素的作用。在海军舰船装备保障能力生成过程中,每一次影响因素的相互作用以及影响因素和保障能力的作用,可看做是一个随机变量,从时间序列的角度来看,就得到一个随机过程。因此,可以应用运用模糊数学理论和马尔科夫随机过程模型对海军舰船装备保障能力生成的过程进行仿真。

海军舰船装备保障能力生成模式定量分析主要是根据定性分析的结果,运用模糊数学理论和马尔科夫随机过程模型,分析海军舰船装备保障能力生成模式影响因素之间的相互关系以及对海军舰船装备保障能力的作用大小,需要说明的是本节所考虑的影响因素特指海军舰船装备保障能力生成模式内部影响因素,因为影响海军舰船装备保障能力生成模式的外部影响因素必须通过内部影响因素的作用,对海军舰船装备保障能力产生影响。

海军舰船装备保障能力生成模式定量分析的具体步骤,如图 2-4 所示。

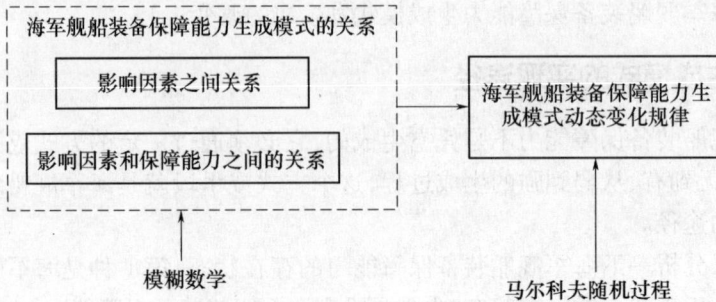

图 2-4　海军舰船装备保障能力生成模式定量分析的步骤

2.2.1　生成模式影响因素的定量关系

根据海军舰船装备保障能力生成模式定性分析的结果,选择 10 名有经验的海军舰船装备保障专家对海军舰船装备保障能力生成模式影响因素之间以及影响因素和保障能力之间的关系进行评估。调查问卷见表 2-1。

表 2-1　调查问卷

相互关系	影响程度											
	关系非常大			关系很大			关系一般			关系小		
	非常熟悉	基本熟悉	不熟悉	非常熟悉	基本熟悉	不熟悉	非常熟悉	基本熟悉	不熟悉	非常熟悉	基本熟悉	不熟悉
保障人员— 保障资源												
保障人员— 保障理论												
保障人员— 保障训练												
保障人员— 保障体制												
保障人员— 保障能力												
保障资源— 保障理论												
保障资源— 保障训练												
保障资源— 保障体制												
保障资源— 保障能力												
保障理论— 保障训练												
保障理论— 保障体制												
保障理论— 保障能力												
保障训练— 保障体制												
保障训练— 保障能力												
保障体制— 保障能力												

按下式确定影响因素的相互关系以及影响因素和保障能力的关系:影响程度划分为4个等级用 $Q_k(k=1,2,3,4)$ 表示,分别是非常大 Q_1、很大 Q_2、一般 Q_3 和小 Q_4。通过构建隶属度函数来影响大小,某一相互关系属于 Q_k 隶属值为

$$f(Q_k) = \frac{M_{(Q_k)}}{n}(k = 1,2,3,4)$$

式中: $M_{(Q_k)}$ 为属于 Q_k 的次数;n 为参与评估的专家数;$f(Q_k)$ 为相互关系属于 Q_k 的隶属度函数。海军舰船装备保障能力生成模式影响因素繁杂,选取的评估小组成员不能保证对每个方面都熟悉,为了保证有足够的成员提供有效的评估信息,需要考虑评估小组成员的熟悉程度。设对评估对象"非常熟悉"的有 $M_{(Q_k)}(1)$ 个,"基本熟悉"的有 $M_{(Q_k)}(2)$ 个,"不熟悉"的有 $M_{(Q_k)}(3)$ 个,且有 $\sum_{m=1}^{3} M_{(Q_k)}(m) = M_{(Q_k)}$。设 s_i 表示专家对评估对象熟练程度对应的权重 $s_i = \{1,0.6,0.3\}$,则上式可以变为

$$f(Q_k) = \frac{\sum_{i=1}^{3} s_i \times M_{(Q_k)}(m)}{\sum_{k=1}^{4} \sum_{i=1}^{3} s_i \times M_{(Q_k)}(m)} \qquad (2-1)$$

根据得到的统计值,即可得到相互关系的隶属度:

$$f = \frac{f(Q_1)}{Q_1} + \frac{f(Q_2)}{Q_2} + \frac{f(Q_3)}{Q_3} + \frac{f(Q_4)}{Q_4} \qquad (2-2)$$

这里"—"不是通常的分数线,只是一种记号。设评语集{非常大、很大、一般、小}对应的分值为: $D = \{d_1,d_2,d_3,d_4\} = \{1,0.8,0.5,0.3\}$。根据评语集对应的分值计算出海军舰船装备保障能力生成模式影响因素之间以及影响因素和保障能力之间的关系为

$$x_i = f(Q_k) \times (D)^{\mathrm{T}} \qquad (2-3)$$

以"保障人员—保障资源"为例,分析如何进行计算,专家调查统计结果,见表2-2。

表2-2 专家调查统计结果

相互关系	影响程度											
	关系非常大			关系很大			关系一般			关系小		
	非常熟悉	基本熟悉	不熟悉	非常熟悉	基本熟悉	不熟悉	非常熟悉	基本熟悉	不熟悉	非常熟悉	基本熟悉	不熟悉
保障人员— 保障资源				2	2		2	3		1		

根据式(2-1)和式(2-2)计算得到"保障人员—保障资源"相互影响程度,

15

隶属于(关系非常大,关系很大,关系一般,关系小)的隶属度函数为

$$f = \frac{0}{\text{关系非常大}} + \frac{0.4}{\text{关系很大}} + \frac{0.475}{\text{关系一般}} + \frac{0.125}{\text{关系小}}$$

由上式可知"保障人员—保障资源"隶属于(关系非常大,关系很大,关系一般,关系小)的程度为(0,0.4,0.475,0.125)。根据式(2-3),可以得到"保障人员—保障资源"作用大小为0.595。

海军舰船装备保障能力生成模式影响因素之间以及影响因素和保障能力之间的关系,见表2-3,如图2-5所示。

表2-3 影响因素之间以及影响因素和保障能力之间的关系

相互关系	作用大小
保障人员—保障资源	0.60
保障人员—保障理论	0.35
保障人员—保障训练	0.74
保障人员—保障体制	0.51
保障人员→保障能力	0.76
保障资源—保障理论	0.12
保障资源—保障训练	0.15
保障资源—保障体制	0.54
保障资源→保障能力	0.25
保障理论—保障训练	0.78
保障理论—保障体制	0.21
保障理论→保障能力	0.25
保障训练—保障体制	0.65
保障训练→保障能力	0.84
保障体制→保障能力	0.64

注:—要素之间的关系是相互的;→要素和能力的关系是单向的

2.2.2 生成模式的动态变化

运用马尔科夫随机过程模型对海军舰船装备保障能力生成的动态变化进行定量研究,模型的构建如下:

(1)设状态变量 $X(t) = \{1,2,3,4,5,6\}$ 分别表示 t 时刻的保障人员、保障资源、保障理论、保障训练、保障体制和保障能力的大小。

(2)影响因素处于何种状态是相互独立的,仅与前一种状态有关,且不受外部环境的影响,任其发展。

16

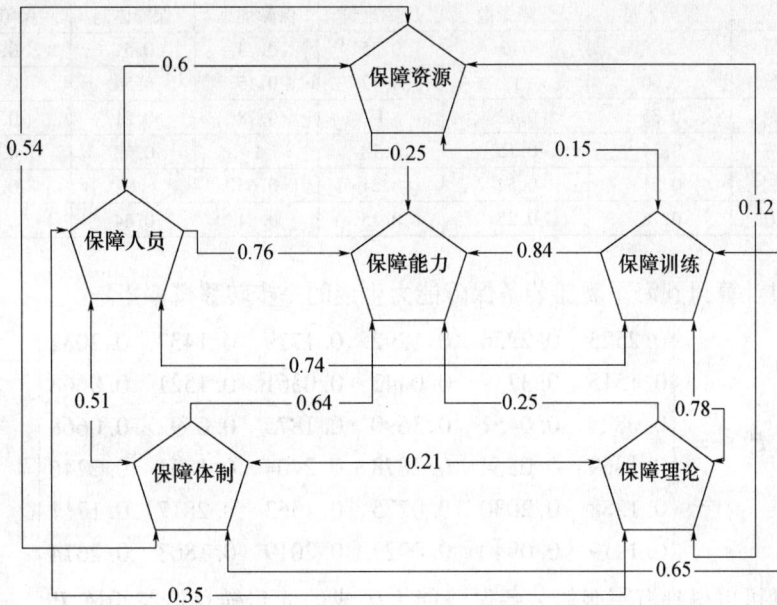

图 2-5 作用大小关系图

（3）记 $P_{ij}=P\{X(t)=j|X(t_0)=i\}\,i,j=1,3,5,7,9,10$ 为 t_0 时刻的 i 影响因素转移到 t 时刻的 j 影响因素的转移概率，它反映了影响因素随时间作用的动态变化情况[16]。

（4）通过 P_{ij} 可以得到海军舰船装备保障能力的进一步转移矩阵 $\boldsymbol{P}^{(1)}$。n 步转移概率矩阵的表达式如下：$\boldsymbol{P}^{(n)}=(p^{(1)})^n$。

（5）海军舰船装备保障能力生成模式定量分析的目的，就是要知道从"已知状态"出发，经过若干次转移变化后，影响因素大小变化。那么海军舰船装备保障能力预测模型为 $s(n)=s(0)\times\boldsymbol{P}^{(n)}$，其中：$s(0)$ 为初始状态影响因素和保障能力的大小；$s(n)$ 为经过 n 步转移后，影响因素和保障能力的大小；$\boldsymbol{P}^{(n)}$ 为 n 步转移概率矩阵。

（6）当 t 趋于无穷大时，存在一个平衡点使得 $s=s(t)=s(t-1)$，此时海军舰船装备保障能力趋于稳定。

2.2.3 算例分析

假设海军舰船装备保障能力影响因素的初始值为 0.5，能力大小的初始值为 $0,s(0)=(0.5,0.5,0.5,\cdots,0.5,0)$。根据图 2-5 中路径系数数据，得到影响因素之间以及影响因素和能力之间的关系，见表 2-4。

表 2-4　影响因素之间以及影响因素和能力之间的关系

	保障人员	保障资源	保障理论	保障训练	保障体制	保障能力
保障人员	1	0.6	0.35	0.74	0.51	0.76
保障资源	0.60	1	0.12	0.15	0.54	0.25
保障理论	0.35	0.12	1	0.78	0.21	0.25
保障训练	0.74	0.15	0.78	1	0.65	0.84
保障体制	0.51	0.54	0.21	0.65	1	0.64
保障能力	0.76	0.25	0.25	0.84	0.64	1

通过计算得到海军舰船装备保障能力生成的一步转移概率矩阵。

$$P^{(1)} = \begin{vmatrix} 0.2525 & 0.2256 & 0.1292 & 0.1779 & 0.1437 & 0.2032 \\ 0.1515 & 0.3759 & 0.0443 & 0.0361 & 0.1521 & 0.0668 \\ 0.0884 & 0.0451 & 0.3690 & 0.1875 & 0.0592 & 0.0668 \\ 0.1869 & 0.0564 & 0.2878 & 0.2404 & 0.1831 & 0.2246 \\ 0.1288 & 0.2030 & 0.0775 & 0.1563 & 0.2817 & 0.1711 \\ 0.1919 & 0.0940 & 0.0923 & 0.2019 & 0.1803 & 0.2674 \end{vmatrix}$$

同理可以得到海军舰船装备保障能力生成的 n 步转移概率矩阵 $P^{(n)}$,运用公式 $s(n) = s(0) \times P^{(n)}$ 就可以计算 $t = n$ 时刻后,海军舰船装备保障能力生成模式影响因素和能力的大小。海军舰船装备保障能力大小的变化情况如表 2-5 和图 2-6 所示。

表 2-5　海军舰船装备保障能力能力大小的变化情况

时间	1	2	3	4	5	6	7
保障能力	0.3663	0.4004	0.4077	0.4094	0.4099	0.41	0.41

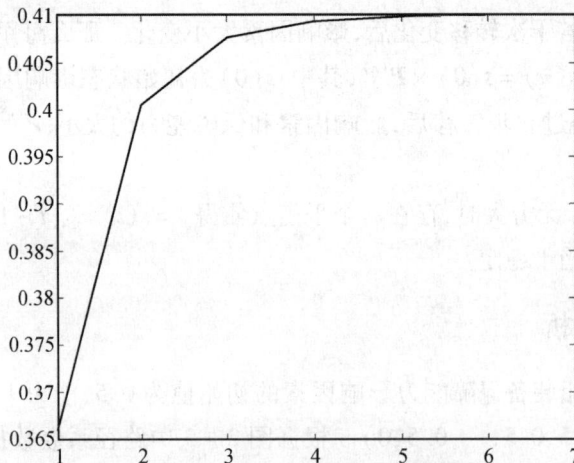

图 2-6　海军舰船装备保障能力大小的变化情况

由表和图可知,在初始因素都为 0.5 时,保障能力在 7 个单位时间达到稳定为 0.41。

下面分析海军舰船装备保障能力生产模式影响因素对保障能力的灵敏度,假设某一因素的初始值变化,而其他因素的初始值不变,初始值数据见表 2-6。

表 2-6 初始值数据

	保障人员	保障资源	保障理论	保障训练	保障体制	保障能力
第 1 种情况(保障人员对保障能力的灵敏度)	0.6	0.5	0.5	0.5	0.5	0
第 2 种情况(保障资源对保障能力的灵敏度)	0.5	0.6	0.5	0.5	0.5	0
第 3 种情况(保障理论对保障能力的灵敏度)	0.5	0.5	0.6	0.5	0.5	0
第 4 种情况(保障训练对保障能力的灵敏度)	0.5	0.5	0.5	0.5	0.5	0
第 5 种情况(保障体制对保障能力的灵敏度)	0.5	0.5	0.5	0.5	0.6	0

灵敏度分析结果,如图 2-7 所示。

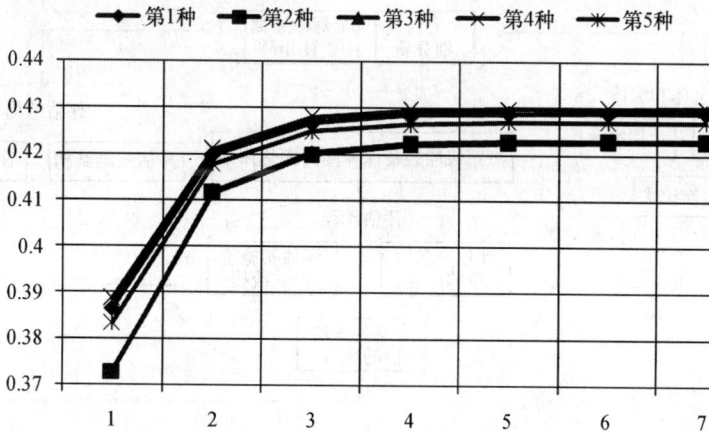

图 2-7 灵敏度分析结果

由此可知,海军舰船装备保障能力生产模式各影响因素中,保障训练对保障能力的灵敏度最大,保障理论对保障能力的灵敏度最小。

第3章 舰船装备保障能力评估体系

现代汉语词典对"体系"的解释,是指"若干有关事物或某些意识互相关联而构成一个整体。""具有特定功能的、相互间有机联系的许多要素所构成的一个整体"。

本书所研究的舰船装备保障能力评估体系,如图3-1所示。舰船装备保障能力评估体系包括评估主体和评估客体,舰船装备保障能力评估的全寿命周期,舰船装备保障能力评估的结构,舰船装备保障能力评估各阶段的流程。

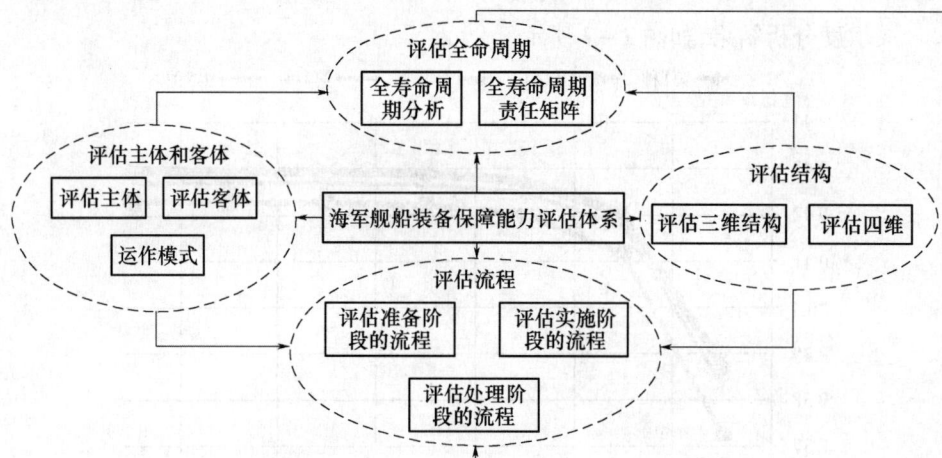

图3-1 舰船装备保障能力评估体系

3.1 理 论 基 础

3.1.1 系统论

按照系统论的观点,系统是诸要素有秩序的集合,是由多种要素相互联系、相互作用而形成的有机整体。系统是一个复杂的对象,该对象处于一定的环境之中,是由相互作用、相互依赖的若干组成部分(或元素)结合而成的具有特定功能的有机整体。

系统论的意义在于使人们的思维方式发生了根本性的改变,给人们提供了一种科学的系统思维方法,把研究对象作为一个系统整体进行思考、研究,从时空分离走向时空统一,从局部走向整体,从分散方法走向系统方法。它使人们对客观过程的认识更加深刻,将人们的认识提高到一个新的水平。

舰船装备保障能力评估不是单因素、单方面的,而是一个系统,是一个由舰船装备保障能力评估目的、评估主体、评估客体、评估指标体系、评估方法、评估管理与实施等要素或子系统相互联系、相互作用而形成的复杂系统,从整体上调节、控制舰船装备保障能力评估的进行,保证海军舰船装备保障能力建设向预定目标前进并最终达到目标。

构建舰船装备保障能力评估体系,系统方法是最重要、最基本的思想方法和工作方法,舰船装备保障能力评估的管理者和参与者,都必须确立基本的系统理念。构建舰船装备保障能力评估体系,需要运用系统论的方法,主要表现在以下几个方面:

1. 全局的观念

要从整体的角度,从系统的角度观察问题、解决问题,对舰船装备保障能力评估作全面的整体的规划和安排,减少系统失误。在采取措施、做出决策和计划并付诸实施时都要考虑各个方面的联系和影响。

2. 目标的一致性

舰船装备保障能力评估筹划、实施和验证时,要保证目标的一致性,要追求舰船装备保障能力评估目标和效果整体的最优化。

3. 全寿命周期

运用系统论,从全寿命周期的角度对舰船装备保障能力评估进行设计,从前期策划到实施全过程的各个阶段综合起来,把舰船装备保障能力评估的各部分有机地结合在一起,保证一切目标、子系统、资源、信息、活动及组织单位结合起来,按照规划形成一个协调运行的综合体。将舰船装备保障能力评估的各个职能综合起来,将舰船装备保障能力评估的目标系统设计、可行性研究、决策、实施控制、运行等综合起来,形成全寿命过程。

3.1.2　综合微观分析法

系统学领域中的综合微观分析法(Synthetic Microanalytic Approach , SMA)是欧阳莹之提出的解决复杂性科学的基本方法论。"综合微观分析法"是把系统的描述及其组成的描述想象成一个不同的二维概念平面,然后开辟一个三维的概念空间,既包含微观平面,又包含宏观平面,并希望通过填补二者之间的空白达到合并二者的目的。该部分主要参考了文献[17-19]。

"综合分析"是把分析和综合看成一个过程中的单独步骤,在这个过程中综合既出现在分析之前,也出现在分析之后。"微观分析"是把系统中拥有不同尺度的部分作为研究的对象。简单地说就是在对事物进行研究时,把整体分解为部分。所谓"宏观综合"是指在对系统或整体进行了庖丁解牛式的微观分解之后,为了获得对事物或系统的整体理解,再将微观的局部、子系统或要素分析串联、整合起来,以获得宏观系统的性质。

综合微观分析法开辟了一个三维概念空间,既包括微观平面,又包括宏观平面,并通过填补两者之间的空白达到合并两者的目的。综合微观分析法示意图,如图 3-2 所示。

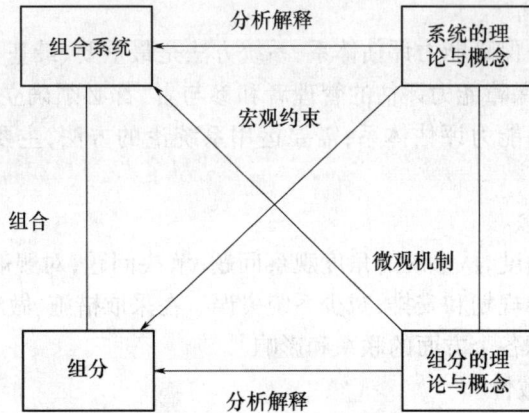

图 3-2　综合微观分析法示意图

从本体论上讲,"组合系统"由"组分""组合"而成。"组分的理论与概念"可以"分析解释""组分",而使其变得可以理解。同理,"系统的理论与概念"可以"分析解释""组合系统",而使其变得可以理解。"组合系统"表述中的"组分的理论和概念"被解释为"微观机制";"组分"表述中的系统的理论和概念被解释为"宏观约束"。

3.2　舰船装备保障能力评估主体和客体

3.2.1　评估主体

评估主体解决的是"由谁评估"的问题。对于任何一个评估主体而言,由于自身特定的评估视角和认知态度的不同,具有其自身优势,然而,不同身份的评估主体都有自身难以克服的评估局限,这些优势和局限性都会对评估效果的有效性产生较大的影响。因此,需要培育和完善多元化的舰船装备保障能力评估主体,使之达到互补的作用。

1. 海军舰船装备保障主管部门

海军舰船装备保障主管部门一般是指海军舰船装备保障的管理和业务指导部门。由于本书评估对象界定为海军基地的舰船装备保障能力,因此,海军舰船装备保障主管部门一般是指海军或舰队负责舰船装备保障的相关业务主管部门和战勤部门。将海军舰船装备保障主管部门作为舰船装备保障能力评估的主体之一,能够从宏观上掌握舰船装备保障能力评估的目标和方向,保证实际工作符合相关规定,通过亲自开展评估和收集其他相关评估主体的信息反馈,能够取得更全面、真实、有效的信息,更好地发挥指导、监控等作用。

2. 海军舰船装备保障实施者

海军舰船装备保障的实施者一般是指海军舰船装备保障的一线工作人员,包括以下3类:

(1)海军舰船装备保障指挥人员。包括:装备领导、机关和保障部队指挥员,其主要活动包括运筹、决策、计划、组织、协调、控制等。

(2)海军舰船装备保障管理人员。包括:机关业务人员、分管装备部门的人员、装备使用部(分)队人员,主要是对装备在部队期间进行全程管理。

(3)海军舰船装备技术保障人员。包括:各级维修保障分队人员,主要负责对故障和战损装备的修复。

海军舰船装备保障实施者是整个海军舰船装备保障活动的亲身体验者和直接受益者,作为评估主体,通过全程参与舰船装备保障能力评估活动,能够准确把握海军舰船装备保障能力的薄弱环节和关键着力点。因此,海军舰船装备保障实施者是最直接、最客观的评估主体之一。

3. 海军舰船装备保障评估专家

海军舰船装备保障评估专家是指院校和科研院所中海军舰船装备保障方面的专家,他们要参与舰船装备保障能力评估的全过程,包括制定指标体系、实施评估、对评估结果进行汇总反馈等。专家作为评估主体具有独特的优势,具有完全的独立性,不会受到任何的约束和限制;同时,专家作为评估主体,又具有一定的权威性和专业性。因此,在评估过程中能够完全依照客观、公正、公平的原则进行,保证了评估的效果。

3.2.2 评估客体

评估客体解决的是"评估谁"的问题。本书中,舰船装备保障能力评估客体主要是指海军基地,包括海军基地范围内从事海军舰船装备保障活动的人员、装备、器材、设备、设施以及相应的活动。其中,人员包括海军基地的舰船装备保障指挥人员、管理人员和技术人员,还包括军内工厂的技术人员等;活动包括海军舰船装备保障组织指挥、海军舰船装备保障调配供应、海军舰船装备技术保障以及海军舰船装备机动保障等。

3.2.3 评估主体和客体的运作模式

多元化舰船装备保障能力评估主体和客体的运作模式,如图3-3所示。

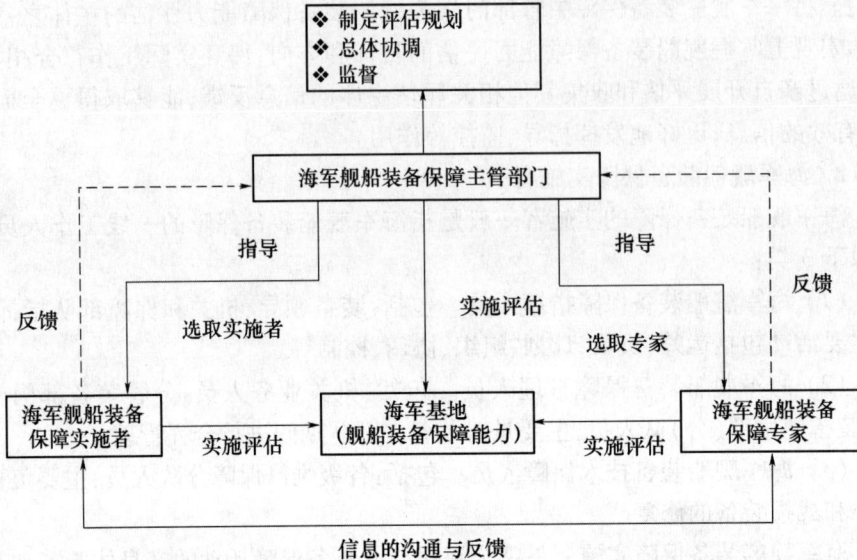

图3-3 评估主体和客体的运作模式

舰船装备保障能力评估贯穿于海军舰船装备保障能力建设整个过程。舰船装备保障能力评估的主体作为评估体系的重要组成部分,需要在这个过程中充分发挥各自的作用,各司其职、各尽其能,把舰船装备保障能力评估工作落到实处。

首先,海军舰船装备保障主管部门在整个舰船装备保障能力评估过程中起着综合指导的作用。海军舰船装备保障主管部门作为舰船装备保障能力评估的管理机构和协调机构,扮演着组织者和规划者的角色,应该统领全局,协调评估主体,把握评估的整体方向。在装备保障能力评估准备阶段,负责制定舰船装备保障能力评估的政策,从制度上明确其他各个评估主体拥有的相关调查、考核权利,不受任何单位、个人的干扰,保证评估工作有章可循。在评估实施过程中,侧重考察海军基地舰船装备保障能力的整体情况,及时纠正方向性的偏差。在评估处理和反馈阶段,通过整合其他评估主体反馈的评估信息,进行横向和纵向的比较,综合评估海军舰船装备保障能力整体情况,对评估活动进行总结对比,分析经验教训,为今后开展舰船装备保障能力评估提供科学、可靠的依据。

其次,海军舰船装备保障实施者作为评估主体,在海军舰船装备保障主管部门的指导和协调下,协助专家制定相关的评估指标和评估标准,并在实施过程中负责具体实施评估。同时,要将评估的结果及时反馈给海军舰船装备保障主管部门,也要随时与舰船装备保障能力评估专家进行信息的沟通和协调。

最后,舰船装备保障能力评估专家负责实施专业性评估。在评估中,由舰船装备保障能力评估管理部门根据评估的目的,科学选择相关领域的专家组成专家组。专家组按照事先制订好的舰船装备保障能力评估指标和评估标准,采用科学的评估工具,经过适当的评估程序,对海军舰船装备保障能力进行评估,同时有针对性地对其他评估主体的评估结论进行核实,避免其他主体评估可能产生的“报喜不报忧”和评估主观性太强,评估结果失准的现象。

海军基地作为评估的客体,通过汇报座谈、战备拉动、指挥演练、理论测试、技能考核、实地检查等方式,向评估主体提供舰船装备保障能力评估的信息。除此之外,海军基地对于自身的舰船装备保障能力建设也要进行自我评估,找出存在的问题,就舰船装备保障能力建设今后的重点和方向提出积极的建议。

3.3　舰船装备保障能力评估结构模型

3.3.1　三维结构模型

根据系统论的观点,可以将舰船装备保障能力评估看作一个系统。将舰船装备保障能力评估的时间维(过程维)、要素维、技术维进行三维的集成,构成舰船装备保障能力评估的集成系统,如图 3 - 4 所示。通过全寿命周期管理、综合控制和综合计划将时间维、要素维和技术为集成在一起[19]。

时间维(过程维)是舰船装备保障能力评估的各时间段的集成,包括了准备阶段、实施阶段和处理阶段的全过程。要素维是各个管理要素的集成,包含了计划、组织、协调、控制等内容。技术维则是指舰船装备保障能力评估所运用的技术和方法,包括系统工程、项目管理、运筹学、评估理论等。

3.3.2　四维结构模型

舰船装备保障能力评估四维结构模型,如图 3 - 5 所示。它是在时间维、要素维、技术维的基础上,拓展后增加一个主体维,包括海军舰船装备保障主管部门、海军基地、专家、海军舰船装备保障实施者等。在舰船装备保障能力评估过程中,各参与主体必须以系统的观点来进行决策,并以系统工程理论具体指导相关政策的制定和执行。

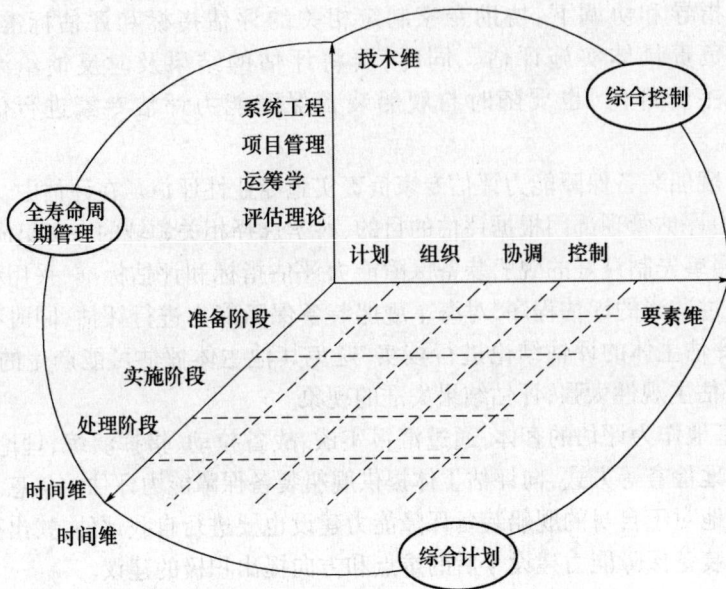

图 3-4 舰船装备保障能力评估的三维结构

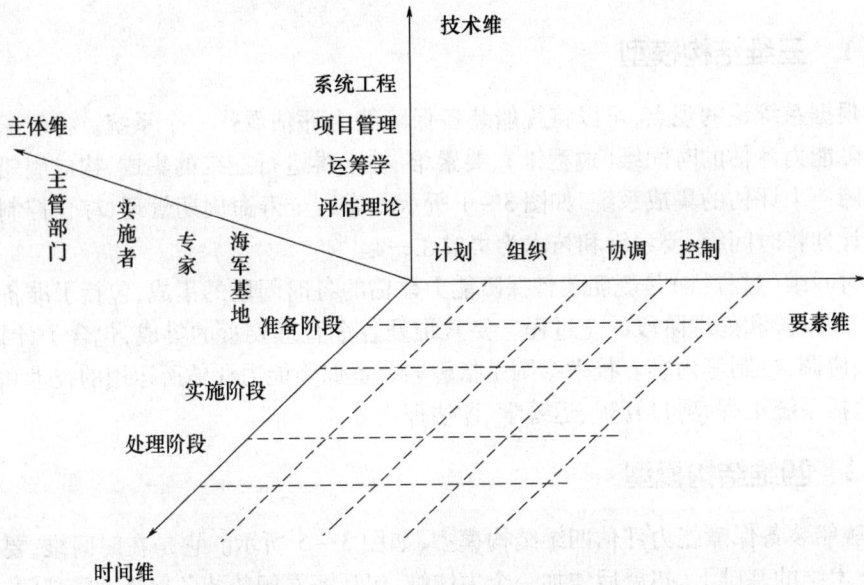

图 3-5 舰船装备保障能力评估的四维结构

3.4 舰船装备保障能力评估的全寿命周期

3.4.1 全寿命周期分析

舰船装备保障能力评估的全寿命周期包括舰船装备保障能力评估准备阶段、舰船装备保障能力评估实施阶段和舰船装备保障能力评估处理阶段。舰船装备保障能力评估全寿命周期阶段,如图 3-6 所示。该部分主要参考了文献[20-23]。

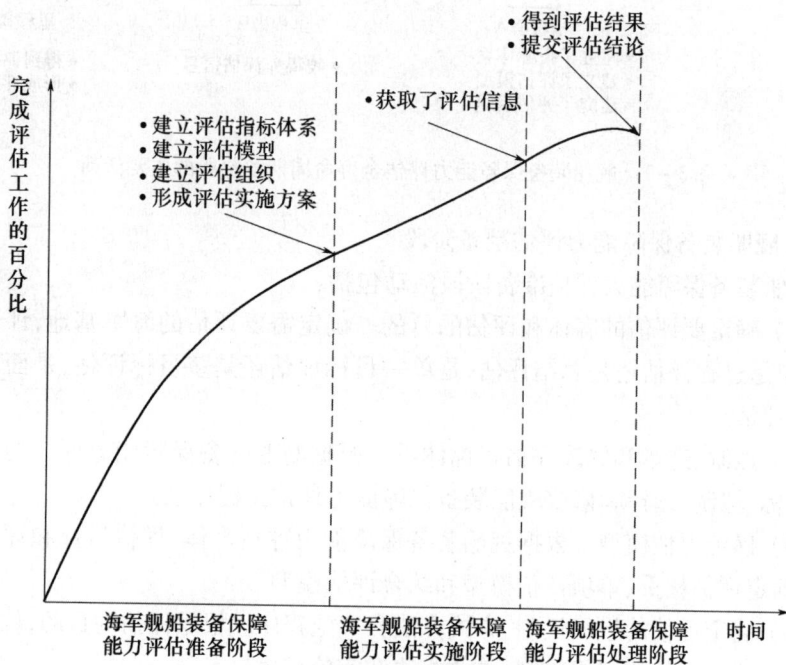

图 3-6 舰船装备保障能力评估全寿命周期阶段

从该图中可以看出,舰船装备保障能力评估准备阶段的活动时间跨度最大,完成的工作量最多,完成的标志是:建立评估指标体系、建立评估模型、构建评估组织和形成评估实施方案。舰船装备保障能力评估实施阶段完成的标志是获取了评估信息。舰船装备保障能力评估处理阶段完成的标志是得到评估结果和提交评估结论。

舰船装备保障能力评估全寿命周期各阶段的主要活动,如图 3-7 所示。

27

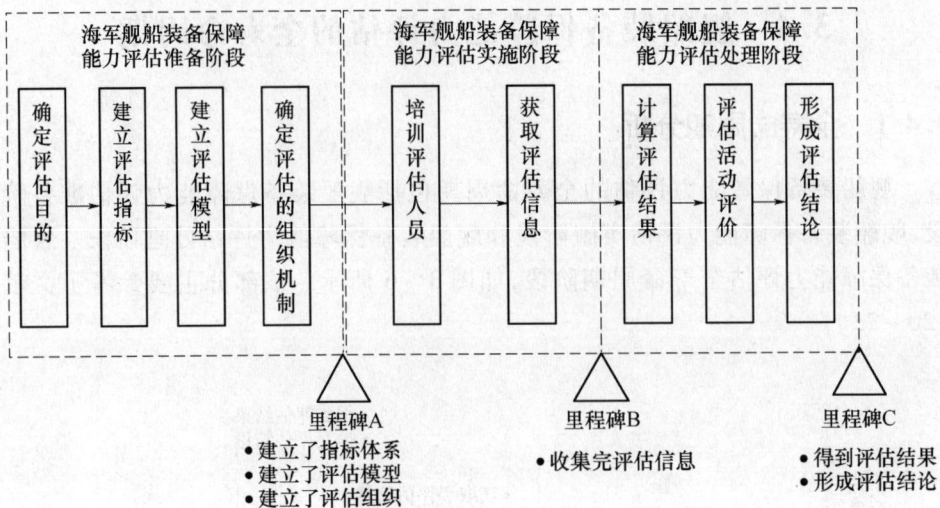

图 3 - 7　舰船装备保障能力评估全寿命周期各阶段的主要活动

1. 舰船装备保障能力评估准备阶段

舰船装备保障能力评估准备阶段活动包括：

（1）确定要评估的客体和评估的目的。确定需要评估的海军基地,评估的目的;确定是过程评估还是总结评估,是单一目标评估还是多目标评估,是面向何种任务的评估。

（2）拟制、选择和修改评估指标体系。根据舰船装备保障能力评估的客体和评估目标,拟制、选择和修改舰船装备保障能力评估指标体系。

（3）确定评估模型。根据舰船装备保障能力评估客体、评估目标和评估指标体系,确定评估权重、单项评估模型和综合评估模型。

（4）确定评估的组织机制、方式方法和实施程序。根据评估的目的,构建舰船装备保障能力评估的组织机制、方式方法和实施程序。

2. 舰船装备保障能力评估实施阶段

舰船装备保障能力评估实施阶段活动包括：

（1）培训评估人员。学习评估的相关理论、发放评估指标体系,培训相关评估人员,解释相关标准,统一价值尺度,有助于做出正确的价值判断。

（2）获取和处理信息。实施评估,获取相关数据,并对相关数据进行检验,获取有效评估数据。

3. 舰船装备保障能力评估处理阶段

舰船装备保障能力评估处理阶段活动包括：

（1）计算评估结果。分析、综合、比较各个评估信息,依据不同的评价目的,给出海军舰船装备保障能力的价值判断,或解释或诊断或鉴定。

（2）对整个评估活动进行评价,即效果评价。包括形成性评价和总结性评价:形成性评价即在整个评估过程中随时监控,评价评估活动的进行,随时调整;总结性评价是对此次评估活动的总结。

（3）形成评估结论。将评估的相关信息和结果反馈给有关人员和部门,为他们的决策提供辅助支持。

3.4.2　参与范围和责任矩阵

参加舰船装备保障能力评估的参与者主要包括海军舰船装备保障主管部门、海军舰船装备保障实施者、海军舰船装备保障专家和海军基地等。

舰船装备保障能力评估参与者在舰船装备保障能力评估中的参加程度和范围,如图3-8所示。

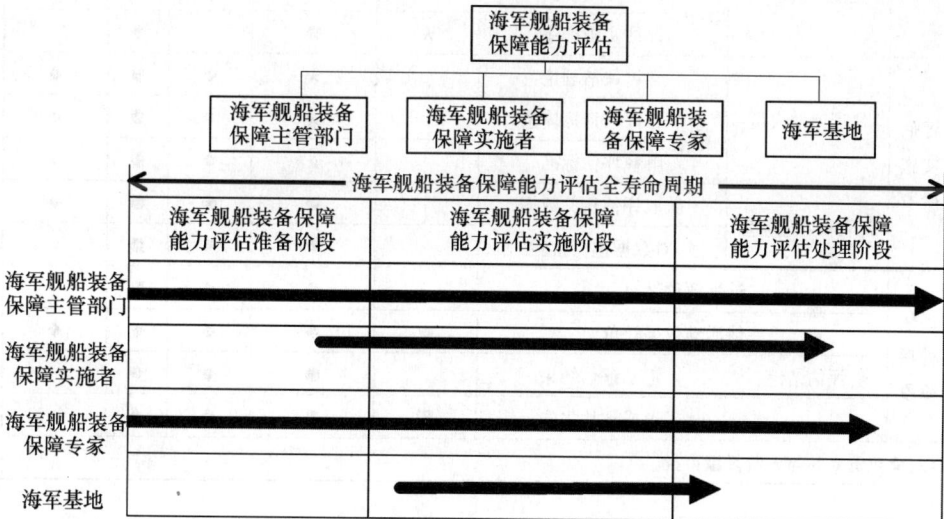

图3-8　舰船装备保障能力评估参与者的参加程度和范围

责任矩阵是以表格形式表示完成工作分解结构中工作责任的方法。这是一种很有用的工具,因为它强调了每一项工作由谁负责,并明确了部队有关部门和个人对舰船装备保障能力评估工作的关系、责任、地位。舰船装备保障能力评估责任矩阵,见表3-1,表示与图3-8中项目的工作分解结构相关联的责任矩阵。

表 3-1 舰船装备保障能力评估责任矩阵

阶段	活动		主管部门	舰队	实施者	专家	评估客体
评估准备阶段	评估目的和客体	确定评估目的	■	●		◆	
		确定评估客体	■	●		◆	
		下达评估任务	●			◆	
	建立指标体系			◆		●	
	建立评估模型	权重模型		◆		●	
		单指标评估模型		◆		●	
		综合评估模型		◆		●	
		多目标评估模型		◆		●	
		面向任务的评估模型		◆		●	
		效果评价模型		◆		●	
	建立评估组织	评估的组织机制	★	●		◆	
		评估方式方法	★	●		◆	
		评估实施程序	★	●		◆	
评估实施阶段	培训评估人员	学习评估理论		★	◆	●	◆
		学习评估指标体系		★	◆	●	◆
		解释评估标准		★	◆	●	◆
	获取和处理信息	获取评估相关数据		●	●	◆	◆
		对数据进行检验		◆	◆	●	
评估处理阶段	计算评估结果			◆	◆	●	
	评估活动效果评价		●	◆	◆	◆	◆
	评估结论	汇总评估结果		●	◆	◆	
		形成评估报告	■	●	◆	◆	

注:●负责 ◆参与 ★监督 ■审批

3.5 舰船装备保障能力评估流程

舰船装备保障能力评估具有涉及环节多,参与主体复杂,时间跨度大等特点。因此,舰船装备保障能力评估是一个复杂的系统问题,可以采用综合微观分析法对其进行分析。

舰船装备保障能力评估的宏观过程和微观过程定义是相对的,二者没有严格的界限。大致说来,宏观过程建立了舰船装备保障能力评估的宏观框架;微观过程遵循宏观过程建立的框架下的具体的评估流程,并及时将评估过程中产生的新问题进行反馈,促使宏观和微观过程做出调整。

3.5.1 评估的分层分析

舰船装备保障能力评估,可以将"上"和"下"结合起来分析,上层从宏观提出问题,下层寻找微观机理来分析、解答宏观问题。

1. 隶属关系

基于综合微观分析法的舰船装备保障能力评估的隶属关系,如图 3 - 9 所示。

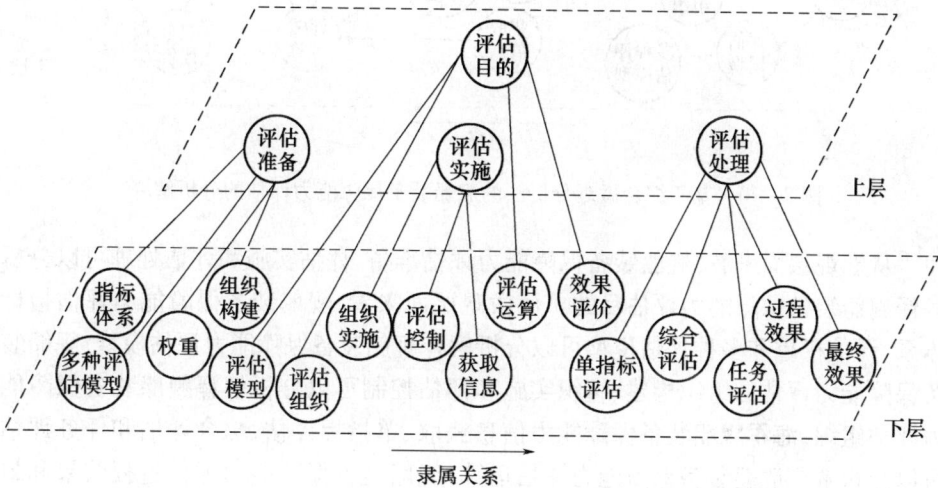

图 3 - 9　基于综合微观分析法的舰船装备保障能力评估的隶属关系

舰船装备保障能力评估的"上层"包括评估目的、评估准备、评估实施和评估处理;舰船装备保障能力评估的"下层"包括评估模型、评估组织、评估运算、指标体系、权重、单指标评估、综合评估、任务评估和效果评价等。其中,舰船装备保障能力评估模型、评估组织、评估运算和效果评价是舰船装备保障能力评估目的的组成部分;指标体系、指标权重、构建多种评估模型和评估组织构建是评估准备的组成部分;评估组织实施、评估控制和评估信息获取是评估实施的组成部分;单指标评估、综合评估、任务评估、过程效果和最终效果是评估处理的组成部分。

2. 分析解释

基于综合微观分析法的舰船装备保障能力评估的分析解释,如图 3 - 10 所示。

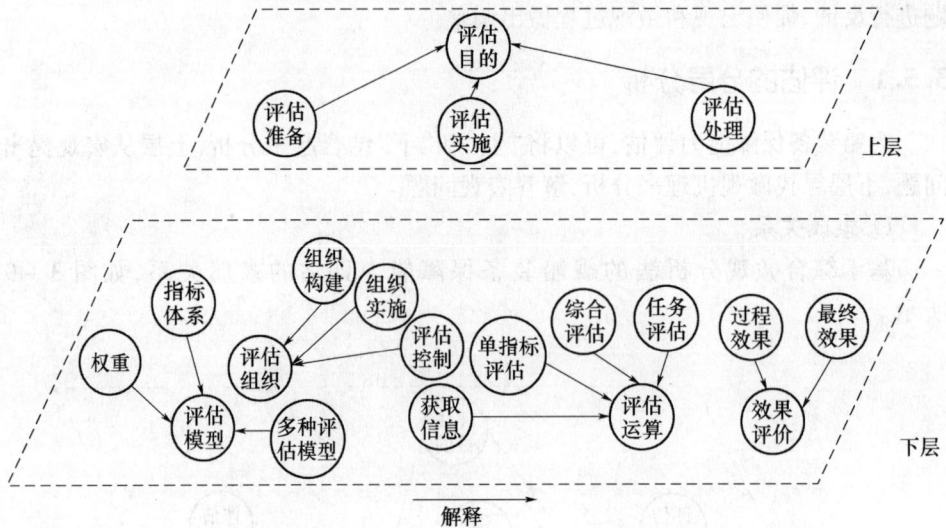

图 3 – 10　基于综合微观分析法的舰船装备保障能力评估的分析解释

从宏观层面来看,舰船装备保障能力评估准备、评估实施和评估处理可以分析解释舰船装备保障能力评估目的。从微观层面来看,舰船装备保障能力评估指标体系、评估权重和多种评估模型可以分析解释舰船装备保障能力评估模型;舰船装备保障能力评估的组织构建、组织实施和评估控制可以分析解释舰船装备保障能力评估组织;海军舰船装备保障能力信息获取、单指标评估、综合评估和任务评估可以分析解释舰船装备保障能力评估运算;舰船装备保障能力评估过程效果和最终效果可以分析解释海军舰船保障能力评估效果评价。

3. 宏观约束

基于综合微观分析法的舰船装备保障能力评估的宏观约束,如图 3 – 11 所示。

舰船装备保障能力评估准备“宏观约束”评估模型和评估组织;舰船装备保障能力评估实施“宏观约束”评估组织和评估运算;舰船装备保障能力评估处理“宏观约束”评估运算和效果评价。

4. 微观机制

基于综合微观分析法的舰船装备保障能力评估的微观机制,如图 3 – 12 所示。

上层的评估目的是从宏观提出问题。下层的指标体系、指标权重、多种评估模型、组织构建、组织实施、评估控制、信息获取、单指标评估、综合评估、任务评估、过程效果评价和最终效果评价分别从微观层次回答问题、寻找“微观机制”来解答宏观问题,它们是评估目的的微观机制。

32

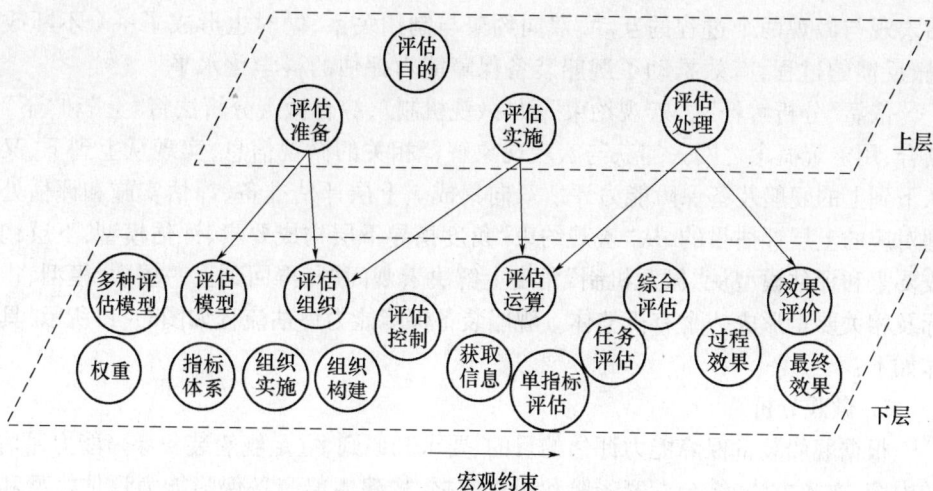

图 3 - 11   基于综合微观分析法的舰船装备保障能力评估的宏观约束

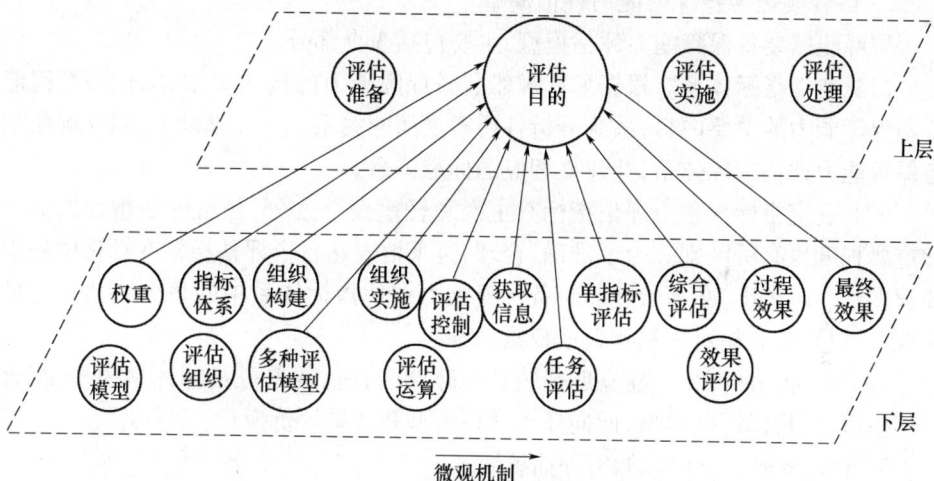

图 3 - 12   基于综合微观分析法的舰船装备保障能力评估的微观机制

依靠"分析解释"、"宏观约束"和"微观机制"三种关联的集成方式,分别称为 "分析解释集成"、"宏观约束集成"和"微观机制集成"。

3.5.2   基于综合微观分析法的舰船装备保障能力评估流程

舰船装备保障能力评估是从宏观到微观,再由微观到宏观的过程。因此可以使用综合微观分析法,研究宏观问题的分解机理,在分解机理的指导下对宏观问题进行分解,然后从微观层面上解决问题,最后再回到宏观层次。通过建立基于综合微观分析法的舰船装备保障能力评估流程,实现了舰船装备保障能力评

33

估宏观与微观两个过程的互动、双向约束与制约关系,同时也形成了一个不断改进、反馈的过程,有效推动了舰船装备保障能力评估的科学化水平。

依靠"分析解释"、"宏观约束"和"微观机制",综合微观分析法将"上"和"下"结合,用宏观概念之网去捕获与宏观现象解释相关的微观信息,实现从上到下、又从下到上的舰船装备保障能力评估双向集成。上层评估准备、评估实施和评估处理对应的上层评估目的,从"宏观约束"角度指导下层构成要素、评估模型,下层构成要素和评估模型从"微观机制"角度上解决宏观问题、再回到上一层次,模型、指标及相关要素形成一个有机整体。舰船装备保障能力评估流程如图3-13所示,具体如下:

1. 微观分析

根据舰船装备保障能力评估的目的、要求和原则,立足舰船装备保障能力评估的内容、方式方法,结合专家经验和历史数据,构建舰船装备保障能力评估模型和评估组织。

2. 解释舰船装备保障能力评估模型

解释舰船装备保障能力评估模型,主要包括3个部分。

(1) 建立指标体系。根据海军舰船装备保障能力的构成要素,细化海军舰船装备保障能力的主要内容,系统分析各要素之间的关系。在此基础上,建立舰船装备保障能力评估指标体系,并建立相应的标准体系。

(2) 确定指标权重。评估指标有主次和轻重缓急之分,各项评估指标的贡献和重要程度也有所区别。为了准确、合理、直观地表达各个评估指标在评估中的重要程度和作用大小,必须给舰船装备保障能力评估指标体系中的每个评估指标赋予权重,权重分为相对权重和合成权重。

(3) 多种评估模型。建立舰船装备保障能力评估的单一指标评估模型、综合评估模型、多目标评估模型、面向任务评估模型和效果评价模型。

3. 解释舰船装备保障能力评估组织

根据评估目的、评估客体,构建符合实际的舰船装备保障能力评估组织机构,选取评估人员。

4. 综合分析

对微观层面舰船装备保障能力评估模型和构建的评估组织进行综合分析,准备实施评估。

5. 解释评估目的或宏观调控

对评估准备阶段的结论进行判断,看结论是否达到评估目的,如果达到就可以用评估准备阶段的结论解释评估目的,同时可以实施评估;如果没有达到评估目的的要求,就需要对微观层面的评估模型或评估组织进行调控和改进。

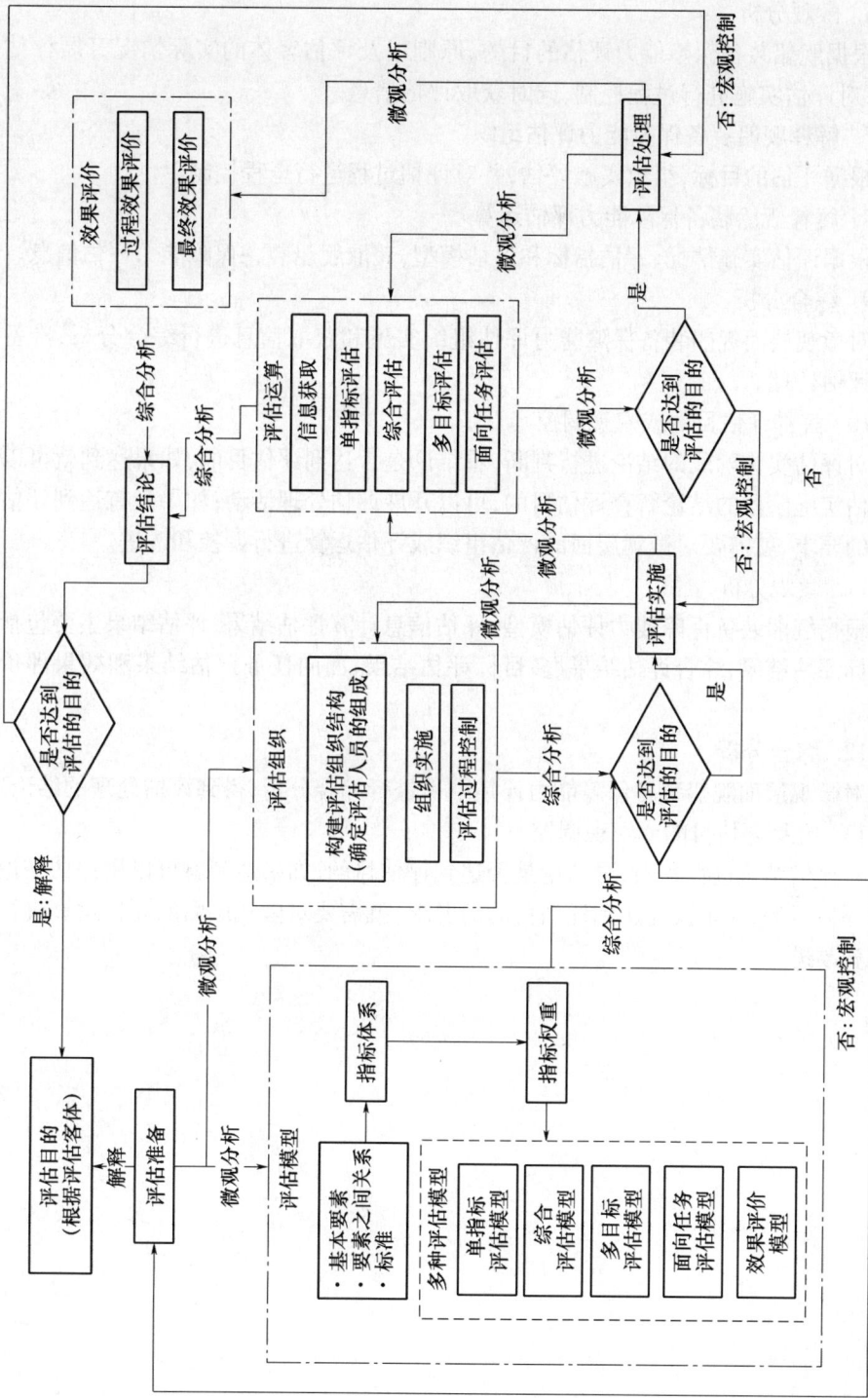

图3-13 海军舰船装备保障能力评估流程

35

6. 微观分析

根据舰船装备保障能力评估的目的、原则以及评估客体的实际情况开展评估活动,对评估实施进行过程控制,同时获取评估信息。

7. 解释舰船装备保障能力评估组织

根据评估的目标,组织实施评估,并对评估过程进行全程控制。

8. 解释舰船装备保障能力评估运算

根据评估实施情况、评估指标和评估模型,获取舰船装备保障能力评估信息。

9. 综合分析

对微观层面舰船装备保障能力评估组织实施和获取信息进行综合分析,准备开始评估处理。

10. 解释评估目的或宏观调控

对评估实施阶段的结论进行判断,看结论是否达到评估目的,如果达到就可以用评估实施阶段的结论解释评估目的,可以开展评估处理活动;如果没有达到评估目的的要求,就需要对微观层面的评估组织或评估运算进行调控和改进。

11. 微观分析

根据舰船装备保障能力评估模型、评估信息计算评估结果,评估结果主要包括单指标评估结果、综合评估结果、多目标评估结果、面向任务评估结果和效果评价结果。

12. 综合分析

对微观层面舰船装备保障能力评估结果进行综合分析,得到评估处理的结论。

13. 解释评估目的或宏观调控

对评估结论进行判断,看结论是否达到评估目的,如果达到就可以用评估结论解释评估目的;如果没有达到评估目的的要求,就需要对微观层面的评估运算进行调控和改进。

第4章　舰船装备保障能力评估指标体系

为了将多层次、多因素复杂的舰船装备保障能力评估问题用较科学的计量方法进行量化处理,必须首先构造一个科学的评估指标体系。评估指标体系是舰船装备保障能力评估工作的依据和核心,对整个评估活动起着统揽全局的作用。全面、客观、合理、可行的评估指标体系,是评估方法科学、成熟的重要标志。

在建立评估指标体系之前,首先要区分两个概念:"目标"和"指标"。

(1)目标。《现代汉语词典》对目标的解释是:"想要达到的境地或标准。"

(2)指标。《现代汉语词典》将其解释为:①计划中规定达到的目标。②反映一定时间和条件下一定社会现象规格、程度和结构的数值,常用绝对数、相对数、平均数表示。③以目标为根据,将其分解为能反映其本质特征的要素,这些要素通常称为指标。

目标决定指标的存在,不存在没有目标的指标,离开了目标,指标就没有存在的意义。指标决定目标的具体落实,没有指标的目标,人们就很难认识目标和实现目标。目标反映事物的全部,指标反映事物的局部。目标总是比较稳定,而指标在反映目标的前提下,往往因时空、条件的变化而有所变动。每个目标包含了若干个指标,从目标到指标是层次递进关系,是从宏观到微观的细化过程。目标和指标之间的结构关系,如图4-1所示。

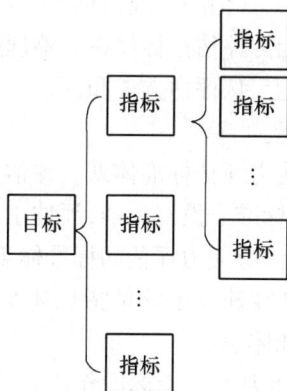

图4-1　目标和指标的结构关系

4.1 舰船装备保障能力评估指标体系的构建流程

构建舰船装备保障能力评估指标体系,是极为复杂的系统工程,是一项具有开创性的工作。本书采用文献总结、调查问卷、因子分析等方法构建舰船装备保障能力评估指标体系。

首先多渠道、多方面从文献和实践中分析海军舰船装备保障的构成要素和主要内容,然后提炼出舰船装备保障能力评估的一级指标和基础指标(三级指标);运用调查问卷对基础指标进行分析,通过问卷调查,初步剔除一些明显重复和相互包含的指标,再运用因子分析法对基础指标进行归纳总结,得到舰船装备保障能力评估的二级指标;根据舰船装备保障能力评估的基础指标和二级指标,从评估方式、评估要点等方面构建舰船装备保障能力评估指标体系;最后得到舰船装备保障能力评估标准体系。

舰船装备保障能力评估指标体系建立的具体步骤,如图4-2所示。

下面分析各步骤的主要任务:

(1)确定舰船装备保障能力评估基础指标。根据装备保障方面的文献资料,结合海军舰船装备保障的实践,分析海军舰船装备保障的构成要素以及海军舰船装备保障的主要内容,并进行综合分析处理,归纳、总结、提炼舰船装备保障能力评估的基础指标。然后邀请相关专家开展讨论,对初拟指标的科学性、完整性和可操作性进行考核,最终提出舰船装备保障能力评估的基础指标。

(2)确定舰船装备保障能力评估的二级指标。设计调查问卷,根据问卷调查的结果,运用因子分析法对舰船装备保障能力评估的基础指标进行验证,并进行归纳总结,得到舰船装备保障能力评估的二级指标。

(3)确定舰船装备保障能力评估指标体系。整理舰船装备保障能力评估的基础指标和二级指标,在此基础上,从评估方式和评估主要内容等方面对舰船装备保障能力评估指标体系进行完善。

(4)确定舰船装备保障能力评估标准体系。评估就是进行价值判断。要判别价值高低,就必须有一个衡量标准。没有标准,评估工作就难以进行。舰船装备保障能力评估,就是以舰船装备保障能力评估的标准体系为基本尺度,对评估指标的实现程度做出具体判断。因此在建立了评估指标体系之后,还必须建立一个与评估指标体系相配套的评估标准体系。

(5)分析舰船装备保障能力评估指标的作用机理。舰船装备保障能力评估指标的作用机理,是对海军舰船装备保障指标如何作用于保障能力进行原理性分析。针对某一个时间点,舰船装备保障能力评估指标是相互独立的,互不相干的。但舰船装备保障能力评估是一个动态变化的过程,有些评估指标可能是通

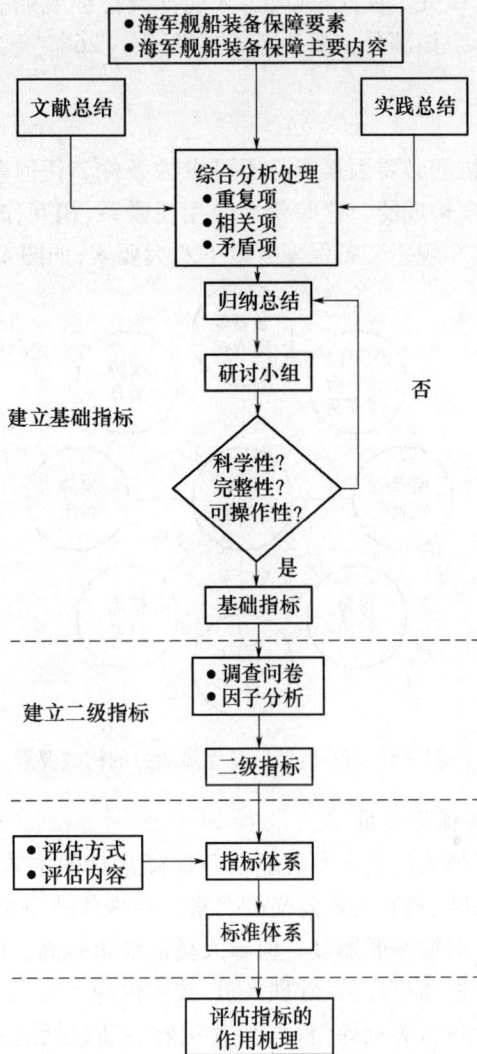

图 4 - 2　舰船装备保障能力评估指标体系的建立步骤

过对其他指标发生作用而间接影响保障能力的,只有对评估指标和保障能力以及评估指标之间的影响关系进行定量分析,才能揭示评估指标对保障能力的作用机理。

4.2　海军舰船装备保障的构成要素和主要内容

要分析舰船装备保障能力评估指标,就必须对海军舰船装备保障的构成要素和主要内容进行系统研究。在此基础上,才能准确把握舰船装备保障能力评估的关键要素和基础指标。该部分主要参考了文献[24 - 26]。

4.2.1 构成要素

要素,是构成事物的必要因素或必不可少的条件。任何事物都是由若干相互依存、相互制约的要素构成的。这些要素的相互联系、相互作用,决定着事物发展变化的客观规律。海军舰船装备保障有以下八大要素,如图4 - 3 所示。

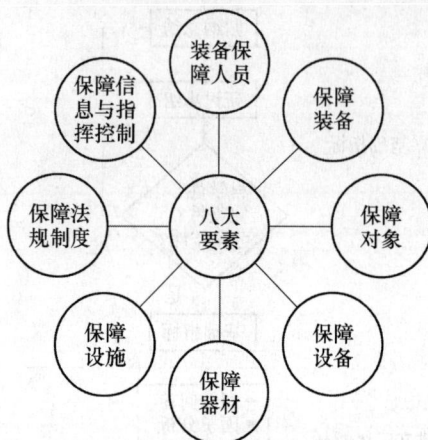

图4 - 3 海军舰船装备保障能力的构成要素

1. 海军舰船装备保障人员

海军舰船装备保障人员是海军舰船装备保障活动的主体,是海军舰船装备保障能力诸要素中最活跃、最有决定意义的要素。在现代战争中,海军舰船装备越先进,编制体制越精干,对海军舰船装备保障人员的要求越高。海军舰船装备保障人员按职能可分为装备保障指挥员、管理人员、技术保障人员三大类。海军舰船装备保障指挥人员包括装备机关领导(首长),其主要活动包括运筹、决策、计划、组织、协调、控制等。管理人员包括机关业务人员、分管装备部门的人员、装备使用人员,主要是对装备平时和执行任务期间进行全程管理。技术保障人员包括维修保障分队、器材仓库保障分队人员,主要负责对故障的修复和器材保障。

2. 海军舰船装备保障装备

海军舰船装备保障装备是实施装备保障的手段或工具,主要包括用于使用、维修保障的各种配套装备,装备和保障装备两者必须协调发展。否则,海军舰船装备就不能充分发挥其效能,就会出现海军舰船装备"腿长",保障装备"腿短"的现象。随着海军舰船装备复杂程度的提高,快速准确地判断、隔离故障,使海军舰船装备迅速恢复技术状态与战斗力的关键所在。

3. 海军舰船装备保障对象

海军舰船装备本身也就是保障对象,是指直接用于执行任务的海军舰船装备,离开了海军舰船装备这一保障对象,海军舰船装备保障活动也就没有存在的意义。一切海军舰船装备保障活动,必须有利于提高海军舰船装备的完好率,有利于海军舰船装备效能的发挥。

4. 海军舰船装备保障设备

海军舰船装备保障设备是指贮存、使用与维修海军舰船装备所需的各类设备。海军舰船装备保障设备通常包括:

(1)装备技术准备设备。主要用于对装备进行技术准备、检查测试等。

(2)贮存设备。主要用于保障装备贮存,包括库房内固定、支撑、保护以及环境保持、安全措施、通风、供水、供电等。

(3)测试设备。主要用于检查装备、仪器设备的性能或状态。

(4)维修设备。主要用于各维修级别的维护、修理。

5. 海军舰船装备保障器材

海军舰船装备保障器材是指装备使用与维修中所需的备件与消耗品。现代海军所执行任务、器材因素对海军舰船装备保障的影响乃至保障能力的发挥影响是非常大的,是海军舰船装备保障的物质基础。

6. 海军舰船装备保障设施

海军舰船装备保障设施是装备使用、维修、训练和储存所需的永久和半永久性的构筑物及其有关设备,如备件仓库、维修车间、船坞、修理码头等。建设设备配套齐全、布局合理、平战结合的海军舰船装备保障设施是圆满顺利完成各种任务的必要基础。

7. 海军舰船装备保障信息与指挥控制

海军舰船装备保障信息是指与海军舰船装备保障活动有关的各种情报和资料,海军舰船装备保障是通过信息的转换和传递来实现的,信息是维持装备保障活动进行的必备条件。没有准确的海军舰船装备保障信息,海军舰船装备保障活动便不能启动与运行。随着装备的发展,装备保障信息的内容及发送、传递、接收方式等均在不断变化。信息在装备保障活动中的地位、作用日趋突出,及时、准确、完整地收集、处理、传递装备保障信息,成为提高海军舰船装备保障效能,赢得任务胜利的重要条件。

8. 海军舰船装备保障法规制度

海军舰船装备保障法规制度是关于海军舰船装备保障方面的条令、条例、规章、制度、技术标准等的统称。它既从总体上规定了海军舰船装备保障各个层面、各个部门有关装备保障的行为关系,也在具体操作层面上规范了装备保障活动的技术要求,为装备保障行动提供了行为规范,明确了其正确与否的衡量标准和尺度。

  下面具体分析各要素之间的关系。其中,海军舰船装备保障人员与保障对象构成了海军舰船装备保障活动的主体与客体;海军舰船装备保障装备、器材、设备、设施与信息是海军舰船装备保障活动的基础;海军舰船装备保障法规制度是装备技术保障活动的依据、标准与要求;海军舰船装备保障指挥则是将其他诸要素有机地联系起来,共同发挥作用的中介。各要素是相互依存、相互制约、密切相关、缺一不可的。海军舰船装备保障所追求的目标,是以上各要素达到最佳结合状态,各要素之间的关系如图 4 - 4 所示。

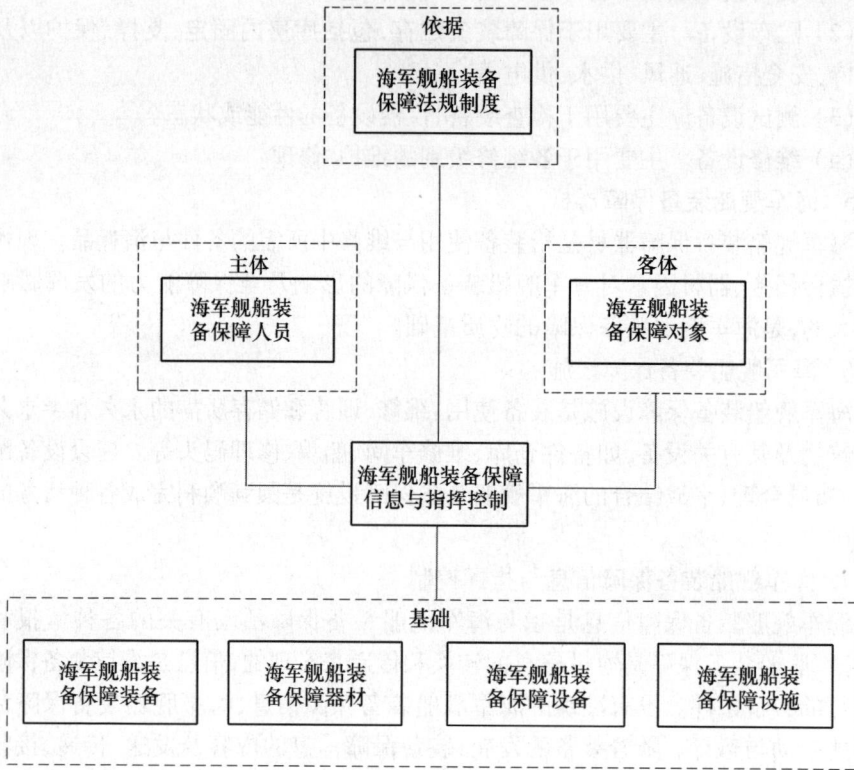

图 4 - 4　海军舰船装备保障能力 8 个要素之间的关系

4.2.2　主要内容

  海军舰船装备保障的主要内容包括:海军舰船装备保障指挥、海军舰船装备调配保障、海军舰船装备技术保障、海军舰船装备经费保障、海军舰船装备管理等、海军舰船装备保障动员、海军舰船装备防护与防卫等。根据舰船装备保障能力评估的目的、原则和方向,本书将重点研究海军舰船装备使用管理、海军舰船装备保障指挥、海军舰船装备调配保障(包括供应)和海军舰船装备技术保障(主要是装备维修和器材保障)。

1. 海军舰船装备使用管理

海军舰船装备使用管理,是指海军舰船部队平时和任务期间使海军舰船装备保持良好状态而进行的管理,是海军舰船装备保障的一项重要内容。

海军舰船装备管理使用,就是以海军舰船装备管理使用人员为主体,以海军舰船装备和管理资源为对象,以海军舰船装备整体技术状态最佳为目标,实现和发展管理功能的系统的、全过程的活动。

2. 海军舰船装备保障指挥

海军舰船装备保障指挥,是海军舰船装备保障指挥员及其指挥机关运用装备保障力量,保障部队作战及其他军事行动所进行的组织领导活动,是海军装备保障指挥的重要组成部分。

3. 海军舰船装备调配保障

海军舰船装备调配保障,通常包括海军舰船装备的申请、补充、调拨供应、换装、调整、交接、退役、报废和储备等工作,是海军舰船装备保障活动的重要组成部分。

4. 海军舰船装备技术保障

海军舰船装备技术保障,是指为充分发挥、保持、恢复和完善海军舰船装备的战术技术性能并保证其可靠地完成作战训练任务,而采取的各项保证性措施与进行的相应活动的统称。

海军舰船装备管理使用、海军舰船装备保障指挥、海军舰船装备供应保障、海军舰船装备技术保障与海军舰船装备保障能力之间的关系,可用"剑型"图来形象地描述,如图4-5所示。其中,海军舰船装备保障指挥和海军舰船装备管理使用是剑的柄,海军舰船装备供应保障和海军舰船装备技术保障是剑的双刃,而海军舰船装备保障能力是剑锋。

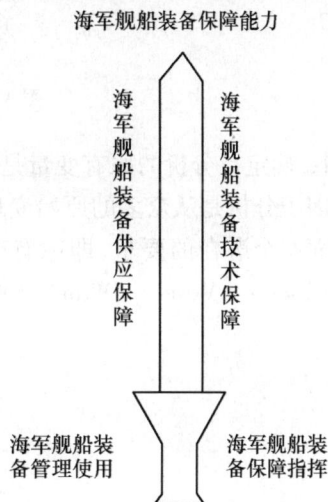

图4-5　海军舰船装备保障能力"剑型"图

4.3　基于因子分析法的舰船装备保障能力评估指标构建

本书运用因子分析法分析舰船装备保障能力评估指标。

4.3.1　因子分析法

舰船装备保障能力评估涉及多个指标,这些指标之间往往存在一定的相关性,如果直接纳入分析不仅复杂,变量间难以取舍,而且可能因多元共线性而无法得出正确结论。

因子分析是多元统计分析的一个重要分支,其主要目的是运用对诸多变量的相关性研究,即可以用假设的少数几个变量来表示原来变量的主要信息,以便进行数据浓缩(Data Reduction)。因子分析法的作用:减少分析变量的个数;通过对变量间相关关系探测,将原始变量进行分类。

因子分析过程需经过以下几个重要步骤,如图4-6所示。

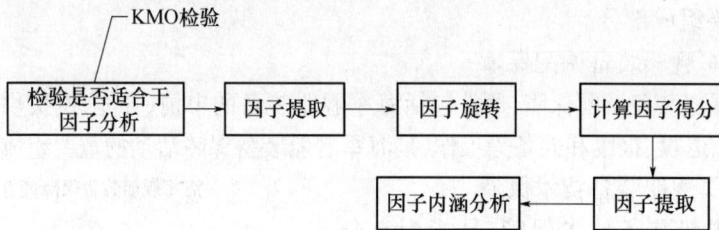

图4-6　因子分析的步骤

1. 确定待分析的原有变量是否适合于因子分析

因子分析是从众多的原始变量中构造出少数几个具有代表意义的因子变量,这里面有个潜在的要求,即原有变量之间要具有比较强的相关性。本文将采用KMO(Kaiser - Meyer - Olkin)分析原有变量是否适合于因子分析,其计算公式如下:

$$KMO = \frac{\sum\limits_{i \neq j} \sum r_{ij}^2}{\sum\limits_{i \neq j} \sum r_{ij}^2 + \sum\limits_{i \neq j} \sum p_{ij}^2}$$

其中:r_{ij}^2是变量i和变量j之间的简单相关系数,p_{ij}^2是变量i和变量j之间的偏相关系数。KMO越大,表明越适合进行因子分析。

理论上通常根据以下标准:KMO在0.9以上,非常适合;0.8~0.9很适合;0.7~0.8适合;0.6~0.7不太适合;0.5~0.6很勉强,0.5以下不适合。KMO越接近于1,越适合作公共因子分析。相反,KMO过小,不适合作因子分析。

巴特利特球体检验(Bartlett Test of Sphericity)。巴特利特统计值的显著性概率,小于等于$\alpha(\alpha$一般为0.01)时,可以作因子分析。

2. 因子提取

通过分析原始变量之间的相互关系，从中提取出数量较少的因子。提取方法是利用样本数据得到因子载荷矩阵。求解因子载荷矩阵的方法有很多，其中最常用的是主成份分析法、主轴因子法等。利用因子载荷矩阵求解变量相关矩阵的特征，根据特征值的大小确定因子数量。

3. 因子旋转

因子分析的一个重要目的是对原始数据进行综合评价。利用因子提取方法得到的结果虽然保证了因子之间的正交性，也就是因子之间不相关，但因子对变量的解释能力较弱，不容易解释和命名。这时，可以通过对因子模型的旋转交换，使公共因子的符合系数更接近 1 或更接近 0，通过这种方法得到的公共因子对变量的命名和解释将变得更加容易。

进行正交变换可以保证变换后各因子仍正交，但如果经过正交变换后对公共因子仍然不容易解释，也可以对因子进行斜交旋转变换，可能得到比较容易解释的因子。

4. 计算因子得分

利用因子表示原始变量，需要知道因子和原始变量之间的线性关系。为此，需要计算因子得分，为进一步分析奠定基础。

5. 因子内涵分析

经旋转后的因子载荷矩阵反映了变量和公因子的相关关系，在因子载荷矩阵的每一列中，载荷系数越大，所对应的变量与该因子的关联也最紧密[42]。在实际应用中，通常在载荷矩阵中选择载荷系数较大的所对应的几个变量，并根据这些变量的含义，确定因子的内涵，由此分析这些因子的变化可能带来的影响，提出如何通过改善这些因子来达到更好的效果。

4.3.2 海军舰船装备管理使用能力评估指标的因子分析

海军舰船装备管理使用能力评估基础指标的调查问卷描述性结果，见表 4 - 1；KMO and Bartlett's Test，见表 4 - 2；海军舰船装备管理使用能力评估基础指标的总方差分解表，见表 4 - 3。

表 4 - 1　描述性统计分析

评估指标	样本	极小值	极大值	均值	标准差
装备编配	50	4.00	6.00	5.4400	0.73290
舰船装备完好(在航)率	50	5.00	7.00	6.4000	0.75593
装备配套率	50	4.00	6.00	5.4000	0.75593
装备作战能力(寿命)储备	50	5.00	7.00	6.1200	0.65900

评估指标	样本	极小值	极大值	均值	标准差
作战（使用）分队技术人员	50	3.00	6.00	4.9600	1.12413
保障大队以及其他相当等级以上单位的领导	50	3.00	6.00	5.0400	1.00934
保障分队及其他相当等级单位领导	50	4.00	7.00	5.5400	1.12866
装备操作使用人员	50	4.00	7.00	5.3800	1.14089
有效的 N（列表状态）	50				

表 4 - 2　KMO and Bartlett's Test

KMO 样本测度 （Kaiser - Meyer - Olkin Measure of Sampling Adequacy. ）		0.778	
巴特利特球体检验 （Bartlett's Test of Sphericity）	Approx. Chi - Square		340.623
	自由度（df）		45
	显著性概率（Sig）		0.000

表 4 - 3　总方差分解表（Total Variance Explained）

成分	初始特征值			提取平方和载入			旋转平方和载入		
	合计	方差的 百分比	累积 百分比	合计	方差的 百分比	累积 百分比	合计	方差的 百分比	累积 百分比
1	5.611	70.131	70.131	5.611	70.131	70.131	4.772	59.654	59.654
2	1.451	18.141	88.273	1.451	18.141	88.273	2.289	28.619	88.273
3	0.483	6.042	94.315						
4	0.227	2.837	97.152						
5	0.114	1.426	98.577						
6	0.093	1.158	99.735						
7	0.021	0.265	100.000						
8	$1.442E-17$	$1.802E-16$	100.000						
提取方法:主成分分析									

由表 4 - 2 可以看出,海军舰船装备管理使用能力评估基础指标的 KMO 值为 0.778,大于 0.7;同时,巴特利特球体检验显著性概率是 0.000,小于 1%,相关矩阵不是一个单位矩阵,由此可知,这部分数据具有相关性,是适宜做因子分析的。

由总方差分解表中显示出,分析出的 2 个因子的特征值解释了总体方差的 88.27%,大于 80%,满足因子分析的要求。由旋转后的因子负载值表,见表 4 - 4。

表 4-4 旋转后的因子负载值(Rotated Component Matrix(a))

评估指标	成分	
	1	2
装备编配	0.892	-0.319
舰船装备完好(在航)率	0.913	-0.336
装备配套率	0.913	-0.336
装备作战能力(寿命)储备	0.925	0.110
作战(使用)分队技术人员	-0.284	0.940
保障大队以及其他相当等级以上单位的领导	-0.152	0.952
保障分队及其他相当等级单位领导	-0.778	0.232
装备操作使用人员	-0.864	0.324
提取方法:主成分分析法。旋转法:具有 Kaiser 标准化的正交旋转法。 旋转在 3 次迭代后收敛		

由表 4-4 可以看出,因子 1 对装备编配、舰船装备完好(在航)率、装备配套率和装备作战能力(寿命)储备影响较大,反映装备基本情况的情况,可以命名为"装备基本情况"。因子 2 对作战(使用)分队技术人员、保障大队以及其他相当等级以上单位的领导、保障分队及其他相当等级单位领导和装备操作使用人员影响较大,反映操作使用人员的情况,可以命名为"操作使用人员"。关键因子与高载荷指标的对应关系,见表 4-5。

表 4-5 关键因子与高载荷指标的对应关系

因子	高载荷指标	命名
因子 1	装备编配	装备基本情况
	舰船装备完好(在航)率	
	装备配套率	
	装备作战能力(寿命)储备	
因子 2	作战(使用)分队技术人员	操作使用人员
	保障大队以及其他相当等级以上单位的领导	
	保障分队及其他相当等级单位领导	
	装备操作使用人员	

4.3.3 海军舰船装备保障指挥能力评估指标的因子分析

海军舰船装备保障指挥能力评估指标基础指标的调查问卷描述性结果,见表

4-6;KMO and Bartlett's Test,见表4-7;海军舰船装备保障指挥能力评估基础指标的总方差分解表,见表4-8。

表4-6 描述性统计分析

	样本	极小值	极大值	均值	标准差
装备机关人员编配	50	2.00	6.00	4.3000	1.29756
人员称职	50	3.00	7.00	5.3000	1.29756
指挥训练	50	3.00	6.00	4.4200	1.10823
指挥信息化装备	50	1.00	6.00	3.4400	1.65566
指挥信息系统	50	2.00	7.00	4.3200	1.71952
种类与内容	50	3.00	7.00	4.0000	1.41421
修订与演练	50	3.00	6.00	3.3600	1.36666
三室一库	50	3.00	6.00	4.1400	1.12504
指挥作业器材	50	3.00	5.00	4.1400	0.72871
战备资料	50	3.00	6.00	4.3200	0.99877
指挥作业	50	3.00	7.00	5.6600	1.34938
指挥机构行动	50	2.00	6.00	4.8000	1.21218
指挥所勤务	50	2.00	6.00	4.6600	1.28746

表4-7 KMO and Bartlett's Test

KMO 样本测度 (Kaiser - Meyer - Olkin Measure of Sampling Adequacy.)		0.718	
巴特利特球体检验 (Bartlett's Test of Sphericity)		Approx. Chi - Square	72.623
		自由度(df)	15
		显著性概率(Sig)	0.000

表4-8 总方差分解表(Total Variance Explained)

成分	初始特征值			提取平方和载入			旋转平方和载入		
	合计	方差的百分比	累积百分比	合计	方差的百分比	累积百分比	合计	方差的百分比	累积百分比
1	6.709	51.611	51.611	6.709	51.611	51.611	3.007	23.133	23.133
2	2.445	18.809	70.421	2.445	18.809	70.421	2.893	22.255	45.388
3	1.545	11.886	82.306	1.545	11.886	82.306	2.884	22.182	67.570
4	1.214	9.341	91.647	1.214	9.341	91.647	1.965	15.118	82.687
5	0.734	5.647	97.294	0.734	5.647	97.294	1.899	14.607	97.294

成分	初始特征值			提取平方和载入			旋转平方和载入		
	合计	方差的百分比	累积百分比	合计	方差的百分比	累积百分比	合计	方差的百分比	累积百分比
6	0.212	1.628	98.923						
7	0.104	0.803	99.726						
8	0.017	0.134	99.860						
9	0.007	0.057	99.917						
10	0.007	0.051	99.969						
11	0.004	0.031	100.000						
12	$1.904E-32$	$1.465E-31$	100.000						
13	$-3.662E-16$	$-2.817E-15$	100.000						

提取方法：主成分分析

由表 4-7 可以看出，海军舰船装备保障指挥能力评估指标基础指标的 KMO 值为 0.718，大于 0.7；同时，巴特利特球体检验显著性概率是 0.000，小于 1%，相关矩阵不是一个单位矩阵，由此可知，这部分数据具有相关性，是适宜做因子分析的。

由总方差分解表中分析出的 5 个因子的特征值解释了总体方差的 97.294%，大于 80%，满足因子分析的要求。由旋转后的因子负载值表，见表 4-9。

表 4-9　旋转后的因子负载值（Rotated Component Matrix(a)）

	成分				
	1	2	3	4	5
装备机关人员编配	0.912	0.221	-0.280	-0.132	0.123
人员称职	0.912	0.221	-0.280	-0.132	0.123
指挥训练	0.940	0.206	-0.188	-0.144	0.069
指挥信息化装备	-0.199	-0.232	0.283	0.906	0.056
指挥信息系统	-0.143	-0.248	0.326	0.889	0.066
种类与内容	0.176	0.167	0.084	-0.008	0.940
修订与演练	0.042	0.293	-0.147	0.119	0.906
三室一库	-0.163	-0.181	0.938	0.163	-0.048
指挥作业器材	-0.349	-0.095	0.850	0.277	0.076
战备资料	-0.279	-0.122	0.896	0.270	-0.099
指挥作业	0.207	0.868	-0.221	-0.228	0.267

	成分				
	1	2	3	4	5
指挥机构行动	0.211	0.930	−0.074	−0.193	0.197
指挥所勤务	0.231	0.921	−0.133	−0.141	0.151

提取方法：主成分分析法。旋转法：具有 Kaiser 标准化的正交旋转法。
旋转在 7 次迭代后收敛

  由表 4-9 可以看出，因子 1 对装备机关人员编配、人员称职和指挥训练影响较大，反映作战结束阶段装备保障指挥人员的情况，可以命名为"指挥人员"。因子 2 对指挥信息化装备、指挥信息系统有较大影响，反映了指挥手段的基本情况，可以命名为"指挥手段"。因子 3 对种类与内容、修订与演练影响较大，反映装备保障指挥方案计划的情况，可以命名为"方案计划"。因子 4 对三室一库、指挥作业器材和战备资料影响较大，反映装备保障指挥机关战备设施的情况，可以命名为"机关战备设施"。因子 5 对指挥作业、指挥机构行动和指挥所勤务影响较大，反映装备保障组织指挥的情况，可以命名为"组织指挥"。关键因子与高载荷指标的对应关系，见表 4-10。

表 4-10　关键因子与高载荷指标的对应关系

因子	高载荷指标	命名
因子 1	装备机关人员编配	指挥人员
	人员称职	
	指挥训练	
因子 2	指挥信息化装备	指挥手段
	指挥信息系统	
因子 3	种类与内容	方案计划
	修订与演练	
因子 4	三室一库	机关战备设施
	指挥作业器材	
	战备资料	
因子 5	指挥作业	组织指挥
	指挥机构行动	
	指挥所勤务	

4.3.4 海军舰船装备供应保障能力评估指标的因子分析

海军舰船装备供应保障能力评估的基础指标的调查问卷描述性结果,见表 4 – 11;KMO and Bartlett's Test,见表 4 – 12;海军舰船装备供应保障能力评估的基础指标的总方差分解表,见表 4 – 13。

表 4 – 11 描述性统计分析

	样本	极小值	极大值	均值	标准差
人员编配	50	2.00	6.00	4.4000	1.29363
人员称职	50	3.00	7.00	5.3800	1.27600
供应专业训练	50	3.00	6.00	4.5400	1.11043
装备分配调整计划	50	3.00	6.00	4.1400	1.12504
应急机动机具设备	50	3.00	5.00	4.1400	0.72871
保障设施	50	3.00	6.00	4.3200	0.99877
储备规模、结构、质量	50	1.00	6.00	3.4400	1.65566
储备管理	50	2.00	7.00	4.3200	1.71952
供应保障作业	50	3.00	7.00	5.6600	1.34938
战术行动	50	2.00	6.00	4.8000	1.21218
应急机动生存	50	2.00	6.00	4.6600	1.28746

表 4 – 12 KMO and Bartlett's Test

KMO 样本测度 (Kaiser – Meyer – Olkin Measure of Sampling Adequacy)		0.712
巴特利特球体检验 (Bartlett's Test of Sphericity)	Approx. Chi – Square	1135
	自由度(df)	55
	显著性概率(Sig)	0.000

表 4 – 13 总方差分解表(Total Variance Explained)

成分	初始特征值			提取平方和载入			旋转平方和载入		
	合计	方差的 百分比	累积 百分比	合计	方差的 百分比	累积 百分比	合计	方差的 百分比	累积 百分比
1	6.253	56.849	56.849	6.253	56.849	56.849	2.967	26.973	26.973
2	1.848	16.801	73.649	1.848	16.801	73.649	2.933	26.663	53.635
3	1.702	15.477	89.126	1.702	15.477	89.126	2.869	26.079	79.714
4	0.917	8.334	97.460	0.917	8.334	97.460	1.952	17.746	97.460

成分	初始特征值			提取平方和载入			旋转平方和载入		
	合计	方差的百分比	累积百分比	合计	方差的百分比	累积百分比	合计	方差的百分比	累积百分比
5	0.155	1.409	98.869						
6	0.069	0.627	99.496						
7	0.028	0.255	99.750						
8	0.012	0.106	99.856						
9	0.007	0.064	99.920						
10	0.005	0.046	99.966						
11	0.004	0.034	100.000						
提取方法:主成分分析									

由表 4-13 可以看出,海军舰船装备供应保障能力评估基础指标的 KMO 值为 0.712,大于 0.7;同时,巴特利特球体检验显著性概率是 0.000,小于 1%,相关矩阵不是一个单位矩阵,由此可知,这部分数据具有相关性,是适宜做因子分析的。

由总方差分解表中显示出,分析出的 4 个因子的特征值解释了总体方差的 97.46%,大于 80%,满足因子分析的要求。由旋转后的因子负载值表,见表 4-14。

表 4-14　旋转后的因子负载值(Rotated Component Matrix(a))

	成分			
	1	2	3	4
人员编配	0.937	0.205	-0.247	-0.110
人员称职	0.924	0.222	-0.266	-0.124
供应专业训练	0.961	0.151	-0.126	-0.142
装备分配调整计划	-0.147	-0.189	0.927	0.171
应急机动机具设备	-0.253	-0.100	0.880	0.288
保障设施	-0.258	-0.157	0.909	0.252
储备规模、结构、质量	-0.184	-0.231	0.287	0.908
储备管理	-0.130	-0.239	0.320	0.901
供应保障作业	0.221	0.911	-0.218	-0.201
战术行动	0.195	0.957	-0.077	-0.180
应急机动生存	0.148	0.944	-0.149	-0.142
提取方法:主成分分析法。旋转法:具有 Kaiser 标准化的正交旋转法 旋转在 5 次迭代后收敛				

由表 4 – 14 可以看出,因子 1 对人员编配、人员称职和供应专业训练有较大影响,反映了海军舰船装备供应保障人员的基本情况,可以命名为"供应保障人员"。

应急机动机具设备和保障设施影响较大,反映海军舰船供应配套建设,可以命名为"供应配套建设"。因子 3 对储备规模、结构、质量和储备管理影响较大,反映了海军舰船装备储备情况,可以命名为"装备储备"。因子 4 对供应保障作业、战术行动和应急机动生存影响较大,反映了海军舰船应急机动供应情况,可以命名为"应急机动供应"。关键因子与高载荷指标的对应关系,见表 4 – 15。

表 4 – 15　关键因子与高载荷指标的对应关系

因子	高载荷指标	命名
因子 1	人员编配	供应保障人员
	人员称职	
	供应专业训练	
因子 2	装备分配调整计划	供应配套建设
	应急机动机具设备	
	保障设施	
因子 3	储备规模、结构、质量	供应配套建设
	储备管理	
因子 4	供应保障作业	应急机动供应
	战术行动	
	应急机动生存	

4.3.5　海军舰船装备技术保障能力评估指标的因子分析

海军舰船装备技术保障能力评估的基础指标的调查问卷描述性结果,见表 4 – 16;KMO and Bartlett's Test,见表 4 – 17;海军舰船装备技术保障能力评估的基础指标的总方差分解表,见表 4 – 18。

表 4 – 16　描述性统计分析

	样本	极小值	极大值	均值	标准差
人员编配	50	2.00	6.00	4.3000	1.21638
人员称职	50	3.00	7.00	5.3000	1.21638
技术保障专业训练	50	3.00	6.00	4.4200	1.07076
技术保障装备	50	3.00	6.00	4.0800	1.12195
技术保障设备	50	3.00	5.00	4.1200	0.74615
携行维修器材	50	3.00	6.00	4.2800	0.99057

	样本	极小值	极大值	均值	标准差
技术资料	50	3.00	6.00	4.1400	0.94782
技术保障作业	50	3.00	7.00	5.7800	1.29819
战术行动	50	2.00	6.00	4.9000	1.16496
应急机动生存	50	2.00	6.00	4.7600	1.22157

表 4 - 17　KMO and Bartlett's Test

KMO 样本测度 （Kaiser - Meyer - Olkin Measure of Sampling Adequacy）	0.750	
巴特利特球体检验 （Bartlett's Test of Sphericity）	Approx. Chi - Square	17.109
	自由度（df）	30
	显著性概率（Sig）	0.000

表 4 - 18　总方差分解表（Total Variance Explained）

成分	初始特征值			提取平方和载入			旋转平方和载入		
	合计	方差的 百分比	累积 百分比	合计	方差的 百分比	累积 百分比	合计	方差的 百分比	累积 百分比
1	5.838	58.379	58.379	5.838	58.379	58.379	3.659	36.588	36.588
2	2.340	23.395	81.775	2.340	23.395	81.775	2.954	29.541	66.129
3	1.372	13.717	95.491	1.372	13.717	95.491	2.936	29.362	95.491
4	0.223	2.231	97.722						
5	0.128	1.276	98.998						
6	0.054	0.544	99.542						
7	0.030	0.297	99.839						
8	0.012	0.123	99.962						
9	0.004	0.038	100.000						
10	$-3.540E-19$	$-3.540E-18$	100.000						
提取方法：主成分分析									

由表 4 - 18 可以看出，海军舰船装备技术保障能力评估基础指标的 KMO 值为
0.712，大于 0.7；同时，巴特利特球体检验显著性概率是 0.000，小于 1%，相关矩阵
不是一个单位矩阵，由此可知，这部分数据具有相关性，是适宜做因子分析的。

由总方差分解表中显示出，分析出的 3 个因子的特征值解释了总体方差的
95.491%，大于 80%，满足因子分析的要求。由旋转后的因子负载值表，见

表4-19。

表4-19　旋转后的因子负载值(Rotated Component Matrix(a))

	成分		
	1	2	3
人员编配	−0.301	0.919	0.241
人员称职	−0.301	0.919	0.241
技术保障专业训练	−0.213	0.943	0.200
技术保障装备	0.937	−0.172	−0.123
技术保障设备	0.907	−0.324	−0.081
携行维修器材	0.920	−0.300	−0.098
技术资料	0.916	−0.138	−0.120
技术保障作业	−0.166	0.261	0.933
战术行动	−0.048	0.213	0.971
应急机动生存	−0.126	0.138	0.960

提取方法:主成分分析法。旋转法:具有 Kaiser 标准化的正交旋转法
旋转在 5 次迭代后收敛

由表4-19可以看出,因子1对人员编配、人员称职和技术保障专业训练有较大影响,反映了海军舰船装备技术保障人员的基本情况,可以命名为"技术保障人员"。因子2对技术保障装备、技术保障设备、携行维修器材和技术资料影响较大,反映海军舰船技术保障配套建设,可以命名为"技术保障配套建设"。因子3对技术保障作业、战术行动和应急机动生存影响较大,反映了海军舰船机动保障情况,可以命名为"机动保障"。关键因子与高载荷指标的对应关系,见表4-20。

表4-20　关键因子与高载荷指标的对应关系

因子	高载荷指标	命名
因子1	人员编配	技术保障人员
	人员称职	
	技术保障专业训练	
因子2	技术保障装备	技术保障配套建设
	技术保障设备	
	携行维修器材	
	技术资料	
因子3	技术保障作业	机动保障
	战术行动	
	应急机动生存	

4.4 舰船装备保障能力评估指标作用机理

前文建立了舰船装备保障能力评估指标体系和标准体系,为了更加深入地理解舰船装备保障能力评估指标体系,还需要对指标之间的作用机理进行全面的分析。

4.4.1 指标作用机理的定性分析

对舰船装备保障能力评估指标作用机理的分析,实质就是探索舰船装备保障能力评估一级指标之间作用关系的结构,发现装备管理使用能力、装备保障指挥能力、装备供应保障能力和装备技术保障能力的各种作用路径。本书提出了探索性的舰船装备保障能力评估指标之间作用机理概念模型,如图4-7所示。

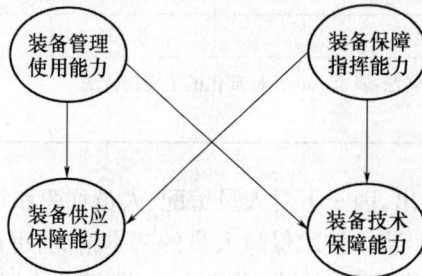

图4-7 海军舰船装备保障能力产生机理概念模型

在该概念模型中,主要假设关系如下:

H1:装备管理使用能力对装备供应保障能力以及装备技术保障能力都有显著影响。它包括2个子假设。

H1-1:装备管理使用能力会影响装备供应保障能力;

H1-2:装备管理使用能力会影响装备技术保障能力。

H2:装备保障指挥能力对装备供应保障能力和装备技术保障能力都有显著影响。它包括2个子假设。

H2-1:装备保障指挥能力会影响装备供应保障能力;

H2-2:装备保障指挥能力会影响装备技术保障能力。

4.4.2 指标作用机理的定量分析

本书采用结构方程建模方法,对舰船装备保障能力评估指标作用机理进行定量分析。利用 AMOS 18 软件作为分析工具,利用问卷调查所得到的数据样本,对舰船装备保障能力评估指标作用机理进行定量分析。该部分主要参考了文献[27－32]。

结构方程模型(Structure Equation Modeling,SEM)是当代行为与社会领域量化研究的重要统计方法,它融合了传统多变量统计分析中的"因素分析"与"线性模型之回归分析"的统计技术,对于各种因果模型可以进行模型辨识、估计与验证。AMOS 是 Analysis of Moment Structures(矩结构分析)的简称,能验证各式测量模型、不同路径分析模型;此外也可进行多群组分析、结构平均数的检验,单群组或多群组多个竞争模型或选替模型的选优。

1. 变量设计

在采用结构方程建模方法进行分析的过程中,将舰船装备保障能力评估一级指标:装备管理使用能力、装备指挥能力、装备供应保障能力和装备技术保障能力作为模型中的潜变量,测度各个潜变量的显变量用舰船装备保障能力评估的二级指标来表示,而显变量的调查问卷数据由显变量所包含的三级指标得分的平均值来表示。变量设计见表4－21。

表 4－21 变量设计

潜变量	符号	显变量	符号
装备管理使用能力	A	装备基本情况	A_1
			A_2
		操作使用人员	A_3
装备指挥能力	B	指挥人员	B_1
		指挥手段	B_2
		方案计划	B_3
		机关战备设施	B_4
		组织指挥	B_5
装备供应保障能力	C	供应保障人员	C_1
		供应配套建设	C_2
		装备储备	C_3
		应急机动供应	C_4
装备技术保障能力	D	技术保障人员	D_1
		技术保障配套建设	D_2
		机动保障	D_3

2. 效度分析

在进行结构方程模型分析之前要对所设计的变量进行检验,看其是否适合结构方程模型。本书通过信度和效度分析,进一步检验显变量对潜变量的测度效果,以及显变量之间、潜变量之间的区别性(如果区别效度不符合要求,说明变量之间以及因子之间可以替代)。信度和效度的关系就如同打靶[30],如图4-8所示。图(a)弹痕散布在靶上的各处,几乎没有一致性,表示既无信度也无效度;图(b)弹痕集中,但远离中心,表示有信度但无效度;图(c)表示既有信度又有效度。前面在因子分析时已经进行了信度分析,在此只针对各测试项的效度进行分析。

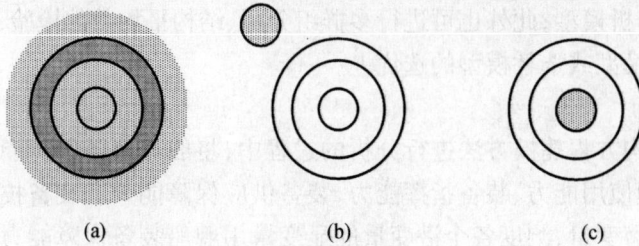

图4-8　信度和效度的关系
(a) 无信度及效度;(b) 有信度无效度;(c) 有信度及效度。

通过构建各测度项的验证性因素分析(Confirmatory Factor Analysis,CFA)模型(只描述显变量和潜变量之间关联关系的模型称为 CFA 模型),对 CFA 模型的拟合效果及回归参数进行分析,检验各子量表的收敛效度,采用的指数标准见表4-22[31]。

表4-22　模型总体拟合指数标准

指数名称		指数性质	评价标准
绝对拟合指数	χ^2(卡方)	理论模型与观察模型的拟合程度	越小越好
	$\chi^2/d.f.$	卡方值除以模型自由度	1~3
	GFI	模型拟合得到的方差和协方差能够解释数据资料程度	大于0.8,越接近1越好
	AGFI	用模型自由度和参数数目来调整 GFI	大于0.8,越大越好
	RMSEA	比较理论模式和饱和模式的差距	小于0.08,越小越好
相对拟合指数	NFI	假设模型与独立模型的差异	大于0.9,越接近1越好
	CFI	既考虑了假设模型与独立模型之间的关系,同时考虑了假设模型与理论预期卡方分布的离散程度	大于0.9,越接近1越好

在进行拟合优度检验之后,还可同时进行回归参数估计对"回归系数临界比,显著性概率"等指标进行考察,通常认为,回归系数临界比都大于1.96,显著性概率均小于0.01,即可认为通过检验。

根据 CFA 模型的要求,只用对包含 3 个或 3 个以上因素的模型进行检验,由于装备管理使用能力指标只包括 2 个二级指标,因此不用对装备管理使用能力进行效度检验。因此,只需要对装备保障指挥能力指标、装备供应保障能力指标和装备技术保障能力指标进行效度检验。

(1)装备保障指挥能力指标的效度检验。装备保障指挥能力指标的 CFA 模型,如图 4-9 所示。

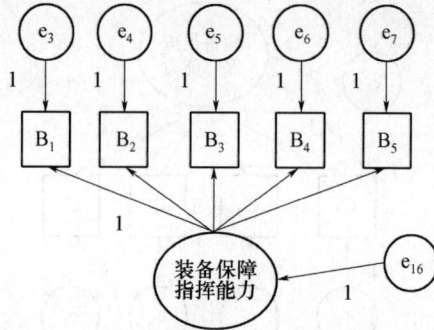

图 4-9 装备保障指挥能力指标的 CFA 模型

拟合效果的统计值见表 4-23 和表 4-24。

表 4-23 装备保障指挥能力各测度项 CFA 模型的拟合效果

指标	χ^2	$d.f.$	p	$\chi^2/d.f.$	GFI	AGFI	NFI	CFI	RESMA
装备保障指挥能力	0.452	5	0.994	0.09	0.996	0.989	0.999	0.996	0

从表 4-23 可以看出,各子量表以及量表总体 CFA 模型的 χ^2 值在测度模型显著性概率都大于 0.05;$\chi^2/d.f.$ 值符合小于 3 的标准;GFI、AGFI、NFI、CFI、RMSEA 都符合标准,说明测度模型的拟合效果符合要求。

从表 4-24 可以看出,潜变量对显变量回归系数的临界比都大于 1.96,标准差都大于零,显著性概率均小于 0.01,说明显变量对潜变量的解释能力符合要求,不需要删除任何变量。需要注意的是,在各潜变量中,均有一行的"标准差、临界比及显著性概率"等几个统计值用"—"表示,这是因为在进行回归参数估计时,某些显变量的因子载荷固定为 1,且 CFA 模型不估计因子载荷固定为 1 的回归系数的临界比及其显著性水平。

表 4-24 装备保障指挥能力各测度项 CFA 模型的回归参数估计

显变量←潜变量	标准化估计值	估计值	标准差	临界比	显著性概率
B_1←保障指挥能力	0.991	1	—		—
B_2←保障指挥能力	0.991	0.973	0.027	35.775	—
B_3←保障指挥能力	0.96	0.935	0.043	21.771	0
B_4←保障指挥能力	0.961	0.92	0.42	21.846	
B_5←保障指挥能力	0.991	1	0.028	36.025	

表 4-23 和表 4-24 的结果共同表明,装备保障指挥能力指标变量的收敛效度符合要求。

(2) 装备供应保障能力指标的效度检验。装备供应保障能力指标的 CFA 模型如图 4-10 所示。

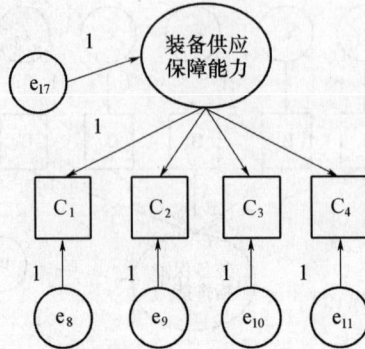

图 4-10　装备供应保障能力指标的 CFA 模型

拟合效果的统计值见表 4-25 和表 4-26。

表 4-25　装备供应保障能力各测度项 CFA 模型的拟合效果

指标	χ^2	$d.f.$	p	$\chi^2/d.f.$	GFI	AGFI	NFI	CFI	RESMA
装备供应保障能力	1.871	0	0.382	0.936	0.981	0.904	0.989	0.981	0

从表 4-25 可以看出,各子量表以及量表总体 CFA 模型的 χ^2 值在测度模型显著性概率都大于 0.05;$\chi^2/d.f.$ 值符合小于 3 的标准;GFI、AGFI、NFI、CFI、RMSEA 都符合标准,说明测度模型的拟合效果符合要求。

从表 4-26 可以看出,潜变量对显变量回归系数的临界比都大于 1.96,标准差都大于零,显著性概率均小于 0.01,说明显变量对潜变量的解释能力符合要求,不需要删除任何变量。

表 4-26　装备供应保障能力各测度项 CFA 模型的回归参数估计

显变量← 潜变量	标准化估计值	估计值	标准差	临界比	显著性概率
C_1←供应保障能力	0.97	1	—	—	—
C_2←供应保障能力	0.901	0.836	0.071	11.741	0
C_3←供应保障能力	0.7	0.646	0.101	6.425	0
C_4←供应保障能力	0.882	0.776	0.071	10.947	0

表 4-25 和表 4-26 的结果共同表明,装备供应保障能力指标变量的收敛效度符合要求。

（3）装备技术保障能力指标的效度检验。装备技术能力指标的 CFA 模型如图 4 – 11 所示。

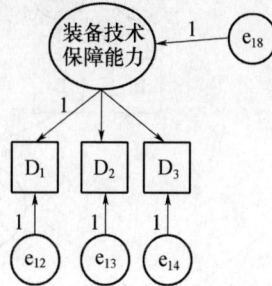

图 4 – 11　装备技术保障能力指标的 CFA 模型

拟合效果的统计值,见表 4 – 27 和表 4 – 28。

表 4 – 27　装备技术保障能力各测度项 CFA 模型的拟合效果

指标	χ^2	$d.f.$	p	$\chi^2/d.f.$	GFI	AGFI	NFI	CFI	RESMA
装备技术保障能力	0	0	—	—	1	—	1	1	—

从表 4 – 27 可以看出,各子量表以及量表总体 CFA 模型的 χ^2 值在测度模型显著性概率都大于 0.05;$\chi^2/d.f.$ 值符合小于 3 的标准;GFI、AGFI、NFI、CFI、RMSEA 都符合标准,说明测度模型的拟合效果符合要求。

从表 4 – 28 可以看出,潜变量对显变量回归系数的临界比都大于 1.96,标准差都大于零,显著性概率均小于 0.01,说明显变量对潜变量的解释能力符合要求,不需要删除任何变量。

表 4 – 28　装备技术保障能力各测度项 CFA 模型的回归参数估计

显变量←潜变量	标准化估计值	估计值	标准差	临界比	显著性概率
D_1←技术保障能力	0.961	1	—	—	—
D_2←技术保障能力	0.972	1.194	0.067	17.721	0
D_3←技术保障能力	0.949	1.254	0.081	15.537	0

表 4 – 27 和表 4 – 28 的结果共同表明,装备技术保障能力指标变量的收敛效度符合要求。

3. 结构方程的构建与结果分析

（1）初始结构方程。在概念模型基础上,本书设定了针对 AMOS 18 软件的初始结构方程模型,如图 4 – 12 所示。模型中的 $e_i(i = 1,\cdots,18)$ 是模型要求的各显变量和各潜变量的残差,所有残差的系数设定为 1。

61

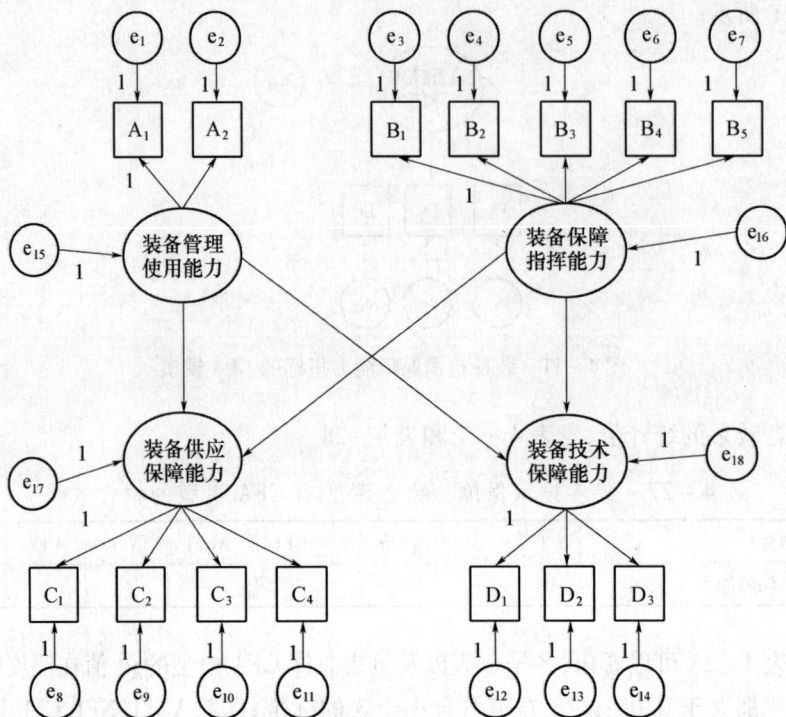

图 4 – 12　初始结构方程模型

初始结构方程的拟合检验结果见表 4 – 29。

表 4 – 29　拟合检验结果

χ^2	$d.f.$	p	$\chi^2/d.f.$	GFI	AGFI	NFI	CFI	RESMA
295.645	73	0	4.05	0.541	0.34	0.758	0.803	0.249

由表 4 – 29 可知,GFI、AGFI、NFI、CFI、RMSEA 检验指标都达不到标准值(或者建议值),表明初始模型与数据拟合结果不合格,需要改进。

(2) 结构方程的改进。根据 Amos 18 软件的修改指标(Modification Indices),对模型做出修改,主要是增加残差间的协方差关系,见表 4 – 30。表 4 – 31 列出了修改模型中增加的残差间的协方差关系。

表 4 – 30　改进模型中增加的残差协方差关系

$e_4 \leftarrow \rightarrow e_6$	$e_{11} \leftarrow \rightarrow e_{14}$	$e_{11} \leftarrow \rightarrow e_{12}$	$e_{11} \leftarrow \rightarrow e_{16}$	$e_{10} \leftarrow \rightarrow e_{12}$	$e_8 \leftarrow \rightarrow e_{12}$
$e_8 \leftarrow \rightarrow e_{10}$	$e_3 \leftarrow \rightarrow e_6$	$e_3 \leftarrow \rightarrow e_4$	$e_1 \leftarrow \rightarrow e_{16}$	$e_{13} \leftarrow \rightarrow e_{14}$	

改进后的结构方程如图 4 – 13 所示。

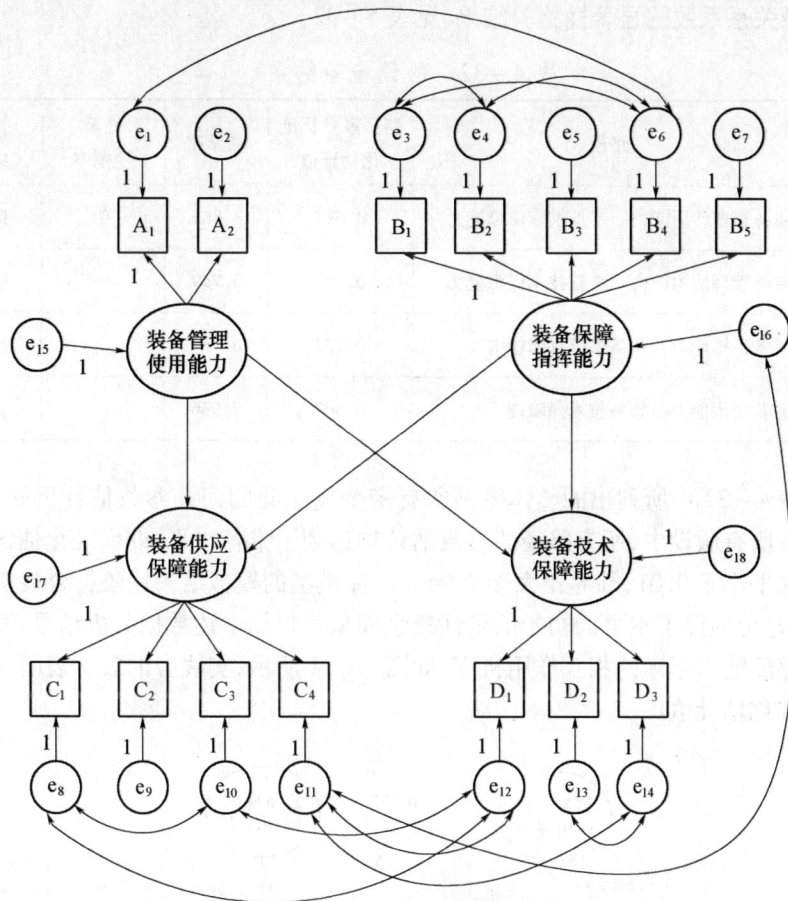

图 4 – 13　改进后的结构方程

改进后的结构方程整体拟合检验结果见表 4 – 31。

表 4 – 31　拟合检验结果

χ^2	$d.f.$	p	$\chi^2/d.f.$	GFI	AGFI	NFI	CFI	RESMA
51.651	62	0.823	0.833	0.879	0.796	0.958	1	0

从各拟合检验数值来看,该模型的绝对拟合优度指标 $\chi^2/d.f.$ 小于 3 符合标准,RMSEA 小于 0.08 符合标准,GFI 大于标准值 0.8,AGFI 大于标准值 0.8,所以认为模型的绝对拟合效果符合标准[32]。相对拟合指数 NFI 大于标准值 0.9;CFI

超过标准值 0.9。从以上各拟合指数来看,模型的整体拟合情况良好。

（3）假设检验。模型中各潜变量之间路径关系系数的标准化估计值、临界比以及路径关系系数的显著性检验结果,见表 4－32。

表 4－32 假设检验结果

假设编号	路径	路径系数标准化估计值	临界比	显著性概率	检验结果
H1－1	装备管理使用能力→装备供应保障能力	0.627	3.882	0	接受
H1－2	装备管理使用能力→装备技术保障能力	0.598	3.749	0	接受
H2－1	装备指挥能力→装备供应保障能力	0.727	6.954	0	接受
H2－2	装备指挥能力→装备技术保障能力	0.807	7.936	0	接受

从表 4－32 中所列出的整体模型所有潜变量之间的回归参数估计可知,该整体模型中所有假设中,所有路径的参数估计均达到了推荐水平,即标准化估计值的显著性水平小于 0.01,临界比大于 1.96。整体模型的模拟结果比较符合最初理论设想,较好地验证了本书的初始的定性概念模型。根据上述数据分析结果,海军舰船装备保障能力指标的相互作用机理,如图 4－14 所示,实线旁的数字表明该路径系数标准化估计值。

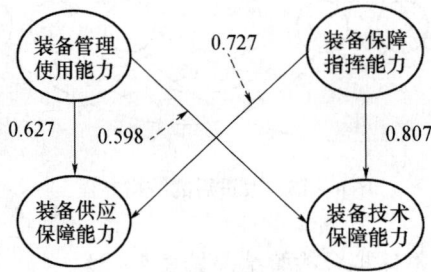

图 4－14 海军舰船装备保障能力产生机理

路径系数标准化估计值的大小反映了各指标间影响程度的大小,装备管理使用能力对装备供应保障能力的路径系数标准化估计值分别为 0.627,可以理解为装备管理使用能力对装备供应保障能力的影响程度为 0.627;同理,装备管理使用能力对装备技术保障能力的影响程度为 0.598,装备保障指挥能力对装备供应保障能力的影响程度为 0.727,装备保障指挥能力对装备技术保障能力的影响程度为 0.807。

图 4 - 14 进一步说明,通过提高装备管理使用能力可以间接提高装备供应保障能力和装备技术保障能力;通过提高装备保障指挥能力可以间接提高装备供应保障能力和装备技术保障能力。本书通过海军舰船装备保障能力指标作用机理的分析,可以清晰地理解海军舰船装备保障能力指标的相互作用关系,为海军舰船装备保障能力动态分析评估奠定基础。

第 5 章 舰船装备保障能力评估模型

在建立了舰船装备保障能力评估指标后,需要运用一定的定性或定量方法对评估指标进行分析、合成和计算,以得到科学的海军舰船装备保障能力的大小。科学、实用和有效的评估模型是舰船装备保障能力评估的关键,也是开展舰船装备保障能力评估的基础和条件。本章根据舰船装备保障能力评估的目的和要求,分类研究各种类型的舰船装备保障能力评估模型。

5.1 舰船装备保障能力评估模型总体框架

舰船装备保障能力评估模型涉及面广、针对性强,根据评估的目标、评估客体的数量、状态和要求,本书舰船装备保障能力评估模型分为六大类,分别是:舰船装备保障能力评估指标权重模型,海军舰船装备保障能力单指标评估模型,海军舰船装备保障能力单目标评估模型,面向任务的海军舰船装备保障能力,海军舰船装备保障能力动态评估模型和海军舰船装备保障能力多目标评估模型。

(1)舰船装备保障能力评估指标权重模型,是对舰船装备保障能力评估指标的重要程度进行分析和计算,包括相对权重和合成权重。

(2)海军舰船装备保障能力单指标评估模型,是对舰船装备保障能力评估三级指标的评估,包括定性单指标评估模型和定量单指标评估模型。

(3)海军舰船装备保障能力单目标评估模型,是针对单一评估客体(如某海军基地)构建的舰船装备保障能力评估模型。

(4)面向任务的舰船装备保障能力评估模型,是根据海军舰船的作战任务,分析海军舰船装备保障能力满足各种任务的程度。

(5)海军舰船装备保障能力动态评估模型,是分析海军舰船装备保障能力动态变化的规律和特点。

(6)海军舰船装备保障能力多目标评估模型,是针对多个评估客体(如多个海军基地)构建的舰船装备保障能力评估模型。

舰船装备保障能力评估各种模型的相互关系,如图 5-1 所示。

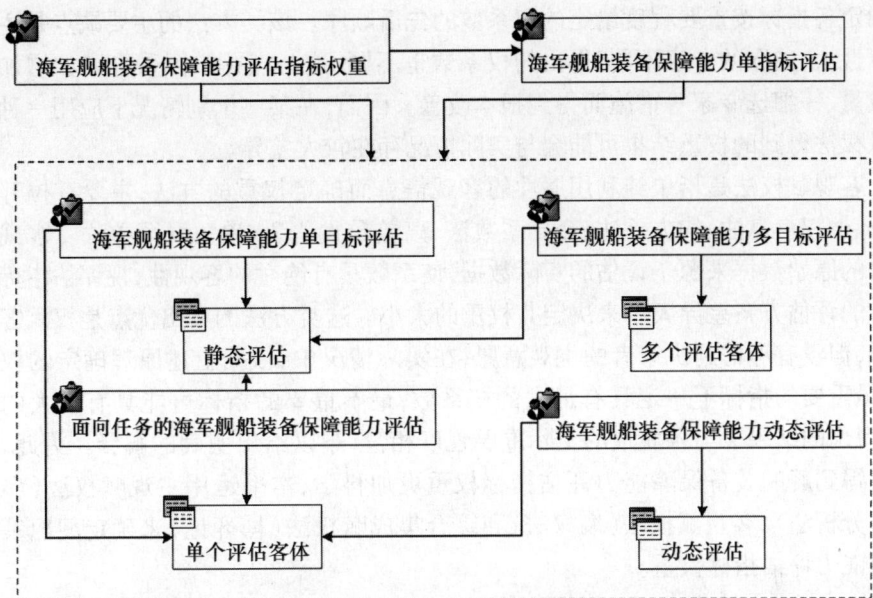

图 5 - 1 舰船装备保障能力评估各种模型的相互关系

从图 5 - 1 中可知,指标权重模型是各类模型的基础。单指标评估模型是单目标评估模型、面向任务评估模型、动态评估模型和多目标评估模型的基础。单目标评估模型、面向任务评估模型和动态评估模型都是针对单一评估客体。多目标评估模型是针对多个评估客体。单目标评估模型、面向任务评估模型和多目标评估模型都是针对海军舰船装备保障能力的静态评估,而动态评估模型是针对海军舰船装备保障能力的动态评估。

5.2 舰船装备保障能力评估指标权重模型

舰船装备保障能力评估是一个多属性、多目标综合评估问题,其指标体系中各指标的作用地位及重要程度不同,需要对各指标赋予不同的权重系数。指标权重是指标在评估过程中不同重要程度的反映,是舰船装备保障能力评估中指标相对重要程度的一种主观评估和客观反映的综合度量。

目前关于权重的确定方法有很多,根据计算权重时原始数据的来源以及计算过程的不同,这些方法大致可分为两大类:一类为主观赋权法,另一类为客观赋权法。主观法是由决策分析者或专家对各属性的主观重视程度而进行赋权的方法,主要有 dephi 法、层次分析法、专家调查法等方法。主观赋权法的优点是专家可以根据实际问题,较为合理地确定各指标之间的排序,也就是说尽管主观赋权法不能准确地确定各指标的权系数,但在通常情况下,主观赋权法可以在一定程度上有效地确定各指标按重要程度给定的权系数的先后顺序。该类方法的主要缺点是主观随意性大,选取的专家不同,得出的权系数也不同;这一点并未因采取诸如增加专家数量、仔细选专家等措施而得到根本改善。因而,在某些个别情况下应用一种主观赋权法得到的权重结果可能会与实际情况存在较大差异。

客观赋权法是指单纯利用属性的客观信息而确定权重的方法,主要有拉开档次法、熵权信息法、均方差、变异系数法、离差最大化法、单关联函数法。客观赋权法的原始数据来源于评估的实际数据,使系数具有绝对的客观性,视评估指标对所有的评估方案差异大小来决定其权重的大小。这类方法的突出优点是权重客观性强,但没有考虑到决策者的主观意愿,在实际情况中,依据上述原理确定的权重时,最重要的指标不一定具有最大的权系数,最不重要的指标可能具有最大的权重,得出的结果会与各属性的实际重要程度相悖,难以给出明确的解释。为此,为了使得到舰船装备保障能力评估指标权重更加科学,本书运用主观赋权法(多人层次分析法)、客观赋权法(熵权法)和综合集成赋权法(博弈论)来确定舰船装备保障能力评估指标权重。

5.2.1 基于多人层次分析法的评估指标主观赋权

层次分析法(AHP)是美国著名运筹学家 Satty 教授提出的一种解决多准则问题的方法。该方法根据问题的性质和要达到的目标,首先形成一个多层次的分析结构模型,把评估工作归结为低层次相对于高层次的相对重要性权值的确定。其具体做法是把某一层次用隶属层关系的各种指标的两两判断进行比较,形成比较判断矩阵,然后计算矩阵的最大特征值及相应的特征向量,得出该层次诸指标的相对重要性权值,再与上一层次指标的相对重要性权值加权综合,得出各层指标对总目标层的排序的权重。层次分析法是一种简单、有效,决策人和评估者都较易参与其分析过程的多目标决策方法。而多人层次分析法(GAHP)则是一种在层次分析法的基础上广集多位利益相近的决策者(专家)的意见综合分析和处理问题的改进方法。该部分主要参考了文献[33 - 35]。

1. 基本理论

GAHP 作为运筹学中的一种成熟的工具,其有效性是显而易见的。在舰船装备保障能力评估中,它同样具有很多优点,这些优点主要表现在以下几个方面:

(1)系统性。多人层次分析法将评估对象看作一个内部有机结合的庞杂系统,它遵循人们的思维模式,列出与评估对象密切相关的因素,并按照系统内部的相关性、逻辑性及重要性,将这些因素进行条理化层次分类。

(2)客观性及科学性。多人层次分析法为了确定评估及决策问题的相关因素的重要性,采用了相关因素两两比较的原则,两两比较的科学性在于不仅能够大大地降低排序的失误,更能通过看似简单的比较来确定决策对象内部的规律性及秩序性。由此可知,多人层次分析法具有较强的逻辑性、客观性和科学性。

(3)实用性。舰船装备保障能力评估,涉及的因素和指标很多,在这些因素和指标中,有些是可以度量的定量指标,有些是无法定量的定性指标。多人层次分析法科学、灵活地将指标转化为可以度量的定量因素,做到了定性分析与定量分析有机地结合,使各因素间的定量分析成为了可能,解决了传统数理模型无法解决的难题。

GAHP 法的具体步骤如下:

(1)建立层次结构模型。分析评估对象各要素的相互关系、逻辑归属及重要级别,进行排序,构成自上而下的递阶层次结构。

(2)确定思维判断定量化的标度。GAHP 采用九个重要性级别来表示人们的判断结果,它们是:同等重要、稍微重要、明显重要、强烈重要、极端重要,以及每二者之间的中间级别。这九种级别又分别用 1 ~ 9 的整数来表示,这就是九标度法。九标度法的标度及其含义见表 5 - 1。

表 5 - 1   1 ~ 9 比例标度表

标度值	含义
1	表示两个元素相比,具有同等重要性
3	表示两个元素相比,一个元素比另一个元素稍重要
5	表示两个元素相比,一个元素比另一个元素明显重要
7	表示两个元素相比,一个元素比另一个元素强烈重要
9	表示两个元素相比,一个元素比另一个元素极端重要
2,4,6,8	如果事物的差别介于两者之间时,可取上述相邻判断的中间值
倒数	若元素 i 与元素 j 重要性比为 a_{ij},那么元素 j 与元素 i 重要性比为 $a_{ji} = \dfrac{1}{a_{ij}}$

(3)构造判断矩阵并进行计算。邀请专家构造判断矩阵,设经过专家咨询后得到的某一判断矩阵为:

$$A = \begin{bmatrix} a_{11} & a_{12} \cdots a_{1n} \\ a_{21} & a_{22} \cdots a_{2n} \\ \vdots & \vdots \quad \vdots \\ a_{n1} & a_{n2} \cdots a_{nn} \end{bmatrix}, 其中 a_{ij} 取值为 1 ~ 9, 1/2 ~ 1/9。$$

然后求判断矩阵的最大特征值 $\lambda_{\max}$,并计算出这个最大特征值 $\lambda_{\max}$ 所对应的特征向量,这就是这组指标的权重向量。权重向量用 $W = (w_1, w_2, w_3, \cdots, w_n)$ 表示。

（4）判断矩阵的一致性检验。在由判断矩阵导出权重向量时，要求判断矩阵具有一致性或偏离一致性的程度不能太大，否则导出的权重并不能完全反映各元素之间的相对重要性程度。因此，在求权重之前，必须对判断矩阵进行一致性检验。

判断矩阵的一致性指标由下式给出：

$$CI = \frac{\lambda_{max} - n}{n - 1}, n \text{ 为矩阵阶数} \qquad (5-1)$$

将判断矩阵的一致性指标与具有相同秩的随机判断矩阵的一致性指标比较，即可得出协调率 $CR = \frac{CI}{RI}$。

RI 为相应随机判断矩阵的一致性指标，其数值见表 5 – 2。

表 5 – 2 随机一致性指标 RI

N	1	2	3	4	5	6	7	8	9
RI	0	0	0.58	0.94	1.12	1.24	1.32	1.41	1.45

若协调率 $CR < 0.1$，则判断矩阵可采用，否则判断矩阵要做调整。

（5）计算合成权重。根据第三步计算出来的各级指标权重，经过第四步的一致性检验后，即可由各级指标的权重值来计算各层元素对系统目标的合成权重。

（6）综合各位专家的意见。采用前面 5 步的方法分别计算出每位专家满足一致性要求的合成权值 $W^{(j)}$，用阿达玛乘积聚集并几何平均之（设专家总数为 m）：

$$W_i = \left(\prod_{j=1}^{m} W_i^j \right)^{1/m} \qquad (5-2)$$

归一化即得综合后的权重。

2. 基于多人层次分析法的评估指标权重

对于舰船装备保障能力评估指标体系的权重确定，本书选取了 3 名专家采用多人层次分析法得到舰船装备保障能力评估指标权重。具体步骤如下：

（1）邀请专家填写重要程度对比判断表。邀请的专家按分发的资料，构造一组矩阵。由于在实际操作中被邀请专家往往对九标度方法不太熟悉，用数值表达重要程度时容易把对比关系搞颠倒，如把 3,5,7,9 表达成 1/3,1/5,1/7,1/9。为了避免这种情况，可以制成"判断矩阵表"，见表 5 – 3。在此限于篇幅仅介绍三级指标相对于二级指标（指挥人员）的权重的确定过程，其他指标的权重确定过程与此相同就不再重复叙述了。判断表比较直观，易于操作，不容易发生差错，待表收回后，再将判断表转换为判断矩阵。

表 5 - 3 专家填写的评估指标重要程度对比判断表

指挥人员 B_1	同等重要(1)	中值(2)	稍微重要(3)	中值(4)	明显重要(5)	中值(6)	强烈重要(7)	中值(8)	极端重要(9)	指挥人员 B_1
装备机关人员编配 B_{11}					<					人员称职 B_{12}
人员称职 B_{12}	=									指挥训练 B_{13}
指挥训练 B_{13}			>							装备机关人员编配 B_{11}
说明	若 B_{11} 与 B_{12} 比较,B_{11} 比 B_{12} 明显重要,则在"明显重要"所对应的方格内注" > "号,若 B_{11} 与 B_{12} 比较,B_{12} 比 B_{11} 明显重要,则在"明显重要"所对应的方格内注" < "号。同等重要用" = "号表示									

统计专家填写后的"评估指标重要程度对比判断表",见表 5 - 4。

表 5 - 4 基本指标评语集表

指挥人员 B_1	装备机关人员编配 B_{11}	人员称职 B_{12}	指挥训练 B_{13}
装备机关人员编配 B_{11}	1	$\dfrac{1}{5}$	$\dfrac{1}{3}$
人员称职 B_{12}	5	1	1
指挥训练 B_{13}	3	1	1

（2）计算矩阵的最大特征值和特征向量。由表 5 - 4 可以得到判断矩阵：

$$B_1 = \begin{bmatrix} 1 & 1/5 & 1/3 \\ 5 & 1 & 1 \\ 3 & 1 & 1 \end{bmatrix}$$

对应的特征向量为：

$$W_{B_1} = (0.114, 0.4806, 0.4054)$$

（3）判断矩阵的一致性检验。根据上面求得的结论可以得到 $CR = \dfrac{CI}{RI} = 0.0279 < 0.1$，所以该判断矩阵的一致性可以接受。

（4）某一个专家确定的权重值。于是,根据上面的结论可以得到所求的指标相对于上一层指标的权重系数：

$$W_{B_1}^1 = (0.114, 0.4806, 0.4054)$$

同理,可求出其他指标相对于上一层指标的权重系数。

（5）根据所有专家的权重值确定指标的权重。统计 3 个专家的意见，见表5 – 5。

表 5 – 5　3 个专家确定的指标权重

专家	装备机关人员编配 B_{11}	人员称职 B_{12}	指挥训练 B_{13}
1	0.114	0.4806	0.4054
2	0.1396	0.3325	0.5278
3	0.126	0.4579	0.4161

根据下式：

$$W_i = \left(\prod_{j=1}^{m} W_i^j \right)^{1/m} \tag{5 – 3}$$

计算得到：

$$W_{B_{11}} = (0.114 \times 0.1396 \times 0.126)^{1/3} = 0.1359$$

$$W_{B_{12}} = (0.4806 \times 0.3325 \times 0.4579)^{1/3} = 0.4183$$

$$W_{B_{13}} = (0.4054 \times 0.5278 \times 0.4161)^{1/3} = 0.4465$$

对计算结果进行归一化处理，得到二级指标作战准备阶段下面 3 个三级指标的权重为 $W_{B_1} = (0.1358 \quad 0.4180 \quad 0.4462)$。

5.2.2　基于熵值法的评估指标客观赋权

爱因斯坦曾对熵定律作如下描述："一种理论其前提越简练，则所涉及的内容越伟大。经典热力学理论，因此给我们留下了极其深刻的印象。我相信只有内容广泛而普通的热力学理论才能通过基本概念的运用而永远站稳脚跟。"事实已经证明，熵概念及其理论不仅仅局限于热力学，在大系统描述方面有其不可替代的优势，而且熵增原理和熵概念的延伸、拓展和泛化，可以推出一系列系统设计和系统运用的规则和原理。该部分主要参考了文献[36,37]。

1. 基本理论

熵值法是一种根据各项指标观测值所提供的信息量的大小来确定指标权数的方法。熵是热力学中的一个名词，在信息论中又称为平均信息量，它是信息无序度的度量，信息熵越大，信息的无序度越高，其信息的效用值越小；反之，信息熵越小，信息的无序度越低，信息的效用值越大。在综合评估中，运用信息熵评估所获系统信息的有序程度及信息的效用值。

根据信息论的定义，在一个信息通道中传输的第 i 个信号的信息量 I_i 是

$$I_i = -\ln p_i$$

式中:p_i 为该信号出现的概率。

如果有 n 个信号,其出现的概率分别为 $p_1,p_2,\cdots,p_n$,则这 n 个信号的平均信息量,即熵为

$$-\sum_{i=1}^{n} p_i \ln p_i$$

设 $x_{ij}(i=1,2,\cdots,n;j=1,2,\cdots,m)$ 为第 i 个评估客体中第 j 项指标的评估数据。对给定的 j,x_{ij} 的差异越大,该项指标对评估客体的作用越大,说明该指标包含和传输的信息越多。信息的增加意味着熵的减少,熵可以用来度量这种信息量的大小。

用熵值法确定指标权重的步骤如下:

(1) 专家调查。将海军舰船装备保障能力标准体系,分别发给 8 个海军基地的 8 位舰船装备保障能力评估专家,请他们对本基地各项指标的得分进行初步判断,即把评估结论划分为 4 个档次,且分别用一个数值表示:优秀(1);良好(0.7);中(0.5);差(0.2)。

(2) 计算第 j 项指标下第 i 个评估客体的特征比重:

$$P_{ij} = \frac{x_{ij}}{\sum_{i=1}^{n} x_{ij}} \qquad (5-4)$$

(3) 计算第 j 项指标的熵值:

$$e_j = -k\sum_{i=1}^{n} p_{ij} \times In(p_{ij}) \qquad (5-5)$$

(4) 计算指标 x_j 的差异性系数。给定的 j,x_{ij} 的差异越小,e_j 越大;差异越大,则 e_j 越小,指标对于评估客体的比较作用越大。定义差异系数为:

$$g_j = 1 - e_j \qquad (5-6)$$

g_j 越大,越应重视该指标的作用。

设 x_{ij} 对于给定的 j 全部相等,则 $p_{ij} = \frac{1}{n}$,此时 $e_j = k \times \ln n$,此时指标对于评估客体比较作用最小,取 $g_j = 0$,可以推算出 $k = \frac{1}{\ln n}$。

(5) 确定权重

$$w_j = \frac{g_j}{\sum_{i=1}^{m} g_j}, j = 1,2,\cdots,m \qquad (5-7)$$

2. 基于熵值法的评估指标赋权

本书选取了 3 名专家采用熵值法得到舰船装备保障能力评估指标权重。具体

步骤如下：

（1）专家调查结果。在此限于篇幅仅介绍三级指标相对于二级指标（指挥人员 B_1）的权重的确定过程，其他指标的权重确定过程与此相同就不再重复叙述了。调查结果见表5-6。

表5-6 指挥人员权重调查结果

	装备机关人员编配 B_{11}	人员称职 B_{12}	指挥训练 B_{13}
XX基地专家	优秀(1)	优秀(1)	良好(0.7)
XX基地专家	良好(0.7)	良好(0.7)	中(0.5)
XX基地专家	优秀(1)	优秀(1)	优秀(1)
XX基地专家	良好(0.7)	中(0.5)	良好(0.7)
XX基地专家	中(0.5)	良好(0.7)	中(0.5)
XX基地专家	优秀(1)	优秀(1)	优秀(1)
XX基地专家	中(0.5)	中(0.5)	差(0.2)
XX基地专家	良好(0.7)	差(0.2)	良好(0.7)

（2）计算各指标对各评估客体的特征比重。根据式（5-4），计算得到各指标对各评估客体的特征比重，见表5-7。

表5-7 各指标对各评估客体的特征比重

	装备机关人员编配 B_{11}	人员称职 B_{12}	指挥训练 B_{13}
XX基地专家	0.1389	0.1667	0.1379
XX基地专家	0.1111	0.1333	0.1034
XX基地专家	0.1389	0.1667	0.1724
XX基地专家	0.1111	0.1000	0.1379
XX基地专家	0.1389	0.1333	0.1034
XX基地专家	0.1389	0.1667	0.1724
XX基地专家	0.1111	0.1000	0.0345
XX基地专家	0.1111	0.0333	0.1379

（3）计算各指标的权重。根据式（5 - 5），计算各指标的熵值，根据式（5 - 6），计算指标的差异系数，根据式（5 - 7），计算各指标的权重，见表5 - 8。

表5 - 8　各指标的权重

	装备机关人员编配 B_{11}	人员称职 B_{12}	指挥训练 B_{13}
熵值	0.9833	0.9585	0.9621
差异系数	0.0167	0.0415	0.0379
权重	0.1738	0.4318	0.3944

5.2.3　基于博弈论的评估指标综合集成赋权

前文分别确定主观权重和客观权重，然后通过博弈论的方法将主观权重和客观权重综合起来，其基本思想是在不同的权重之间寻找一致或妥协，即极小化可能的权重跟各个基本权重之间的各自偏差。该部分主要参考了文献[38 - 40]。

设主观赋权得到的权重为：

$$\boldsymbol{W}^1 = (w_1^1, w_2^1, \cdots, w_i^1) \tag{5 - 8}$$

客观赋权法得到的权重为：

$$\boldsymbol{W}^2 = (w_1^2, w_2^2, \cdots, w_3^2) \tag{5 - 9}$$

设最终的权重 $\boldsymbol{W}$

$$\boldsymbol{W} = \begin{bmatrix} a_1 & a_2 \end{bmatrix} \times \begin{bmatrix} \boldsymbol{W}^{1\mathrm{T}} & \boldsymbol{W}^{2\mathrm{T}} \end{bmatrix} \tag{5 - 10}$$

$\boldsymbol{W}$ 为基于主观赋权法和客观赋权法集成在一起的可能权重向量。为了寻找最满意的权向量可归结为对式（5 - 10）中 (a_1, a_2) 线性组合系数进行优化，优化目标是使 $\boldsymbol{W}$ 与 $\boldsymbol{W}^1$, $\boldsymbol{W}^2$ 的离差的极小化。为了得到离差的最小化，本书采用最小二乘法进行计算，最小二乘法是一种优化技术，它通过最小化误差的平方和，寻找数据的最佳函数匹配，利用最小二乘法可以简便地求得未知的数据。由此导出了下面的对策模型：

$$\mathrm{Min}\left(\sum_{i=1}^{n} (a_1 \times W_i^1 + a_2 \times W_i^2 - W_i^1)^2 + (a_1 \times W_i^1 + a_2 \times W_i^2 - W_i^2)^2 \right.$$

$$\left. \right) \tag{5 - 11}$$

下面以二级指标（指挥人员 B_1）的权重的确定过程为例，分析利用博弈论确定权重的过程，已知指挥人员 B_1 的主观赋权得到的权重为 $\boldsymbol{W}^1 = (w_1^1, w_2^1, w_3^1) = (0.13, 0.42, 0.45)$，客观赋权法得到的权重为 $\boldsymbol{W}^2 = (w_1^2, w_2^2, w_3^2) = (0.17, 0.43, 0.40)$，对博弈论的计算过程 a_1 进行仿真，如图5 - 2所示。

从图5 - 2中可以看出，当 $a_1 = 0.44$ 时，离差最小，根据式（5 - 10）得到了最优的权重向量，见表5 - 9。

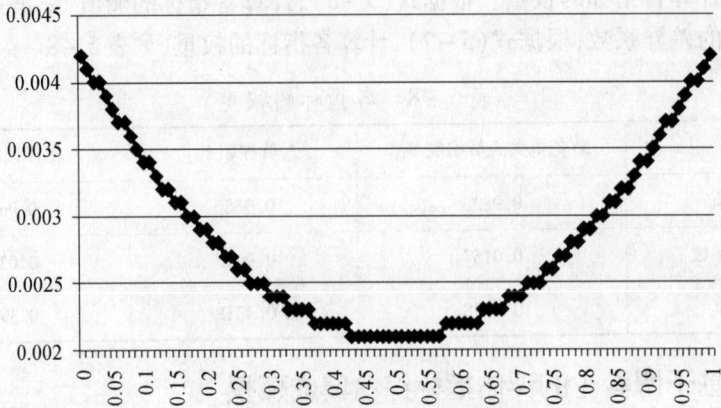

图 5-2　博弈论计算结果

表 5-9　最优权重向量

	组合系数	装备机关人员编配 B_{11}	人员称职 B_{12}	指挥训练 B_{13}
多人层次分析法	0.44	0.13	0.42	0.45
熵值法	0.56	0.17	0.43	0.40
博弈论		0.15	0.43	0.42

5.2.4　评估指标合成权重

通过主观赋权法、客观赋权法和综合赋权法,最终得到舰船装备保障能力评估指标相对于上一级指标的权重,即相对权重。在得到了相对权重后,还要计算指标的合成权重,计算合成权重就是计算指标相对于总目标的重要程度,也就是各级指标在总目标中所占的重要程度。

最后得到舰船装备保障能力评估指标权重,见表 5-10。

表 5-10　舰船装备保障能力评估指标权重

一级指标	相对权重	二级指标	相对权重	合成权重	三级指标	相对权重	合成权重
装备管理使用能力 A	0.2	装备基本情况 A_1	0.6	0.12	装备编配 A_{11}	0.25	0.03
					舰船装备完好(在航)率 A_{12}	0.25	0.03
					装备配套率 A_{13}	0.25	0.03
					装备作战能力(寿命)储备 A_{14}	0.25	0.03
		操作使用人员 A_2	0.4	0.08	作战(使用)分队技术人员 A_{21}	0.25	0.02
					保障大队以及其他相当等级以上单位的领导 A_{22}	0.25	0.02
					保障分队及其他相当等级单位领导 A_{23}	0.25	0.02
					装备操作使用人员 A_{24}	0.25	0.02

一级指标	相对权重	二级指标	相对权重	合成权重	三级指标	相对权重	合成权重
装备指挥能力 B	0.25	指挥人员 B_1	0.32	0.08	装备机关人员编配 B_{11}	0.15	0.012
					人员称职 B_{12}	0.43	0.035
					指挥训练 B_{13}	0.42	0.034
		指挥手段 B_2	0.08	0.02	指挥信息化装备 B_{21}	0.5	0.01
					指挥信息系统 B_{22}	0.5	0.01
		方案计划 B_3	0.08	0.02	种类与内容 B_{31}	0.5	0.01
					修订与演练 B_{32}	0.5	0.01
		机关战备设施 B_4	0.12	0.03	三室一库 B_{41}	0.333	0.01
					指挥作业器材 B_{42}	0.333	0.01
					战备资料 B_{43}	0.333	0.01
		组织指挥 B_5	0.4	0.1	指挥作业 B_{51}	0.5	0.05
					指挥机构行动 B_{52}	0.3	0.03
					指挥所勤务 B_{53}	0.2	0.02
装备供应保障能力 C	0.25	供应保障人员 C_1	0.32	0.08	人员编配 C_{11}	0.25	0.02
					人员称职 C_{12}	0.375	0.03
					供应专业训练 C_{13}	0.375	0.03
		供应配套建设 C_2	0.12	0.03	装备分配调整计划 C_{21}	0.333	0.01
					机动机具设备 C_{22}	0.333	0.01
					保障设施 C_{23}	0.333	0.01
		装备储备 C_3	0.16	0.04	储备规模、结构、质量 C_{31}	0.25	0.01
					储备管理 C_{32}	0.75	0.03
		机动供应 C_4	0.4	0.1	供应保障作业 C_{41}	0.3	0.03
					战术行动 C_{42}	0.5	0.05
					机动生存 C_{43}	0.2	0.02

一级指标	相对权重	二级指标	相对权重	合成权重	三级指标	相对权重	合成权重
装备技术保障能力 D	0.3	技术保障人员 D_1	0.27	0.08	人员编配 D_{11}	0.25	0.02
					人员称职 D_{12}	0.375	0.03
					技术保障专业训练 D_{13}	0.375	0.03
		技术保障配套建设 D_2	0.23	0.07	技术保障装备 D_{21}	0.286	0.02
					技术保障设备 D_{22}	0.286	0.02
					携行维修器材 D_{23}	0.286	0.02
					技术资料 D_{24}	0.143	0.01
		机动保障 D_3	0.50	0.15	技术保障作业 D_{31}	0.533	0.08
					战术行动 D_{32}	0.333	0.05
					机动生存 D_{33}	0.133	0.02

为了更加直观地体现舰船装备保障能力评估指标权重的大小,本书将评估指标权重用柱状图来表示。

舰船装备保障能力评估指标权重的一级指标权重,如图 5-3 所示。

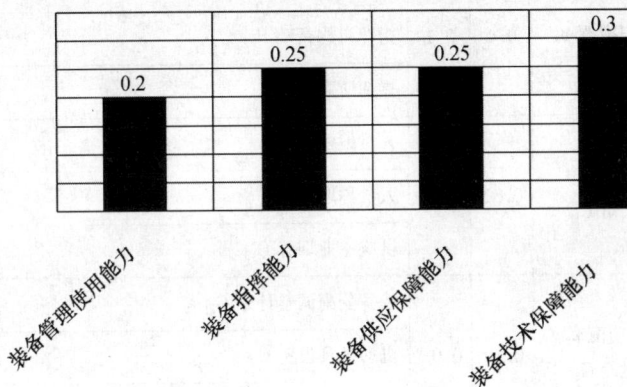

图 5-3 一级指标权重

从图 5-3 中可以看出,海军舰船装备技术保障能力的指标权重最大,为 0.3。

舰船装备保障能力评估指标权重的二级指标权重,如图 5-4 所示。

从图 5-4 中可以看出,装备基本情况和机动保障的权重最高,分别为 0.12 和 0.15。

舰船装备保障能力评估的三级指标权重,如图 5-5 所示。

从图 5-5 中可以看出,技术保障作业的权重最大,为 0.08,应该给予重点关注。

78

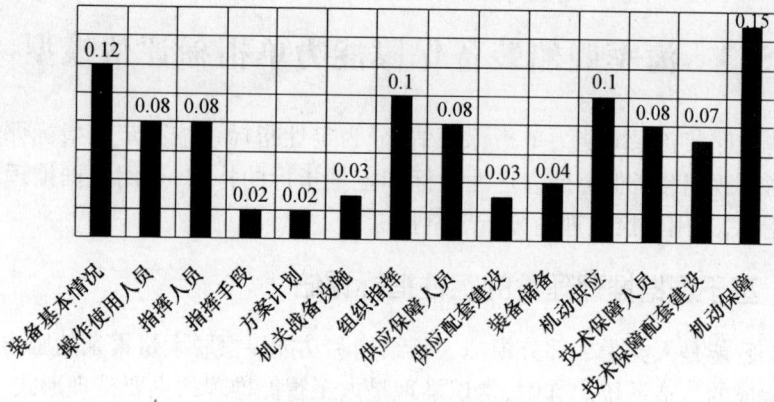

图 5 - 4 二级指标权重

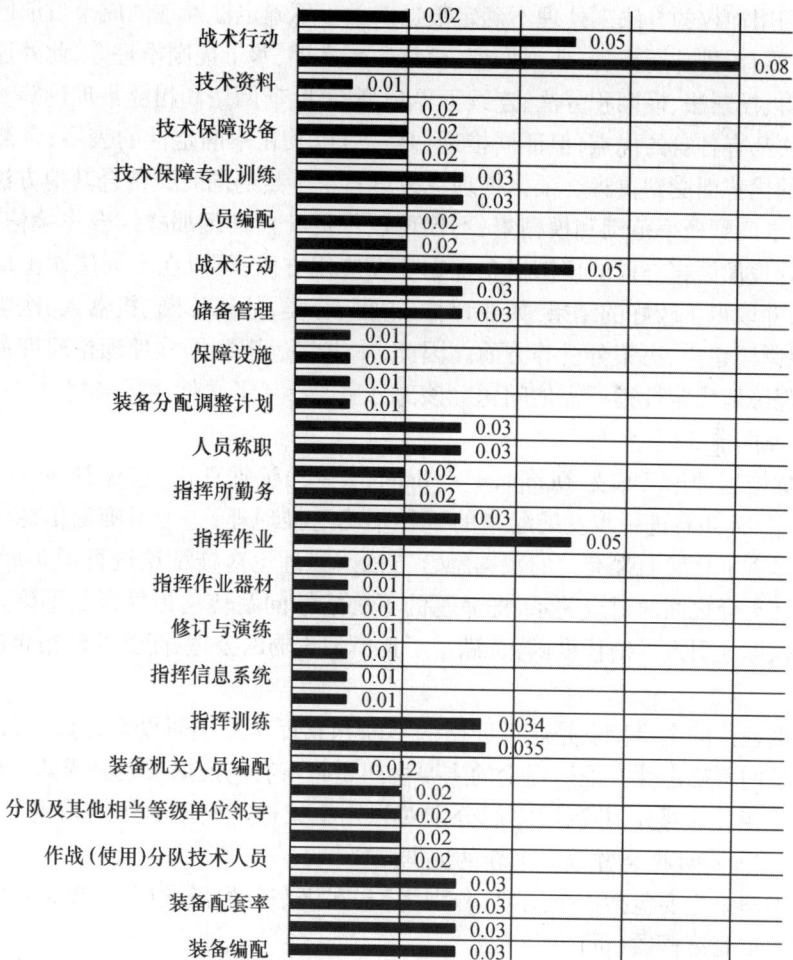

图 5 - 5 三级指标权重

5.3　海军舰船装备保障能力单指标评估模型

海军舰船装备保障能力单指标评估,分为定性指标评估和定量指标评估。本书根据海军舰船装备保障能力定性指标和定量指标的特点,运用证据推理理论分析定性指标,运用云推理理论分析定量指标。

5.3.1　基于证据推理理论的定性指标评估

人工智能是人类为了部分模拟人脑结构和功能以摆脱大量繁杂的脑力和体力劳动所构成的人造系统。其中,常识推理是人工智能推理的主要推理形式,它可以处理那些具有不完全、不确定、不清晰的信息或数据,因此也称为不确定性推理。通常人们用加权的方法来处理不确定数据。关于不确定性推理的成果目前已相当丰富,主要有:贝叶斯推理、证据推理、模糊逻辑推理、基于规则推理等,此外还有非单调逻辑、投票法、模糊积分法、连续下界预测、贝叶斯网络和粗糙集理论等。虽然每种方法都有各自的优点,但证据推理(D–S)以其在不确定性的表示、量测和组合方面的优势而受到重视。证据推理在改进自身不足的同时又结合其他方法的长处,先后推广到概率范围和模糊集,不仅可以像贝叶斯推理那样结合先验信息,而且能够处理像语言一样的模糊概念证据。在应用方面,可以在不同层次上应用证据理论,并取得了较好的结果,如在评估、识别、分类、故障诊断、机器人、医学图像处理、控制器建模、决策分析等方面。因此,本书将运用证据推理理论研究海军舰船装备保障能力定性指标评估问题。该部分主要参考了文献[41–44]。

1. 证据推理理论

证据推理理论又称为 Dempster–Shafer(D–S)证据理论,它是 Dempster 首先提出,并由 Shafer:进一步发展起来的一种不确定推理理论,为不确定信息的表达和合成提供了自然而强有力的数据融合方法。该理论对概率论进行了扩展,建立了命题和集合之间的对应关系,把命题的不确定性问题转化为集合的不确定性问题。证据理论引入了信任度函数,满足了比概率论弱的公理,能够处理集合的不确定性。

证据理论的主要特点是通过证据的不断积累逐步缩小假设集,这样可以大大减少信息的不确定性。证据理论的主要思想是将所有的证据集划分成两个或两个以上互不相关的部分,并利用它们分别对识别框架进行判断。然后采用 D–S 组合规则,将所有证据合并成一个新的证据。

证据理论主要包括 3 个函数,分别为:基本概率分配函数(bpa 或 m),信念函数(Bel),似真度函数(pl)。

按照 Shafer 的观点,证据处理的数学模型为:

（1）首先确定识别框架 Θ。只有确定了识别框架 Θ，才能把对命题的研究转化为对集合的研究。

（2）根据证据建立一个信任程度的初始分配，即证据处理人员对证据加以分析，确定出证据对每一个命题本身的支持程度。

（3）通过分析前因后果，计算出我们对于所有命题的信任程度。

① 证据及其识别框架。通常在认识一个问题时通过归类、推理、演绎等各种方法对问题深化，假设有一个事件或问题，对于该事件或问题所能认识到的所有结果集合用 Θ 表示，那么所关心的任意个命题都对应于 Θ 的一个子集。例如，有一个敌我识别传感器，它得到的结果有目标是敌方、友方、我方，这样一来我们就得到了用它判断目标的集合 Θ：{敌方、友方、我方}，任何一个命题都可以用 Θ 的子集合表示，如：{敌方、友方}表示"目标是非我方"的命题。Shafer 指出，Θ 的选取依赖于我们的知识，依赖于我们的水平，依赖于我们已经知道的和想要知道的，为了强调可能性集合 Θ 所具有的这种认识论特性，Shafer 称其为辨识框架。

设 Q 是一个判决问题，其可以认识到的全部可能的结果用集合 Θ 表示。$\Theta = \{\theta_1,\theta_2,\cdots,\theta_n\}$，由 Θ 的所有子集构成的幂集记为 2^Θ，则 2^Θ 的每一个元素都对应一个关于 Θ 的命题，其中有且仅有一个元素 θ 是问题 Q 的正确答案。集合 Θ 称为问题 Q 的识别框架（frame of diseernment）。

② 基本概率分配（m）及信度函数。

定义 1　设 Θ 是识别框架，由 Θ 的所有子集构成的幂集记 2^Θ。如果集函数 $n:2^\Theta \to [0,1]$ 满足：（1）$m(\varphi) = 0$

$$\sum_{A \in \Theta} m(A) = 1$$

则称 m 为 Θ 上的基本概率分配（简称 mass 函数）。

定义 2　设 Θ 是识别框架，Θ 是 Θ 上一个 mass 函数，由 $Bel(A) = \sum_{B \subseteq A} m(B) \ \forall A \subseteq \Theta$

定义的函数 $Bel:2^\Theta \to [0,1]$ 称为 Θ 上对应于 m 的信度函数，即 A 的信度函数为 A 中每个子集的信度值之和。信度函数与 mass 函数是互相唯一确定的，它们是同一种证据的不同表示。当基本可信度分配 $m(\Theta) = 1,m(A) = 0(A \neq \Theta)$ 时，信度函数的结果是最简单的，此时 $Bel(\Theta) = 0$，当 $A \neq \Theta$ 时，$Bel(A) = 0$，该信度函数称为空信度函数，空信度函数适合于无任何证据的情况。

③ 似真度函数。

定义 3　$\forall A \subseteq \Theta$，定义：$pl(A) = 1 - Bel(\overline{A})$

称 $pl:2^\Theta \to [0,1]$ 为似真度函数，表示不怀疑 A 的程度。$pl(A)$ 包含了所有与 A 相容的那些集合（命题）的基本可信度。$pl(A)$ 是比 $Bel(A)$ 更宽松的一种估计。

对于 $\forall A \subseteq \Theta$,称 $[Bel(A), pl(A)]$ 为 A 的信任区间,也称为概率的上、下界。如图 5-6 所示,信度区间描述了命题的不确定性。

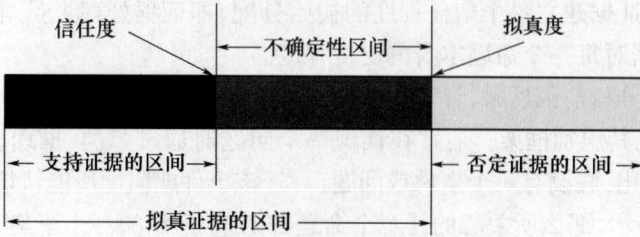

图 5-6 信度区间描述了命题的不确定性

（4）证据理论的合成法则。

Dempster 合成规则是一个反映证据的联合作用的一个法则。给定几个同一识别框架上基于不同证据的信度函数,如果这几批证据不是完全冲突的,那么就可以利用 Dempster 合成规则计算出一个信度函数,而这个信度函数就可以作为在那几批证据的联合作用下产生的信度函数。该信度函数称为原来那几个信度函数的值和。

① 两个信任函数的合成规则。设 m_1 和 m_2 分别对应同一识别框架 Θ 上的 2 个基本概率分配,Bel_1 和 Bel_2 分别是其对应的两个信度函数,焦元分别为 A_1, $A_2, \cdots, A_k$ 和 $B_1, B_2, \cdots, B_j$,设

$$K = \sum_{A_i \cap B_j = \Theta} m_1(A_i) m_2(B_j) < 1 \qquad (5-12)$$

K 为冲突系数。那么由下式定义的函数 $m: 2^{\Theta} \to [0,1]$ 是基本可信度分配

$$m(A) = \begin{cases} 0 & A = \phi \\ \dfrac{\sum_{A_i \cap B_j = A} m_1(A_i) m_2(B_j)}{1-K} & A \neq \phi \end{cases} \qquad (5-13)$$

$$Bel = m(A)$$

② 多个信任函数的合成规则。设 $Bel_1, Bel_2, \cdots, Bel_n$ 是同一辨识框架 Θ 上信任函数,对应的基本概率分配是 $m_1, m_1, \cdots, m_n$ 则 n 个信任函数的合成可由下式表示

$$Bel = [(Bel_1 \oplus Bel_2) \oplus Bel_2] \oplus \cdots \oplus Bel_n \}$$

式中,$\oplus$ 表示直和,组合证据获得的最终证据在合成过程中与次序无关。

2. 基于证据推理的定性指标评估模型

根据各位专家对海军舰船装备保障能力定性指标的评估,应用证据推理的原理将各专家的评审意见合成,就可以得出专家评审的一致结论。基于证据推理的

海军舰船装备保障能力定性指标的评估步骤,如图 5 – 7 所示。

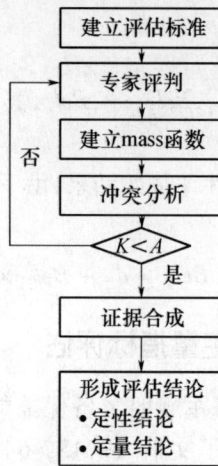

图 5 – 7　海军舰船装备保障能力定性指标的评估步骤

（1）建立评估标准。根据舰船装备保障能力评估标准体系,将舰船装备保障能力评估指标划分为优、良、中、差 4 个等级,设为辨识集(A_1,A_2,A_3,A_4),其对应的分值为(d_1,d_2,d_3,d_4) = (1,0.75,0.5,0.2)。

（2）专家评分。由舰船装备保障能力评估专家确定各指标隶属与评估等级的程度,第 k 位专家给出各定性指标隶属于（优、良、中、差）的程度表示为:

$$p_k = \frac{p_k(A_1)}{A_1} + \frac{p_k(A_2)}{A_2} + \frac{p_k(A_3)}{A_3} + \frac{p_k(A_4)}{A_4}$$

这里"—"不是通常的分数线,只是一种记号,表示隶属于相应等级的程度。

（3）建立 Mass 函数。对于海军舰船装备保障能力的各个定性指标,依据专家的评审意见,可利用计算机自动生成各项目相应的 Mass 函数。设参与评估的有 k 位专家,每位专家对某项定性指标 j 的评价记为 m_k,则其 Mass 函数为:

$$m_k = \begin{cases} p_1 \\ p_2 \\ p_3 \\ p_4 \end{cases}$$

$$\sum m_k = 1$$

（4）冲突分析。根据式(5 – 12),计算出冲突系统,即专家对同一指标判断的误差程度。设 $\alpha(0 < \alpha < 1)$ 为允许的冲突水平,设定 $\alpha = 0.6$。若 $k > \alpha$,则专家的评估无效;反之,则可以利用 D – S 合成法进行综合。

（5）证据合成。根据式（5 - 13）对专家评估结果证据进行合成,计算得到 Bel。

（6）确定评估结果。

① 定性评估结果。比较 $Bel_1,Bel_2,\cdots,Bel_n$,其中置信水平最高的等级即可认为是该指标的定性评估结果。

② 定量评估结果。根据定性评估的结果,由下式得到海军舰船装备保障定性评估指标的结果。

$$g = Bel_1 \times d_1 + Bel_2 \times d_2 + Bel_3 \times d_3 + Bel_4 \times d_4 \qquad (5 - 14)$$

5.3.2　基于云推理理论的定量指标评估

本书借助于云推理理论对海军舰船装备保障能力定量指标进行评估步骤,如图 5 - 8 所示。该部分主要参考了文献[19,45,46]。

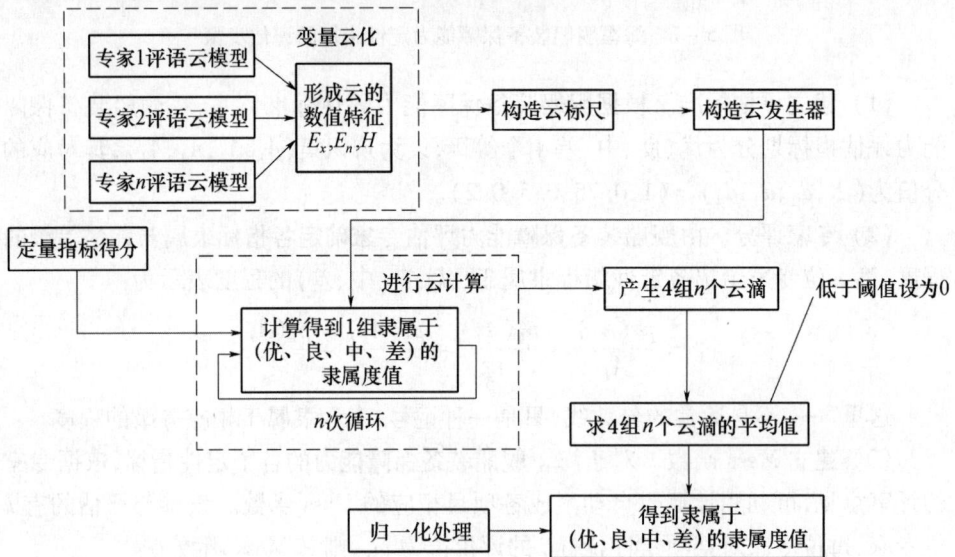

图 5 - 8　海军舰船装备保障能力定量指标进行评估步骤

1. 基于云模型的定量指标评估模型

1）云模型的基本概念

云理论（Cloud Theory）是由我国李德毅院士提出,在数据挖掘和知识开采（Data Mining and Knowledge Discovery,DMKD）研究领域逐步发展起来的,体现了亦此亦彼的“软”边缘性理论。

云的数字特征用期望 Ex（expected value）、熵 En（entropy）和超熵 H（hyper entropy）3 个数值来表示。其中 Ex 是云的重心位置,标定了相应的定性概念的中心值。En 是概念不确定性的度量,它的大小反映了在论域中可被定性概念接受的元素数,即亦此亦彼性。超熵 H 是熵的不确定性的度量,即熵的熵,它反映了云的离散程度。

例如,用云的概念来描述"30 岁左右"这一定性的语言值。那么可以设 $Ex = 30$,$En = 3$(根据概率与统计学知识,Ex 的左右各 $3En$ 的范围内应覆盖 99% 的可被概念接受的元素),$H = 0.5$,通过正态云发生器得到"30 岁左右"的描述,如图 5-9 所示。

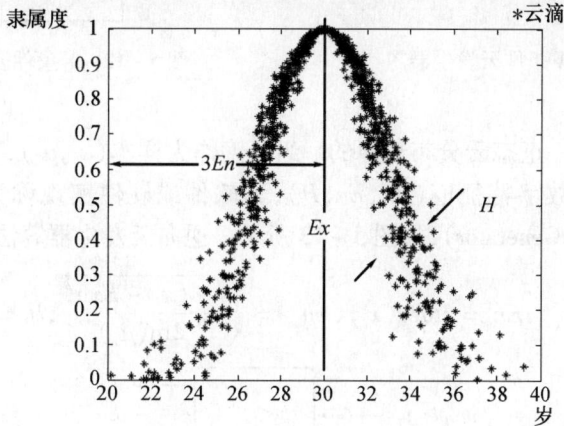

图 5-9 "30 岁左右"云模型

其计算步骤如下:根据数字特征(Ex, En, H),生成 n 个云滴。

(1) 生成以 Ex 为期望值、En 为标准差的正态随机数 $x_i : x_i = G(Ex, En)$;

(2) 生成以 En 为期望值、H 为标准差的正态随机数 $En'_i : En'_i = G(En, He)$;

(3) 计算 $\mu_i = e^{\left[-\frac{(x_i - Ex)^2}{2En'^2_i}\right]}$,令 (x_i, μ_i) 为云滴。

(4) 重复(1)到(3),直到产生 n 个云滴为止。

2)云发生器与规则生成器

云发生器(Cloud Generator)是指被软件模块化或硬件固化了的云模型的生成算法。由云的数字特征产生云滴,称为正向云发生器(Forward Cloud Generator),如图 5-10 所示。

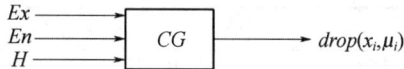

图 5-10 正向云发生器示意图

云可以根据不同的条件来生成,在给定论域中特定的数值 x 的条件下的云发生器称为 X 条件云发生器,如图 5-11 所示。在给定特定的隶属度值 μ 的条件下的云发生器称为 Y 条件云发生器,如图 5-12 所示。X 条件云发生器生成的云滴位于同一条竖直线上,横坐标数值均为 x,纵坐标隶属度值呈概率分布。Y 条件云发生器生成的云滴位于同一条水平线上,被期望值 Ex 分成左右两组,纵坐标隶属度值均为 μ,两组横坐标数值分别呈概率分布。

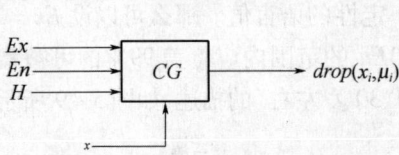

图 5-11　X 条件云发生器图　　　　图 5-12　Y 条件云发生器图

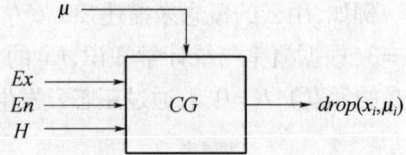

给定符合某一正态云分布规律的一组云滴作为样本 (x_i, μ_i),产生云所描述的定性概念的 3 个数字特征值 (Ex, En, H),其软件或硬件实现称为逆向云发生器(Backward Cloud Generator),如图 5-13 所示。逆向云发生器算法如下:

$$Ex = mean(x_i), En = stdev(x_i), En'_i = \sqrt{\frac{-(x_i - Ex)^2}{2\ln(\mu_i)}}, H = stdev(En'_i)$$

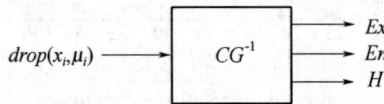

图 5-13　逆向云发生器示意图

2. 海军舰船装备保障能力定量指标的云发生器

1)云描述

首先对定量指标进行云描述,包括获取云数字特征 (Ex, En, H) 和云的形状。定量指标的云化往往通过专家采用自然语言描述的评语来进行赋值。定量指标的评语分为 4 个等级(优、良、中、差)。

通过专家咨询得到舰船装备保障能力评估定量指标隶属于评语(优、良、中、差)的云数字特征 (Ex, En, H),分别见表 5-11。

表 5-11　定量指标的云数字特征

	优			良			中			差		
	Ex_1	En_1	H_1	Ex_2	En_2	H_2	Ex_3	En_3	H_3	Ex_4	En_4	H_4
定量指标	0.9	0.1	0.01	0.7	0.1	0.01	0.5	0.1	0.01	0.2	0.1	0.01

2)构造云标尺

将定量变量云化结果置于统一坐标系上,形成云标尺。舰船装备保障能力评估定理指标的云标尺,如图 5-14 所示。

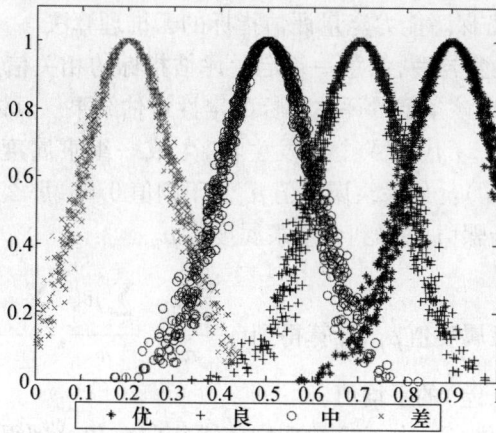

图 5 – 14　定量指标的云标尺

3）构造云发生器

根据定量指标隶属于（优、良、中、差）的云标尺，组合成如图 5 – 15 所示的多规则生成器系统，也就是将一个定量分析问题以云模型为工具来进行定性分析。图 5 – 15 中，x_A 表示定量评估指标的大小；μ_1 表示定量指标隶属于优的程度；μ_2 表示定量指标隶属于良的程度；μ_3 表示定量指标隶属于中的程度；μ_4 表示定量指标隶属于差的程度。

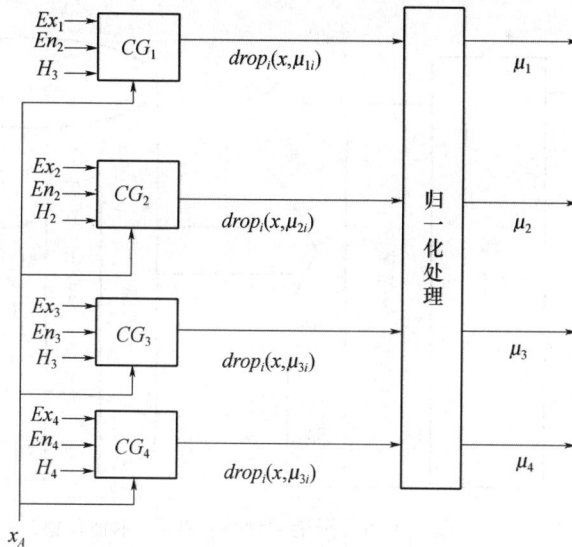

图 5 – 15　云模型生成器

3. 海军舰船装备保障能力定量评估指标的云推理算法

构造了云规则发生器后,任意一条定量评估指标的相关信息都可以经过云规则发生器的处理,输出该条定量评估指标的定性评估结果。具体算法过程如下:

(1) 将输入变量 x_A 代入 4 个云发生器,生成一组隶属度值:(x_A, μ_{1i}),(x_A, μ_{2i}),(x_A, μ_{3i}),(x_A, μ_{4i})。如果隶属度值 μ_{ji} 低于阈值 0.05,那么设 μ_{ji} 为 0。

(2) 反复重复步骤(1),得到 n 组隶属度值 μ_{ji}。

(3) 根据 n 组隶属度值 μ_{ji},计算得到 $\left(\dfrac{\sum\limits_{i=1}^{n} \mu_{1i}}{n}, \dfrac{\sum\limits_{i=1}^{n} \mu_{2i}}{n}, \dfrac{\sum\limits_{i=1}^{n} \mu_{3i}}{n}, \dfrac{\sum\limits_{i=1}^{n} \mu_{4i}}{n} \right)$,分别表示隶属于(优,良,中,差)的平均值。

(4) 对隶属于(优,良,中,差)的平均值进行归一化处理得到 $(\mu_1, \mu_2, \mu_3, \mu_4)$,分别表示定量指标隶属于(优,良,中,差)的程度,根据最大隶属度原则得到定量指标定性评价结果。

5.4　海军舰船装备保障能力单目标评估模型

舰船装备保障能力评估指标之间存在着"木桶现象",如图 5 - 16 所示。

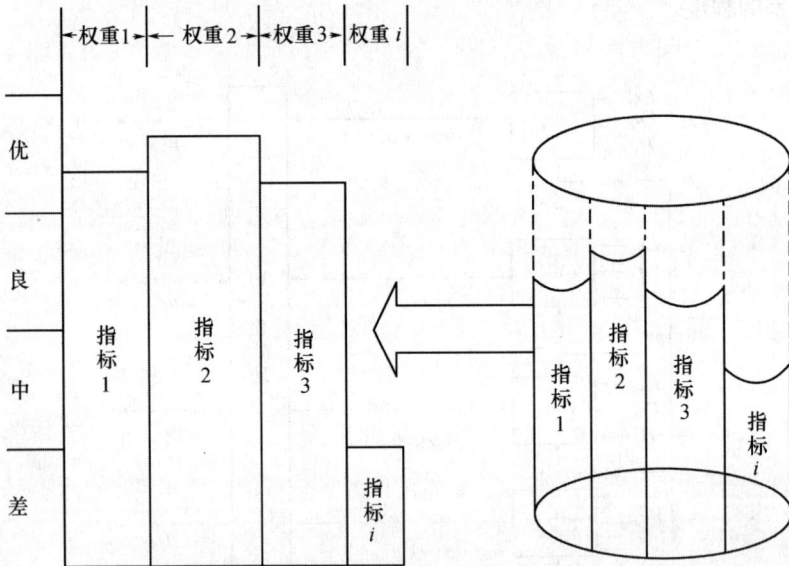

图 5 - 16　舰船装备保障能力评估存在着"木桶现象"

一只沿口不齐的木桶,盛水的多少,不在于木桶上最长的那块木板,而在于最短的那块木板。要想提高水桶的整体容量,不是去加长最长的那块木板,而是要下功夫依次补齐最短的木板;此外,一只木桶能够装多少水,不仅取决于每一块木板的长度,还取决于木板间的结合是否紧密。如果木板间存在缝隙,同样无法装满水,甚至一滴水都没有。水桶定律是讲一个水桶能装多少水,完全取决于它最短的那块木板。这就是说任何一个组织,可能面临的一个共同的问题,即构成组织的各个部分往往是优劣不齐的,而劣势部分往往决定整个组织的水平。"最短的木板"是组织中有用的一个部分,只不过比其他部分差一些,你不能把它们当成烂苹果扔掉。强弱只是相对而言的,问题在于你容忍这种弱点到什么程度,如果严重到成为阻碍工作的瓶颈,你就不得不有所动作。

假设以木桶的桶壁各木板代表各指标,木板的宽度为指标的权重,木板的高度为指标值。

按照传统的评估方法,根据指标得分和权重的相互关系,可以计算出该海军舰船装备保障能力的评估结果为优秀,不管第 i 项指标得分多么低,整体的保障能力也不会低于"较好"。实际上,从图 5 – 16 中可以发现,受到木桶"短板效应"的影响,第 i 项指标得分太低,会影响海军舰船装备保障能力的整体大小。

由此可知,海军舰船装备保障能力的高低不仅取决于各项指标的综合评估值的高低,还取决于其中单项指标的高低。可能某一项指标很差将使整个保障能力大打折扣,而传统的评估方法却反映不出这一点。为了能更客观、更准确、更科学地反映实际情况,必须寻找新的方法克服传统评估方法忽视单项指标的影响。

本书采用模糊 Petri 网和变权模糊模型克服传统方法的缺陷,科学客观地计算海军舰船装备保障能力的大小。具体来说,首先根据单指标的评估结果,运用模糊 Petri 网计算二级指标的大小,运用变权模糊模型计算一级指标和总体目标(海军舰船装备保障能力)的大小。海军舰船装备保障能力单一目标评估的步骤,如图 5 – 17 所示。

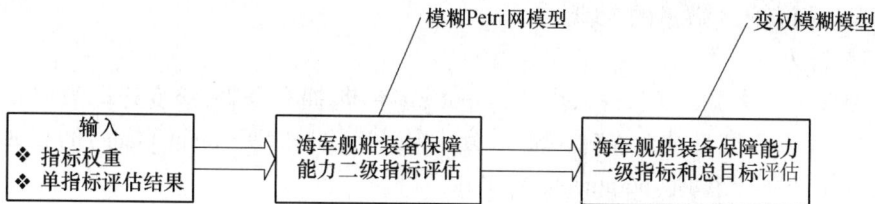

图 5 – 17   海军舰船装备保障能力单一目标评估的步骤

5.4.1   基于模糊 Petri 网的二级指标评估

1. Petri 网

Petri 网是 C. A. Petri 博士于 1960 年提出的,Petri 网以研究系统的组织结构和动态行为为目标,着眼于系统中可能发生的各种变化及变化之间的关系,它只关心变化所需条件和变化对系统状态的影响。

　　Petri 网是一个图形化的数学建模工具,在很多系统中得到应用。Petri 网是用来研究及描述具有并发性、异步性、分布性、并行性、不确定性和随机性等特点的信息处理系统的良好工具。作为一个图形化的建模工具,Petri 网能够与传统的流程图、结构图和各种网结构一样作为一种辅助交流工具,特别是可以利用 Petri 网中的 Token 来模拟系统的动态和并发行为。作为一种数学化的建模工具,Petri 网可以建立系统的状态方程、代数方程及其他一些可以用数学模型描述的系统行为。该部分主要参考了文献[47-50]。

　　经典的 Petri 网是简单的过程模型,由两种节点(库所和变迁),有向弧,以及令牌等元素组成的,如图 5-18 所示。

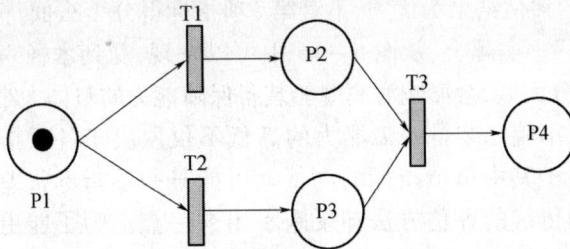

图 5-18　经典的 Petri 网

　　1) Petri 网的结构

　　(1) Petri 网的元素:库所(Place)圆形节点;变迁(Transition)方形节点;有向弧(Connection)是库所和变迁之间的有向弧;令牌(Token)是库所中的动态对象,可以从一个库所移动到另一个库所。

　　(2) Petri 网的规则是:有向弧是有方向的;两个库所或变迁之间不允许有弧;库所可以拥有任意数量的令牌。

　　2) 行为

　　如果一个变迁的每个输入库所(input place)都拥有令牌,该变迁即为被允许(enable)。一个变迁被允许时,变迁将发生(fire),输入库所(input place)的令牌被消耗,同时为输出库所(output place)产生令牌。

　　3) Petri 网的形式化定义

　　一个经典的 Petri 网由四元组(库所,变迁,输入函数,输出函数)组成。任何图都可以映射到这样一个四元组上,反之亦然。

　　2. 模糊 Petri 网

　　模糊 Petri 网(Fuzzy Petri Net,FPN)将 Petri 网和模糊理论结合在一起,通过 Petri 网的图形描述能力,使得知识的表示简单、清晰,并且表现出了知识库系统中规则之间的结构化特性。基于模糊 Petri 网的推理算法能够使推理以一种更灵活、更有效的方式进行。由于模糊 Petri 网对知识表示和推理的独特优点,本书将运用模糊 Petri 网计算海军舰船装备保障能力二级指标的大小。

定义1 令 R 是模糊产生式规则集,$R = \{R_1, R_2, \cdots, R_n\}$。对于其中每个规则 R 的定义为:IF d_j THEN $d_k(CF = \mu_i)$,其中 d_j 和 d_k 为命题,它们的值是介于 0 和 1 之间的实数;μ_i 为规则的模糊因子(Certainty Factor,CF),$\mu_i \in [0,1]$。μ_i 越接近1,规则 R_i 越可信。

定义2 按表示模糊产生式规则的 FPN 模型来表示一个基于规则的系统,一个 FPN 被定义为8元组:

$FPN = \{P, T, D, I, O, f, \alpha, \beta\}$,这里

$P = \{p_1, p_2, \cdots, p_n\}$ 是一个有限库所集合;

$T = \{t_1, t_2, \cdots, t_m\}$ 是一个有限变迁集合;

$D = \{d_1, d_2, \cdots, d_n\}$ 是一个有限命题集合;

$|P| = |D|$;

$I: T \rightarrow P\infty$ 是一个输入函数,映射一个变迁到它的输入库所集合;

$O: T \rightarrow P\infty$ 是一个输出函数,映射一个变迁到它的输出库所集合;

$f: T \rightarrow [0,1]$ 是一个函数,映射变迁到一个从 0~1 的数值,用来表示变迁对应的推理规则的置信度(CF);

$\alpha: P \rightarrow [0,1]$ 是一个函数,映射库所到一个从 0~1 的数值,用来表示该库所对应的命题成立的真实度;

$\beta: P \rightarrow D$ 是一个函数,映射库所对应的命题。

当用 FPN 进行模糊推理时,一个库所表示一个命题,一个变迁表示一条模糊推理规则,即两个命题之间的因果关系。托肯值代表命题的真实度。每个变迁有一个置信度,表示推理规则的可信度。

FPN 的基本推理规则的形式分以下4类:

类型1 IF d_j THEN $d_k(CF = \mu_i)$,其中 d_j 和 d_k 为命题,推理过程如图 5-19 所示,其中命题 d_j,d_k 用库所 P_j 和 P_k 表示,命题 d_j 的真实度为 s_j。命题之间的因果关系用变迁 t_j 表示,它的置信度为 μ_i。

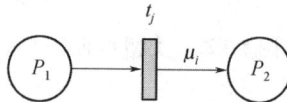

图 5-19 类型1推理过程

类型2 IF d_{j1} AND d_{j1} AND $\cdots$ AND d_{jn} THEN $d_k(CF = \mu_i)$,其中 $d_{j1}, d_{j2}, \cdots, d_{jn}$ 为命题,推理过程如图 5-20 所示。

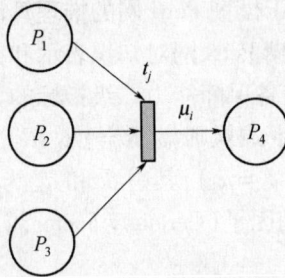

图 5 – 20　类型 2 推理过程

类型 3　IF d_{j1} OR d_{j1} OR···OR d_{jn} THEN $d_k(CF=\mu_i)$，其中 $d_{j1}, d_{j2}, \cdots, d_{jn}$ 为命题，推理过程如图 5 – 21 所示。

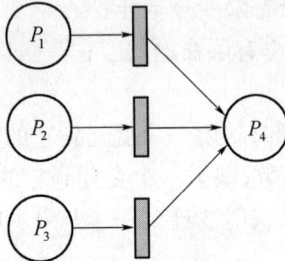

图 5 – 21　类型 3 推理过程

类型 4　IF d_j THEN d_{k1} AND d_{k2} AND···AND $d_{kn}(CF=\mu_i)$，推理过程可以如图 5 – 22 所示。

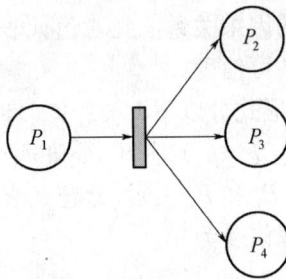

图 5 – 22　类型 4 推理过程

3. 模糊 Petri 网的推理算法

对于模糊 Petri 网的模型以及表示形式已在前文作了介绍，对模糊 Petri 网的应用要涉及到具体的推理算法，即如何通过已知条件和规则来求结论，本书采用的是的矩阵运算方法，使得模糊推理过程更加简单。具体算法如下：

1）基本假设

设某个推理过程中有 n 个命题（包括条件和结论），m 个推理规则，表现在模糊 Petri 网模型中则有 n 个库所和 m 个变迁规则，模糊 Petri 网模型的输入矩阵 $\boldsymbol{Q}_{n \times m}$，输出矩阵 $\boldsymbol{K}_{n \times m}$。变迁的阈值向量 $\boldsymbol{t}$ 和状态向量分别定义为：

（1）$\boldsymbol{Q} = \{q_{ij}\}$ 为输入矩阵，$q_{ij} \in [0, 1]$，表示 p_i 到 t_j 上的输入关系和权重。当 p_i 是 t_j 的输入时，q_{ij} 等于 p_i 到 t_j 输入弧上的权系数 α_{ij}，当 p_i 不是 t_j 的输入时，$q_{ij} = 0$，其中 $i = 1, 2, \cdots, n; j = 1, 2, \cdots, m$。

（2）$\boldsymbol{K} = \{k_{ij}\}$ 为输出矩阵，$k_{ij} \in [0, 1]$，表示 t_j 到 p_i 上的输出关系和结论的可信度。当 p_i 是 t_j 的输出时，k_{ij} 等于变迁 t_j 推出结论 p_i 的可信度 β_{ij}，当 p_i 不是 t_j 的输出时，$k_{ij} = 0$，其中 $i = 1, 2, \cdots, n; j = 1, 2, \cdots, m$。

（3）$\boldsymbol{S} = [s_1, s_2, \cdots, s_n]^{\mathrm{T}}$ 为定义在模糊库所集 P 上的状态向量，表示个命题的可信度，$s_i \in [0, 1]$，$i = 1, 2, \cdots, n$，$\boldsymbol{S}_0 = [s_{10}, s_{20}, \cdots, s_{n0}]^{\mathrm{T}}$ 表示命题的初始可信度。

（4）$\boldsymbol{t} = [t_1, t_2, \cdots, t_n]^{\mathrm{T}}$ 为变迁的阀值，$t_i \in [0, 1]$，$i = 1, 2, \cdots, m$。

2）计算算子

为清晰简洁地表示矩阵运算，定义矩阵运算算子如下：

（1）加法算子 $\oplus$：$\boldsymbol{A} \oplus \boldsymbol{B} = \boldsymbol{C}$，则 $c_{ij} = \max(a_{ij}, b_{ij})$，式中：$\boldsymbol{A}$，$\boldsymbol{B}$ 和 $\boldsymbol{C}$ 是 $m \times n$ 矩阵。

（2）直乘算子 $\otimes$：$a \otimes b = c$，则 $c_i = a_i \times b_i$，式中：a，b 和 c 为同维向量。

（3）大于算子 $\odot$：$a \odot b = c$，若 $a_i \geqslant b_i$，$c_i = 1$，否则 $c_i = 0$，式中：a，b 和 c 是同维向量。

3）推理算法

设某个推理过程中有 n 个命题、m 个推理规则，表现在 FPN 模型中则有 n 个库所、m 个变迁，FPN 的输入矩阵 $\boldsymbol{Q}_{n \times m}$、输出矩阵 $\boldsymbol{K}_{n \times m}$、变迁的阈值向量 $\boldsymbol{t}$ 和状态矩阵 $\boldsymbol{S}$。其推理过程分解为以下几步进行。

（1）初始状态矩阵。根据前文的单指标的评估结果得到初始状态矩阵 $\boldsymbol{S}_0$。

（2）修正输入矩阵。根据初始状态，在已知输入矩阵的基础上进行修正。修正规则如下：

假设有 m 个判断规则，根据初始状态和推理规则，可以确认有 e 个不可用判断规则。将不可用的判断规则对应的输入矩阵的数据设置为 0，得到修正后的输入矩阵为 $\boldsymbol{Q}_1$。

（3）计算等效模糊输入可信度。

$$\boldsymbol{E} = \boldsymbol{Q}^{\mathrm{T}} \times \boldsymbol{S}_0 \qquad (5-15)$$

（4）等效模糊输入可信度与变迁阈值的比较。

$$G = E \odot t \qquad (5-16)$$

G 为 m 维列向量,当等效模糊输入的可信度大于等于变迁阈值时,G 向量中对应的位置为 1,否则为 0。

（5）剔除等效模糊输入中可信度小于等于变迁阈值的输入项,

$$H = E \otimes G \tag{5-17}$$

其中 H 是与 E,G 同维的列向量。

（6）计算模糊输出库所的可信度,如果输出对应的是单规则,那么:

$$S^1 = K \times H \tag{5-18}$$

如果输出对应的是多规则,那么:

$$S^1 = \begin{bmatrix} s_0 \\ s_1 \\ \vdots \\ s \end{bmatrix} = \begin{bmatrix} \max(l_{11}, l_{12}, \cdots l_{1m}) \\ \max(l_{21}, l_{22}, \cdots, l_{21m}) \\ \vdots \\ \max(l_{n1}, l_{n2}, \cdots, l_{nm}) \end{bmatrix}, 其中$$

$$\boldsymbol{L} = K \otimes H^1, H^1 = \begin{bmatrix} 1 \\ 1 \\ \vdots \\ 1 \end{bmatrix}_{1 \times n} \times H^{\mathrm{T}} \tag{5-19}$$

（7）计算当前可得到的所有命题的可信度:

$$S_1 = S_0 \oplus S^1 \tag{5-20}$$

（8）进行反复迭代,在第 K 步推理进行后,所有命题的可信度为:

$$S_K = S_{K-1} \oplus S^K \tag{5-21}$$

（9）当 $S_K = S_{K-1}$ 时,推理结束。

（10）根据计算结果,进行归一化处理,得到定性评估结果:

$$L_{定性} = (l_1, l_2, l_3, l_4)$$

$$= (\frac{S_{K(n-3)}}{S_{K(n-3)} + S_{K(n-2)} + S_{K(n-1)} + S_{K(n)}}, \frac{S_{K(n-2)}}{S_{K(n-3)} + S_{K(n-2)} + S_{K(n-1)} + S_{K(n)}},$$

$$\frac{S_{K(n-1)}}{S_{K(n-3)} + S_{K(n-2)} + S_{K(n-1)} + S_{K(n)}}, \frac{S_{K(n)}}{S_{K(n-3)} + S_{K(n-2)} + S_{K(n-1)} + S_{K(n)}}) \tag{5-22}$$

表示二级指标隶属于优、良、中和差的程度。

（11）定量评估结果。根据定性评估结果,设{优,良,中,差}对应的得分为 $\{d_1, d_2, d_3, d_4\} = \{1, 0.7, 0.4, 0.1\}$,那么定量评估结果可以表示为:

$$L_{定量} = l_1 \times d_1 + l_2 \times d_2 + l_3 \times d_3 + l_4 \times d_4 \tag{5-23}$$

4. 基于模糊 Petri 网模型的海军舰船装备保障能力二级指标评估算例

以"装备保障指挥能力"一级指标下的"方案计划"二级指标为例,分析基于模糊 Petri 网的海军舰船装备保障能力二级指标的评估方法。

假设根据前一章单指标评估的方法,得到"种类与内容"、"修订与演练"隶属于优、良、中和差的评估结论,见表 5 - 12。

表 5 - 12　"修订与演练"指标评估结果

	优	良	中	差
种类与内容	0.7	0.3	0	0
修订与演练	0.6	0.4	0	0

推理规则如下:

规则 1:If 种类和内容为优(0.5)and 修订与演练为优(0.5),Then($t_1 = 0.2$)方案计划为优(规则的可信度为 0.8);

规则 2:If 种类和内容为优(0.5)and 修订与演练为良(0.5),Then($t_2 = 0.2$)方案计划为优(规则的可信度为 0.8);

规则 3:If 种类和内容为优(0.5)and 修订与演练为中(0.5),Then($t_3 = 0.2$)方案计划为良(规则的可信度为 0.8);

规则 4:If 种类和内容为良(0.5)and 修订与演练为优(0.5),Then($t_4 = 0.2$)方案计划为优(规则的可信度为 0.8);

规则 5:If 种类和内容为良(0.5)and 修订与演练为良(0.5),Then($t_5 = 0.2$)方案计划为良(规则的可信度为 0.8);

规则 6:If 种类和内容为良(0.5)and 修订与演练为中(0.5),Then($t_6 = 0.2$)方案计划为中(规则的可信度为 0.8);

规则 7:If 种类和内容为中(0.5)and 修订与演练为优(0.5),Then($t_7 = 0.2$)方案计划为良(规则的可信度为 0.8);

规则 8:If 种类和内容为中(0.5)and 修订与演练为良(0.5),Then($t_8 = 0.2$)方案计划为中(规则的可信度为 0.8);

规则 9:If 种类和内容为中(0.5)and 修订与演练为中(0.5),Then($t_9 = 0.2$)方案计划为中(规则的可信度为 0.8);

规则 10:If 种类和内容为差(1),Then($t_{10} = 0.2$)方案计划为差(规则的可信度为 1);

规则 11:If 修订与演练为差(1),Then($t_{11} = 0.2$)方案计划为差(规则的可信度为 1);

其中,种类与内容为优(初始可信度为 0.7,就是指标"种类与内容"为"优"的信任值),种类与内容为良(初始可信度为 0.3,就是指标"种类与内容"为"良"的信任值),种类与内容为中(初始可信度为 0,就是指标"种类与内容"为"中"的信任值),种类与内容为差(初始可信度为0,就是指标"种类与内容"为"差"的信任值);修订与演练为优(初始可信度为0.6,就是指标"修订与演练"为"优"的信任值),修订与演练为良(初始可信度为0.4,就是指标"修订与演练"为"良"的信任值),修订与演练为中(初始可信度为0,就是指标"修订与演练"为"中"的信任值),修订与演练为差(初始可信度为0,就是指标"修订与演练"为"差"的信任值)。

方案计划为优(初始可信度为0),方案计划为良(初始可信度为0),方案计划为中(初始可信度为0),方案计划为差(初始可信度为0)。条件括号里的数表示此在该规则中的权重,$t_1,t_2,\cdots,t_{11}$分别表示规则的阈值,每个规则后面为规则的可信度。推理过程模糊 Petri 网,如图5-23所示。

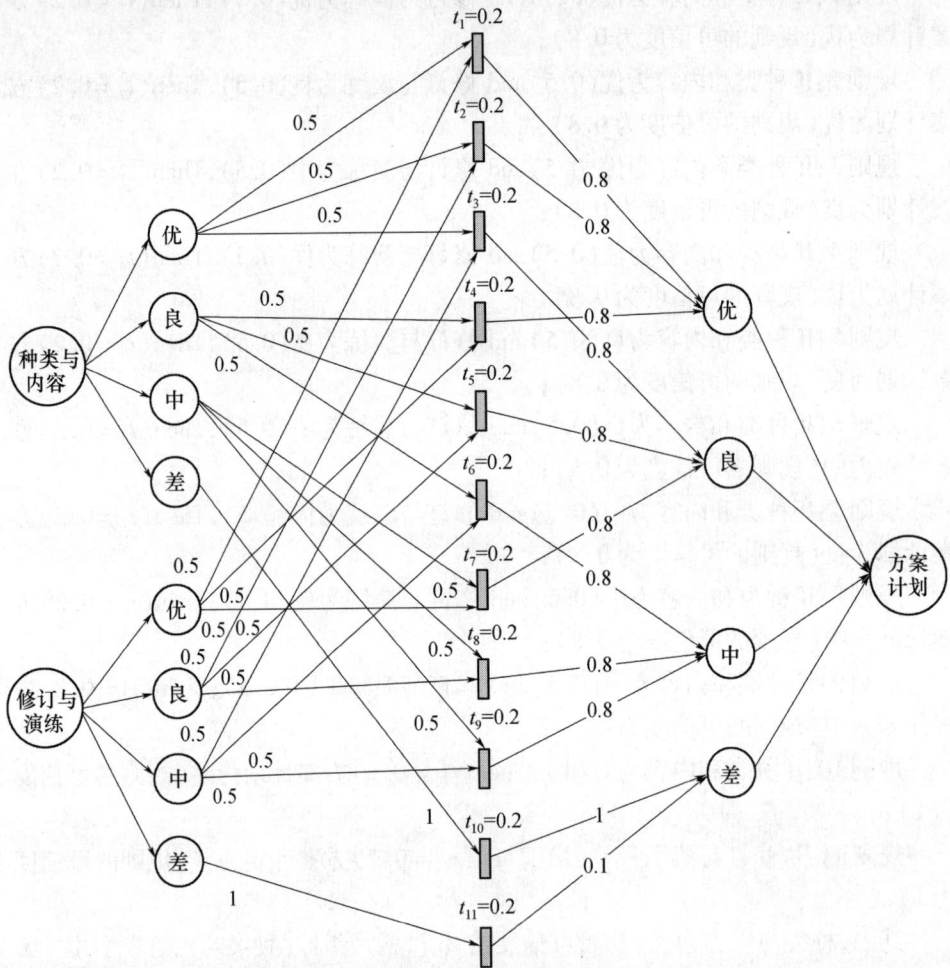

图5-23 "方案计划"指标推理过程模糊 Petri 网

输入矩阵的数据,见表 5 - 13。

表 5 - 13 "方案计划"指标输入矩阵的数据

		规则 1	规则 2	规则 3	规则 4	规则 5	规则 6	规则 7	规则 8	规则 9	规则 10	规则 11
种类与内容	优	0.5	0.5	0.5	0	0	0	0	0	0	0	0
	良	0	0	0	0.5	0.5	0.5	0	0	0	0	0
	中	0	0	0	0	0	0	0.5	0.5	0.5	0	0
	差	0	0	0	0	0	0	0	0	0	1	0
修订与演练	优	0.5	0	0	0.5	0	0	0.5	0	0	0	0
	良	0	0.5	0	0	0.5	0	0	0.5	0	0	0
	中	0	0	0.5	0	0	0.5	0	0	0.5	0	0
	差	0	0	0	0	0	0	0	0	0	0	1
方案计划	优	0	0	0	0	0	0	0	0	0	0	0
	良	0	0	0	0	0	0	0	0	0	0	0
	中	0	0	0	0	0	0	0	0	0	0	0
	差	0	0	0	0	0	0	0	0	0	0	0

得到输入矩阵:

$$Q = \begin{vmatrix} 0.5 & 0.5 & 0.5 & 0 & 0 & 0 & 0 & 0 & 0 & 0 & 0 \\ 0 & 0 & 0 & 0.5 & 0.5 & 0.5 & 0 & 0 & 0 & 0 & 0 \\ 0 & 0 & 0 & 0 & 0 & 0 & 0.5 & 0.5 & 0.5 & 0 & 0 \\ 0 & 0 & 0 & 0 & 0 & 0 & 0 & 0 & 0 & 1 & 0 \\ 0.5 & 0 & 0 & 0.5 & 0 & 0 & 0.5 & 0 & 0 & 0 & 0 \\ 0 & 0.5 & 0 & 0 & 0.5 & 0 & 0 & 0.5 & 0 & 0 & 0 \\ 0 & 0 & 0.5 & 0 & 0 & 0.5 & 0 & 0 & 0.5 & 0 & 0 \\ 0 & 0 & 0 & 0 & 0 & 0 & 0 & 0 & 0 & 0 & 1 \\ 0 & 0 & 0 & 0 & 0 & 0 & 0 & 0 & 0 & 0 & 0 \\ 0 & 0 & 0 & 0 & 0 & 0 & 0 & 0 & 0 & 0 & 0 \\ 0 & 0 & 0 & 0 & 0 & 0 & 0 & 0 & 0 & 0 & 0 \\ 0 & 0 & 0 & 0 & 0 & 0 & 0 & 0 & 0 & 0 & 0 \end{vmatrix}$$

输出矩阵的数据,见表 5 - 14。

表 5-14 "方案计划"指标输出矩阵的数据

		规则1	规则2	规则3	规则4	规则5	规则6	规则7	规则8	规则9	规则10	规则11
种类与内容	优	0	0	0	0	0	0	0	0	0	0	0
	良	0	0	0	0	0	0	0	0	0	0	0
	中	0	0	0	0	0	0	0	0	0	0	0
	差	0	0	0	0	0	0	0	0	0	0	0
修订与演练	优	0	0	0	0	0	0	0	0	0	0	0
	良	0	0	0	0	0	0	0	0	0	0	0
	中	0	0	0	0	0	0	0	0	0	0	0
	差	0	0	0	0	0	0	0	0	0	0	0
方案计划	优	0.8	0.8	0	0.8	0	0	0	0	0	0	0
	良	0	0	0.8	0	0.8	0	0.8	0	0	0	0
	中	0	0	0	0	0	0.8	0	0.8	0.8	0	0
	差	0	0	0	0	0	0	0	0	0	1	1

得到输出矩阵：

$$
\boldsymbol{K} = \begin{vmatrix}
0 & 0 & 0 & 0 & 0 & 0 & 0 & 0 & 0 & 0 & 0 \\
0 & 0 & 0 & 0 & 0 & 0 & 0 & 0 & 0 & 0 & 0 \\
0 & 0 & 0 & 0 & 0 & 0 & 0 & 0 & 0 & 0 & 0 \\
0 & 0 & 0 & 0 & 0 & 0 & 0 & 0 & 0 & 0 & 0 \\
0 & 0 & 0 & 0 & 0 & 0 & 0 & 0 & 0 & 0 & 0 \\
0 & 0 & 0 & 0 & 0 & 0 & 0 & 0 & 0 & 0 & 0 \\
0 & 0 & 0 & 0 & 0 & 0 & 0 & 0 & 0 & 0 & 0 \\
0.8 & 0.8 & 0 & 0.8 & 0 & 0 & 0 & 0 & 0 & 0 & 0 \\
0 & 0 & 0.8 & 0 & 0.8 & 0 & 0.8 & 0 & 0 & 0 & 0 \\
0 & 0 & 0 & 0 & 0 & 0.8 & 0 & 0.8 & 0.8 & 0 & 0 \\
0 & 0 & 0 & 0 & 0 & 0 & 0 & 0 & 0 & 1 & 1
\end{vmatrix}
$$

初始状态的数据,见表 5-15。

表 5-15 "方案计划"指标初始状态的数据

种类与内容				修订与演练				方案计划			
优	良	中	差	优	良	中	差	优	良	中	差
0.7	0.3	0	0	0.6	0.4	0	0	0	0	0	0

得到初始状态矩阵：

$$S_0 = \begin{vmatrix} 0.7 & 0.3 & 0 & 0 & 0.6 & 0.4 & 0 & 0 & 0 & 0 & 0 & T \end{vmatrix}$$

规则的阈值矩阵为

$$t = \begin{vmatrix} 0.2 & 0.2 & 0.2 & 0.2 & 0.2 & 0.2 & 0.2 & 0.2 & 0.2 & 0.2 & 0.2 & T \end{vmatrix}$$

根据初始状态和推理规则，规则3、规则6、规则7、规则8、规则9、规则10和规则11不可用。得到修正后的输入矩阵：

$$Q_1 = \begin{vmatrix} 0.5 & 0.5 & 0 & 0 & 0 & 0 & 0 & 0 & 0 & 0 & 0 \\ 0 & 0 & 0 & 0.5 & 0.5 & 0 & 0 & 0 & 0 & 0 & 0 \\ 0 & 0 & 0 & 0 & 0 & 0 & 0 & 0 & 0 & 0 & 0 \\ 0 & 0 & 0 & 0 & 0 & 0 & 0 & 0 & 0 & 0 & 0 \\ 0.5 & 0 & 0 & 0.5 & 0 & 0 & 0 & 0 & 0 & 0 & 0 \\ 0 & 0.5 & 0 & 0 & 0.5 & 0 & 0 & 0 & 0 & 0 & 0 \\ 0 & 0 & 0 & 0 & 0 & 0 & 0 & 0 & 0 & 0 & 0 \\ 0 & 0 & 0 & 0 & 0 & 0 & 0 & 0 & 0 & 0 & 0 \\ 0 & 0 & 0 & 0 & 0 & 0 & 0 & 0 & 0 & 0 & 0 \\ 0 & 0 & 0 & 0 & 0 & 0 & 0 & 0 & 0 & 0 & 0 \\ 0 & 0 & 0 & 0 & 0 & 0 & 0 & 0 & 0 & 0 & 0 \\ 0 & 0 & 0 & 0 & 0 & 0 & 0 & 0 & 0 & 0 & 0 \end{vmatrix}$$

根据式(5-15)，得到：

$$E = Q^{\mathrm{T}} \times S_0 = \begin{vmatrix} 0.65 \\ 0.55 \\ 0 \\ 0.45 \\ 0.35 \\ 0 \\ 0 \\ 0 \\ 0 \\ 0 \\ 0 \end{vmatrix}$$

根据式(5-16)，得到：

$$G = E \odot t = \begin{vmatrix} 1 \\ 1 \\ 1 \\ 0 \\ 1 \\ 1 \\ 0 \\ 0 \\ 0 \\ 0 \\ 0 \end{vmatrix}$$

根据式(5 – 17),得到:

$$H = E \otimes G = \begin{vmatrix} 0.65 \\ 0.55 \\ 0 \\ 0.45 \\ 0.35 \\ 0 \\ 0 \\ 0 \\ 0 \\ 0 \\ 0 \end{vmatrix}$$

根据式(5 – 19),得到:

$$S^1 = \begin{bmatrix} s_0 \\ s_1 \\ \vdots \\ s \end{bmatrix} = \begin{bmatrix} \max(l_{11}, l_{12}, \cdots, l_{1m}) \\ \max(l_{21}, l_{22}, \cdots, l_{2m}) \\ \vdots \\ \max(l_{n1}, l_{n2}, \cdots, l_{nm}) \end{bmatrix} = \begin{vmatrix} 0 \\ 0 \\ 0 \\ 0 \\ 0 \\ 0 \\ 0 \\ 0 \\ 0.52 \\ 0.28 \\ 0 \\ 0 \end{vmatrix}$$

根据式(5-20),得到:

$$S_1 = S_0 \oplus S^1 = \begin{vmatrix} 0.7 \\ 0.3 \\ 0 \\ 0 \\ 0.6 \\ 0.4 \\ 0 \\ 0 \\ 0.52 \\ 0.28 \\ 0 \\ 0 \end{vmatrix}$$

进行迭代,得到:

$$S_2 = S_1 \oplus S^2 = \begin{vmatrix} 0.7 \\ 0.3 \\ 0 \\ 0 \\ 0.6 \\ 0.4 \\ 0 \\ 0 \\ 0.52 \\ 0.28 \\ 0 \\ 0 \end{vmatrix}$$

由于 $S_2 = S_1$,所以推理结束。

根据式(5-22),得到指标"方案计划"的定性评估结果为

$$L_{定性} = (0.65, 0.35, 0, 0)$$

根据最大隶属度原则,方案计划的定性评估结果为优。

根据式(5-23),得到指标"方案计划"的定量评估结果为

$$L_{定量} = 0.895$$

由此可知,方案计划的定量评估结果为 0.895。

为了体现模糊 Petri 网能够有效解决舰船装备保障能力评估中的"木桶现象"。

假设将指标"种类与内容"的初始状态值设置为"差","修订与演练"的初始状态值设置为"优",初始状态值见表5－16。

表5－16　假设的初始状态值

种类与内容				修订与演练				方案计划			
优	良	中	差	优	良	中	差	优	良	中	差
0.9	0.1	0	0	0	0	0.1	0.9	0	0	0	0

如果运用模糊数学计算得到的定性评估结果为 $L_{定性} = (0.45, 0.05, 0.05, 0.45)$,根据最大隶属度原则,方案计划的定性评估结果可为优,也可为差,无法区分。

如果运用模糊 Petri 网计算得到的定性评估结果为 $L_{定性} = (0, 0.3, 0, 0.7)$,根据最大隶属度原则,方案计划的定性评估结果为差。

运用模糊数学和模糊 Petri 网得到的指标"方案计划"的定性评估结果,如图5－24所示。

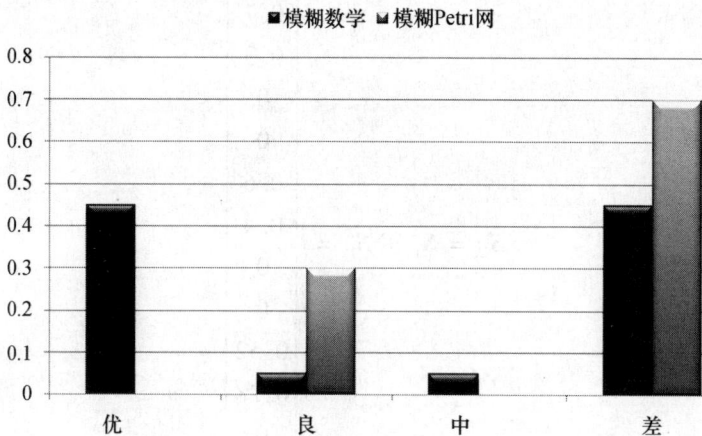

图5－24　模糊数学和模糊 Petri 网对比图

由此可见,模糊 Petri 网模型能够较好地反映某一指标得分过低对整个评估结果的影响,从而有效解决了舰船装备保障能力评估中的"木桶现象"。

5.4.2　基于变权模糊模型的一级指标和目标评估

本书将运用变权模糊模型计算舰船装备保障能力评估一级指标和总目标(海军舰船装备保障能力)的大小。该部分主要参考了文献[51]。

变权模糊评估模型是对模糊评估法的改进,模糊评估的主要步骤如下:

(1)建立指标集 $U = \{u_1, u_2, \cdots, u_m\}$,即评估指标体系的底层指标。

（2）确定指标相对于目标的权重 $\boldsymbol{W}^0 = \{w_1^0, w_2^0, \cdots, w_m^0\}$。

（3）计算单指标评估大小 R_i，然后得到 m 个单指标大小矩阵 $\boldsymbol{R} = \{R_1, R_2, R_3, \cdots, R_m\}$。

（4）在得到指标权重向量 $\boldsymbol{W}^0$ 和单指标评估大小后，就可以计算结果：

$$\boldsymbol{l}^0 = \boldsymbol{W}^0 \times (\boldsymbol{R})^{\mathrm{T}}$$

式中：$\boldsymbol{W}^0$ 为权重向量；$\boldsymbol{R}$ 为单指标大小矩阵；$\boldsymbol{l}^0$ 为模糊评估结果。

如果直接利用上式对海军舰船装备保障能力一级指标和总目标进行评估有一定的局限性。为了在综合评估中突出单一指标大小对整体评估的影响、更加客观地反映实际情况，可以采用变权模糊评估法对海军舰船装备保障能力一级指标和总目标进行评估，采用此方法的好处如下[①]：

（1）在舰船装备保障能力评估中只要有一个指标的得分太低，哪怕该指标的常权很大，整体评估亦将显著减小；同样，如有一个指标的得分非常高，哪怕该指标的常权很小，也使整体评估显著增大。

（2）单一指标的得分非常高会使其综合评估的大小显著增加，但单一指标的得分非常低却不一定会使综合评估的大小明显降低，因而在采用变权综合法时"激励"的幅度应比"惩罚"幅度要大，这样才能更准确地反映实际情况。

（3）相对而言，舰船装备保障能力评估的高低更取决于常权相对大的指标。因而对于常权大的指标，"激励"与"惩罚"的灵敏度和幅度要相应增大；对常权小的指标，"激励"与"惩罚"的灵敏度和幅度要相应减小。

已知海军舰船装备保障能力 m 个二级指标的大小值为 $R = \{R_1, R_2, R_3, \cdots, R_m\}$，常权向量为 $\boldsymbol{W}^0 = (w_1^0, w_2^0, w_3^0, \cdots, w_m^0)$。

定义 1 给定映射 $S : [0,1]^m \to (0, \infty)^m$ 称向量 $S(R) = (S_1(R), S_2(R), S_3(R), \cdots, S_m(R))$ 为建立在"激励"与"惩罚"相结合的基础上的局部状态变权。

定义 2 给定映射 $W : [0,1]^m \to [0,1]^m$ 称向量 $W(R) = (w_1(R), w_2(R), w_3(R), \cdots, w_m(R))$ 为变权向量。

$$w_i(R) = w_i^0 \cdot S_i(R) \Big/ \sum_{j=1}^{m} w_j^0 S_j(R) \quad (i = 1,2,3,\cdots,m) \qquad (5-24)$$

满足条件
$$\sum_{j=1}^{m} w_j(R) = 1$$

映射 S 与映射 W 满足以下条件：

（1）对任一指标 $j \in (0,1,2,\cdots,m)$，存在 $b, c \in (0,1)$，使 $w_i(R)$ 在 $[0,b]$ 内关于 R_j 递减，在 $[b,c]$ 内为一常量，在 $[c,1]$ 内关于 R_j 递增。

---

① 穆富岭，武昌，吴德伟. 维修保障系统效能评估中的变权综合法初探[J]. 系统工程与电子技术，2003,25(6):693-697。

（2）对任一指标 $j \in (0,1,2,\cdots,m)$，$s_j(1) > s_j(0)$，即"激励"的幅度要大于"惩罚"幅度。

（3）对指标 $j,i \in 1,2,3,\cdots,m$，如果 $w_j^0 > w_i^0$，则当 $g \to b^-$ 和 $g \to c^+$ 时：$\dfrac{\mathrm{d}S_j}{\mathrm{d}R} < \dfrac{\mathrm{d}S_i}{\mathrm{d}R}$，$s_j(0) < s_i(0)$，$s_j(1) < s_i(1)$，即对于常权大的指标，"惩罚"与"激励"的灵敏度和幅度大。

根据上述要求，得到以下公式：

$$
S_j(R) = \begin{cases}
\left| \dfrac{(b - R_j)}{b} \right|_j^{\frac{1}{m \cdot w_j^0}} + d & R_j \in (0, b] \\
d & R_j \in (b, c] \\
\left| \dfrac{e \times b \times (R_j - c)}{1 - c} \right|^{\frac{1}{m \cdot w_j^0}} + d & R_j \in (c, 1]
\end{cases} \tag{5-25}
$$

$$
j = 1, 2, 3, \cdots, m
$$

其中，b,c,d,e 为 $[0,1]$ 内的参数，称 b 为惩罚水平，c 激励水平，d 调整水平，e 为 $w_j^0 = 1/m$ 时激励与惩罚的幅度之比。

当 $0 < R_j \leqslant b$ 时，惩罚程度随 R_j 的增大而减小；当 $b < R_j \leqslant c$ 时，即不惩罚也不激励；当 $c < R_j \leqslant 1$ 时，激励程度随着 R_j 的增大而增大。对调整水平 d 而言，d 越小，总的惩罚与激励程度就越大；d 越大，总的惩罚与激励程度就越小。

1. 定量结果

由式（5-25）计算出变权向量，然后由下式计算海军舰船装备保障能力一级指标和总目标（海军舰船装备保障能力）大小：

$$
l = W(R) \times (R)^{\mathrm{T}} \tag{5-26}
$$

式中：$W(R)$ 为变权向量；R 为单一指标大小矩阵；l 为变权模糊综合评估结果。

2. 定性结果

由评估分数集 $D = \{d_1, d_2, d_3, d_4\} = \{优,良,中,差\} = \{0.9, 0.7, 0.4, 0.1\}$ 计算

$$
c_i = \frac{1 - |l - d_i|}{\displaystyle\sum_{i=1}^{4} [1 - |l - d_i|]}, i = 1, 2, \cdots 4 \tag{5-27}
$$

构成 $c_i = \{c_1, c_2, c_3, c_4\}$ 为 l 对各评判标准的隶属度，依据最大隶属度原则，以对评判标准隶属度最大的评语作为海军舰船装备保障能力的定性评估结果。

104

5.5　面向任务的舰船装备保障能力评估模型

面向任务的舰船装备保障能力评估是以海军任务为中心,针对不同任务对海军舰船装备保障的要求不同,以定性分析和定量计算为依据,合理评估不同任务条件下海军舰船装备保障能力的大小,从而有助于发现不同任务条件下海军舰船装备保障能力建设的"短板",明确不同任务条件下海军舰船装备保障建设的着力点。

5.5.1　QFD 理论

本书将尝试基于质量机能展开(Quality Function Deployment,QFD)及其核心工具质量屋(House Of Quality,HOQ)技术提出面向任务的舰船装备保障能力评估模型。通过这一方法可将海军面临的任务层次结构化,在任务和评估指标之间建立直接的映射,进而分析得到海军舰船装备保障能力满足任务的情况,从而根据海军任务对海军舰船装备保障能力建设进行有效地跟踪和控制。

质量功能展开是以客户需求为驱动、以客户满意为目标的产品开发方法,其基本思想是"需求什么"和"怎样来满足"。从系统工程的观点来看,QFD 是系统工程思想在产品设计开发过程的具体应用,正在发展成为具有方法论意义的现代设计理论。

QFD 过程是通过一系列图表和矩阵来完成的,其中起重要作用的是质量表。质量表是将顾客需求的真正的产品质量用语言表达,并进行细化,同时表示其与产品质量特性的关系,把顾客需求变化成代用特性(产品的质量特性),并进一步进行质量设计。由于质量表的形状很像一所房子,所以被形象地称为质量屋。

QFD 是一种产品开发和质量保证的方法论,它要求在产品开发过程中以满足顾客需求为目标,在产品设计阶段考虑工艺和制造问题。QFD 的核心内容是顾客的需求转换,质量屋 HOQ 是一种直观的矩阵框架表达形式,它提供了在产品开发中具体实现这种需求转换的工具。该部分主要参考了文献[52 – 54]。

广义的质量屋 HOQ,如图 5 – 25 所示。

HOQ 主要由以下几部分构成:

A:质量屋的左端是期望实现的目标,回答 Whats;

B:多个期望实现目标的权重;

C:质量屋的天花板是系统的特征(功能特征、技术特征),是质量屋的 Hows;

D:质量屋的房顶是系统特征之间的相关矩阵,它表明一个系统特征对其他系统特征所产生的影响;

E:质量屋的房间是期望实现目标和系统特征之间的关系矩阵,表明了各系统特征和目标的相关程度;

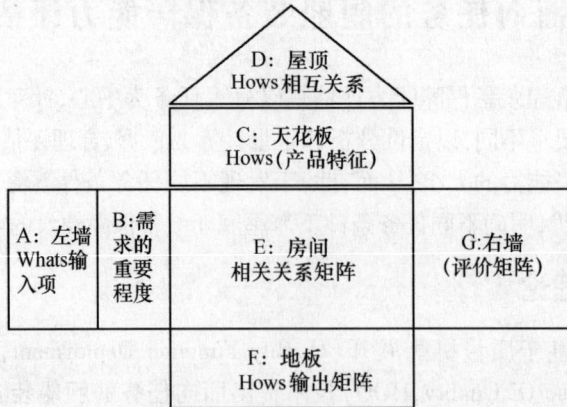

图 5 – 25　HOQ

F:质量屋的地板是系统特征的指标及其重要度,用来帮助确定应优先考虑的系统特征;

G:质量屋的右墙是评价向量,用于评价系统特征对目标的相对满足程度。

5.5.2　基于 QFD 的评估模型

运用 QFD 理论的面向任务舰船装备保障能力评估过程,如图 5 – 26 所示。

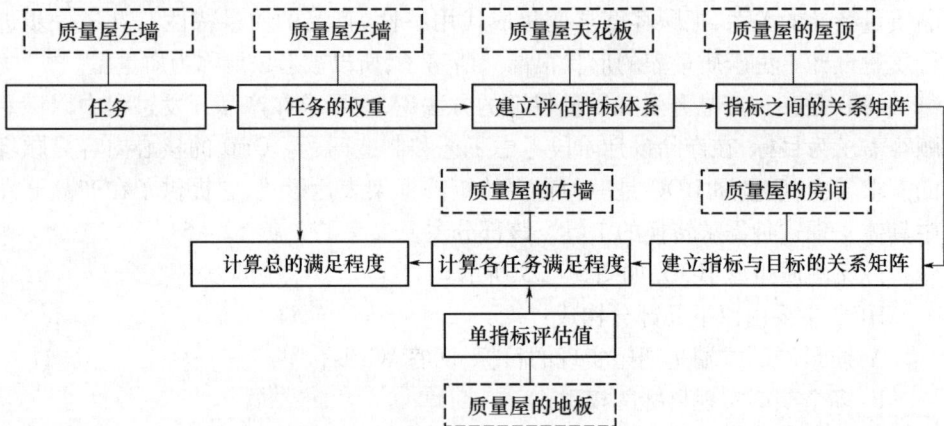

图 5 – 26　HOQ 的分析过程

第 1 步,确定目前海军舰船装备面临的主要任务,作为质量屋的输入。海军舰船装备面临的主要任务见表 5 – 17。

表 5 – 17   任务描述及权重(假定)

任务名称	描述	权重
任务 1	应急作战准备任务	0.25
任务 2	远洋护航行动	0.2
任务 3	XX 演习演练任务	0.15
任务 4	抢险救灾及反恐维稳任务	0.2
任务 5	海外维和任务	0.2

第 2 步,确定各任务的权重,通过问卷调查得到海军主要任务的权重,权重用矩阵 $E = (e_1, e_2, e_3, e_4, e_5)$ 表示,见表 5 – 17。

第 3 步,建立舰船装备保障能力评估指标。舰船装备保障能力评估指标参见第 4 章,选取评估指标的一级指标,即装备管理使用能力、装备保障指挥能力、装备供应保障能力和装备技术保障能力。

第 4 步,建立指标之间的关系矩阵。该矩阵用来表示指标之间的相互影响程度,能够反映改变一项指标时对其他指标的影响,判断和识别相互矛盾或相互叠加的指标,指标之间的关系有负相关、无关系、正相关。负相关表示当一个指标向好的方向发展时另一个则变差,用 –1 ~ 0 之间的数表示;无关系用 0 表示;正相关表示一个变好时另一个也变好,用 0 ~ 1 之间的数表示。得到关系矩阵:

$$A = (a_{ij})_{n \times n} = \begin{pmatrix} a_{11} & a_{12} & \cdots & a_{1n} \\ a_{21} & a_{22} & \cdots & a_{2n} \\ \vdots & \vdots & \vdots & \vdots \\ a_{n1} & a_{n2} & \cdots & a_{nn} \end{pmatrix} \quad (5 – 28)$$

关系矩阵参考第 4 章,根据舰船装备保障能力评估指标的作用机理,关系矩阵的数据见表 5 –18。根据表,得到关系矩阵。

$$A = (a_{ij})_{4 \times 4} = \begin{pmatrix} 1 & 0 & 0.625 & 0.598 \\ 0 & 1 & 0.727 & 0.807 \\ 0 & 0 & 1 & 0 \\ 0 & 0 & 0 & 1 \end{pmatrix} \quad (5 – 29)$$

第 5 步,建立指标与任务的关系矩阵。该矩阵用于描述指标与任务的相关程度,一般分为强相关、中等相关、弱相关和不相关,依次用"◎"、"○"、"△"、"▲"表示,分别取值 5,3,1,0 表示。得到关系矩阵:

$$\boldsymbol{D} = (d_{ij})_{5\times4} = \begin{pmatrix} d_{11} & d_{12} & d_{13} & d_{14} \\ d_{21} & d_{22} & d_{23} & d_{24} \\ d_{31} & d_{32} & d_{33} & d_{34} \\ d_{41} & d_{42} & d_{43} & d_{44} \\ d_{51} & d_{52} & d_{53} & d_{54} \end{pmatrix} \qquad (5-30)$$

关系矩阵的数据见表5-18。

表5-18　关系矩阵的数据

任务名称	指标			
	装备管理使用能力	装备保障指挥能力	装备供应保障能力	装备技术保障能力
任务1	◎	△	○	△
任务2	△	◎	△	○
任务3	△	○	◎	○
任务4	△	○	○	◎
任务5	△	○	◎	◎

从表5-18中可知,任务1与装备管理使用能力的关系最为密切,与装备供应保障能力和装备技术保障能力的关系一般,与装备保障指挥能力的关系较弱。任务2与装备保障指挥能力的关系最为密切,与装备技术保障能力的关系一般,与装备管理使用能力和装备供应保障能力的关系较弱。任务3与装备供应保障能力的关系最为密切,与装备保障指挥能力和装备技术保障能力的关系一般,与装备管理使用能力的关系较弱。任务4与装备技术保障能力的关系最为密切,与装备保障指挥能力和装备供应保障能力的关系一般,与装备管理使用能力的关系较弱。任务5与装备供应保障能力和装备技术保障能力的关系最为密切,与装备保障指挥能力的关系一般,与装备管理使用能力的关系较弱。

根据表5-18得到关系矩阵如下:

$$\boldsymbol{D} = (d_{ij})_{5\times4} = \begin{pmatrix} 5 & 1 & 3 & 1 \\ 1 & 5 & 1 & 3 \\ 1 & 3 & 5 & 3 \\ 1 & 3 & 3 & 5 \\ 1 & 3 & 5 & 5 \end{pmatrix}$$

第6步,确定修订后的关系矩阵。根据指标间的相互关系矩阵以及指标和任务的关系矩阵,得到修订后的关系矩阵 $\boldsymbol{D}^*$:

$$D^* = D \times A = \begin{pmatrix} d_{11} & d_{12} & d_{13} & d_{14} \\ d_{21} & d_{22} & d_{23} & d_{24} \\ d_{31} & d_{32} & d_{33} & d_{34} \\ d_{41} & d_{42} & d_{43} & d_{44} \\ d_{51} & d_{52} & d_{53} & d_{54} \end{pmatrix} \times \begin{pmatrix} a_{11} & a_{12} & a_{13} & a_{14} \\ a_{21} & a_{22} & a_{23} & a_{24} \\ a_{31} & a_{32} & a_{33} & a_{34} \\ a_{41} & a_{42} & a_{43} & a_{44} \end{pmatrix}$$

修订后的关系矩阵为：

$$D^* = D \times A = \begin{pmatrix} 5 & 1 & 3 & 1 \\ 1 & 5 & 1 & 3 \\ 1 & 3 & 5 & 3 \\ 1 & 3 & 3 & 5 \\ 1 & 3 & 5 & 5 \end{pmatrix} \times \begin{pmatrix} 1 & 0 & 0.625 & 0.598 \\ 0 & 1 & 0.727 & 0.807 \\ 0 & 0 & 1 & 0 \\ 0 & 0 & 0 & 1 \end{pmatrix}$$

$$= \begin{pmatrix} 5 & 1 & 6.852 & 4.7997 \\ 1 & 5 & 5.26 & 7.633 \\ 1 & 3 & 7.806 & 6.019 \\ 1 & 3 & 5.806 & 8.019 \\ 1 & 3 & 7.806 & 8.019 \end{pmatrix}$$

第 7 步, 计算各任务的满足程度。依据修订后的关系矩阵 D^*, 一级指标的评估结果 $R = (r_1 \quad r_2 \quad r_3 \quad r_4)$。

计算各个目标的满足程度 F:

$$F = D^* \times R' = \begin{pmatrix} d_{11}^* & d_{12}^* & d_{13}^* & d_{14}^* \\ d_{21}^* & d_{22}^* & d_{23}^* & d_{24}^* \\ d_{31}^* & d_{32}^* & d_{33}^* & d_{34}^* \\ d_{41}^* & d_{42}^* & d_{43}^* & d_{44}^* \\ d_{51}^* & d_{52}^* & d_{53}^* & d_{54}^* \end{pmatrix} \times \begin{pmatrix} r_1 \\ r_2 \\ r_3 \\ r_4 \end{pmatrix} \qquad (5 - 31)$$

第 8 步, 计算所有任务的满足程度。

$$F^* = E \times F$$

初步建立的面向任务的舰船装备保障能力评估的质量屋, 如图 5 - 27 所示。

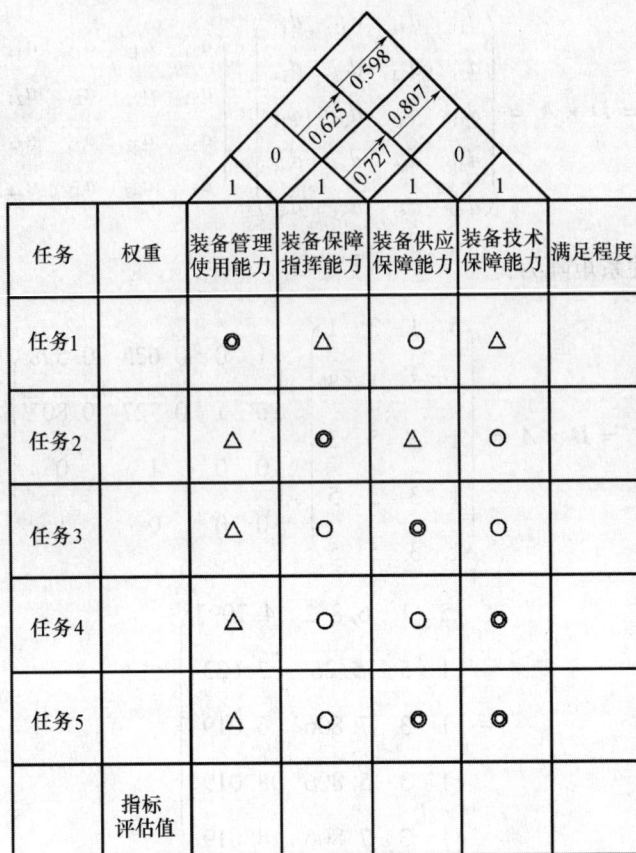

图 5-27 面向任务的舰船装备保障能力评估的质量屋

任务	权重	装备管理使用能力	装备保障指挥能力	装备供应保障能力	装备技术保障能力	满足程度
任务1		◎	△	○	△	
任务2		△	◎	△	○	
任务3		△	○	◎	○	
任务4		△	○	○	◎	
任务5		△	○	◎	◎	
	指标评估值					

5.6 海军舰船装备保障能力动态评估模型

　　某一时刻对海军舰船装备保障能力进行评估后,评估客体(海军基地)将根据评估结果对保障能力建设的薄弱环节和存在的问题进行整改和调整,从而有效提高其海军舰船装备保障能力。海军舰船装备保障能力动态评估,就是以某一时刻舰船装备保障能力评估结果为起点,仿真一段时期内评估客体根据评估结果对保障能力建设的整改情况,预测保障能力变化的趋势和效果。

　　前几节所研究的舰船装备保障能力评估都是静态的评估。由于海军舰船装备保障能力是一个随时间反复变化的动态过程,静态的评估很难为动态的保障能力变化提供充分的支持。因此,要根据海军舰船装备保障能力的动态变化特征,构建海军舰船装备保障能力动态评估模型,模拟仿真海军舰船装备保障能力动态变化规律。该部分主要参考了文献[55-58]。

5.6.1　动态评估的定性分析

海军舰船装备保障能力动态评估是一个复杂系统。为了清楚地描述海军舰船装备保障能力动态评估系统,需要将其划分成几个互相连接的子系统。描述如下:

$$S = (P,R)$$
$$P = \{P_i \,|\, i \in I\}$$
$$R = \{r \,|\, j \in J, k \in K \text{ 且 } J = K = I\}$$

式中:S 为舰船装备保障能力评估系统动力学模型;P 为子系统;R 为子系统之间的变量。

海军舰船装备保障能力动态评估的定性分析,主要是深入阐述海军舰船装备保障能力构成要素之间的因果关系。因果关系不仅是对系统内部关系的一种真实写照,也是动态评估的基础。它是系统内部若干元素的因果链相串联而形成的一条闭合回路。用箭头表示系统内部两元素之间的因果关系就是因果链。

舰船装备保障能力评估系统的因果关系,如图 5-28 所示。这是一个多重反馈回路,列出了影响海军舰船装备保障能力的主要变量。该关系图表示海军舰船装备管理使用能力、海军舰船装备保障指挥能力、海军舰船装备供应保障能力、海军舰船装备技术保障能力、海军舰船装备保障能力、海军舰船装备保障能力建设效益和海军舰船装备保障能力建设投入 7 部分的共同作用下对海军舰船装备保障能力的影响,通过 7 方面的作用使海军舰船装备保障能力不断趋于期望目标值(期望保障能力),差距逐渐逼近于 0 的过程(与期望保障能力的差距)。

本书所构建的舰船装备保障能力评估系统的因果关系图,主要有 9 个反馈回路。

(1)差距→装备管理使用能力→海军舰船装备保障能力→差距。与期望的海军舰船装备保障能力差距增大,必将提高装备管理使用能力,装备管理使用能力的提高将提高海军舰船装备保障能力,海军舰船装备保障能力的提高将缩小与期望海军舰船装备保障能力的差距。

(2)差距→装备管理使用能力→装备供应保障能力→海军舰船装备保障能力→差距。与期望的海军舰船装备保障能力差距增大,必将提高装备管理使用能力,装备管理使用能力的提高将提高装备供应保障能力,装备供应保障能力的提高将提高海军舰船装备保障能力,海军舰船装备保障能力的提高将缩小与期望海军舰船装备保障能力的差距。

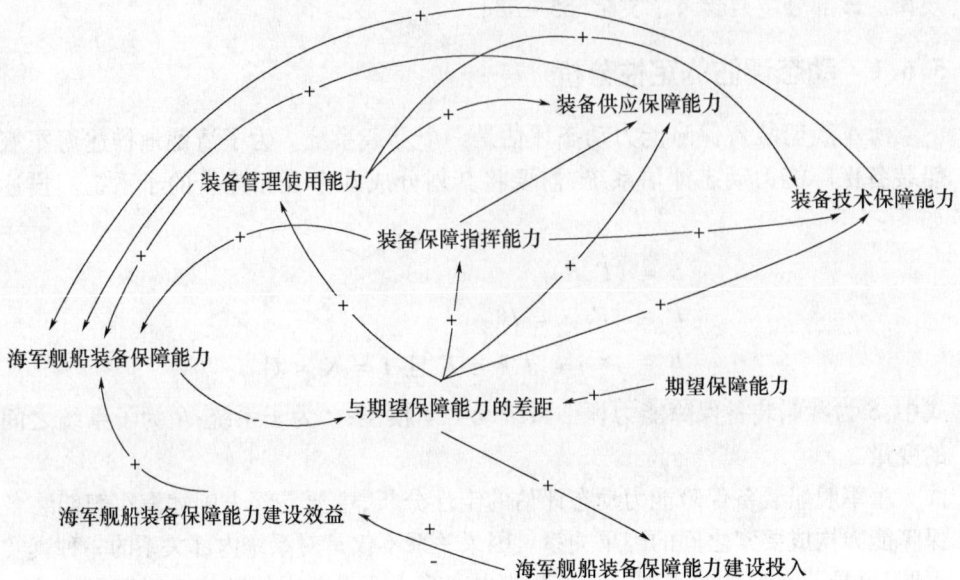

图 5-28　舰船装备保障能力评估系统的因果关系图

（3）差距→装备管理使用能力→装备技术保障能力→海军舰船装备保障能力→差距。与期望的海军舰船装备保障能力差距增大,必将提高装备管理使用能力,装备管理使用能力的提高将提高装备技术保障能力,装备技术保障能力的提高将提高海军舰船装备保障能力,海军舰船装备保障能力的提高将缩小与期望海军舰船装备保障能力的差距。

（4）差距→装备保障指挥能力→海军舰船装备保障能力→差距。与期望的海军舰船装备保障能力差距增大,必将提高装备保障指挥能力,装备保障指挥能力的提高将提高海军舰船装备保障能力,海军舰船装备保障能力的提高将缩小与期望海军舰船装备保障能力的差距。

（5）差距→装备保障指挥能力→装备供应保障能力→海军舰船装备保障能力→差距。与期望的海军舰船装备保障能力差距增大,必将提高装备保障指挥能力,装备保障指挥能力的提高将提高装备供应保障能力,装备供应保障能力的提高将提高海军舰船装备保障能力,海军舰船装备保障能力的提高将缩小与期望海军舰船装备保障能力的差距。

（6）差距→装备保障指挥能力→装备技术保障能力→海军舰船装备保障能力→差距。与期望的海军舰船装备保障能力差距增大,必将提高装备保障指挥能力,装备保障指挥能力的提高将提高装备技术保障能力,装备技术保障能力的提高将提高海军舰船装备保障能力,海军舰船装备保障能力的提高将缩小与期望海军舰船装备保障能力的差距。

（7）差距→装备供应保障能力→海军舰船装备保障能力→差距。与期望的海军舰船装备保障能力差距增大,必将提高装备供应保障能力,装备供应保障能力的提高将提高海军舰船装备保障能力,海军舰船装备保障能力的提高将缩小与期望海军舰船装备保障能力的差距。

（8）差距→装备技术保障能力→海军舰船装备保障能力→差距。与期望的海军舰船装备保障能力差距增大,必将提高装备技术保障能力,装备技术保障能力的提高将提高海军舰船装备保障能力,海军舰船装备保障能力的提高将缩小与期望海军舰船装备保障能力的差距。

（9）差距→海军舰船装备保障能力建设的投入→海军舰船装备保障能力建设的效益→海军舰船装备保障能力→差距。与期望的海军舰船装备保障能力差距增大,必将提高海军舰船装备保障能力建设的投入,海军舰船装备保障能力建设的投入低于某一阈值时,海军舰船装备保障能力建设投入的提高将提高海军舰船装备保障能力建设的效益,当海军舰船装备保障能力建设的投入高于某一阈值时,海军舰船装备保障能力建设投入的提高将降低海军舰船装备保障能力建设的效益,海军舰船装备保障能力建设效益的提高将提高海军舰船装备保障能力,海军舰船装备保障能力的提高将缩小与期望海军舰船装备保障能力的差距。

5.6.2　动态评估的定量分析

海军舰船装备保障能力动态评估定量分析,主要包括构建动态评估流程图和参数方程。

1. 流程图

流程图是因果关系图的扩展,是舰船装备保障能力评估系统结构的再现,它展示了系统是如何通过各种流来沟通的。

1) 定义变量

流程图最主要的变量类型有 4 种:

（1）流位变量(Level):它是系统内部流的堆积量,它描述了系统的内部状态。流位的状态受控于它的输入流与输出流的大小,以及延迟的时间。其流图符号为:

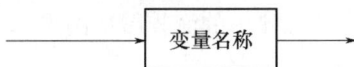

（2）流率变量(Rate):流位的变化速率,流位变量的增加或减少速度。其流图符号为:

（3）辅助变量(Auxilary):设置在流位变量与流率变量之间的变量。其流图符

号为:

(4)常量(Const):在仿真运行期间,某个参数的值始终保持不变的称为常量或常数。

本书建立的舰船装备保障能力评估的基本变量参数见表5－19。

表5－19　基本变量参数表

参数类型	参数名称	含义	参数名称	含义
流位变量	GL	装备管理使用能力	JS	装备技术保障能力
	ZH	装备保障指挥能力	TR	装备保障能力建设的投入
	GY	装备供应保障能力		
流率变量	GLL	装备管理使用能力变化率	JSL	装备技术保障能力变化率
	ZHL	装备保障指挥能力变化率	TRL	装备保障能力建设投入变化率
	GYL	装备供应保障能力变化率		
辅助变量	GLCD	差距对装备管理使用能力的影响程度	NL	装备保障能力
	ZLCD	差距对装备保障指挥能力的影响程度	YX	装备保障建设效益
	GYCD	差距对装备供应保障能力的影响程度	XYCD	建设效益对保障能力的影响程度
	JSCD	差距对装备技术保障能力的影响程度	CJ	与期望能力的差距
	TRCD	差距对海军舰船装备保障能力建设投入的影响程度		
常数	QW	期望的保障能力		

2)海军舰船装备保障能力动态评估的流程图

海军舰船装备保障能力动态评估的流程图如图5－29所示。

2. 参数方程

参数方程用于描述参数之间的关系。参数方程可以直接确定或由相关函数给出,可以是线性或非线性函数关系,其一般表达式为:

$$\frac{\mathrm{d}X}{\mathrm{d}t} = f(X_i, V_i, R_i, P_i)$$

其差分形式可形成:$X(t + \Delta t) = X_{(t)} + f(X_i, V_i, R_i, P_i) \cdot \Delta t$

114

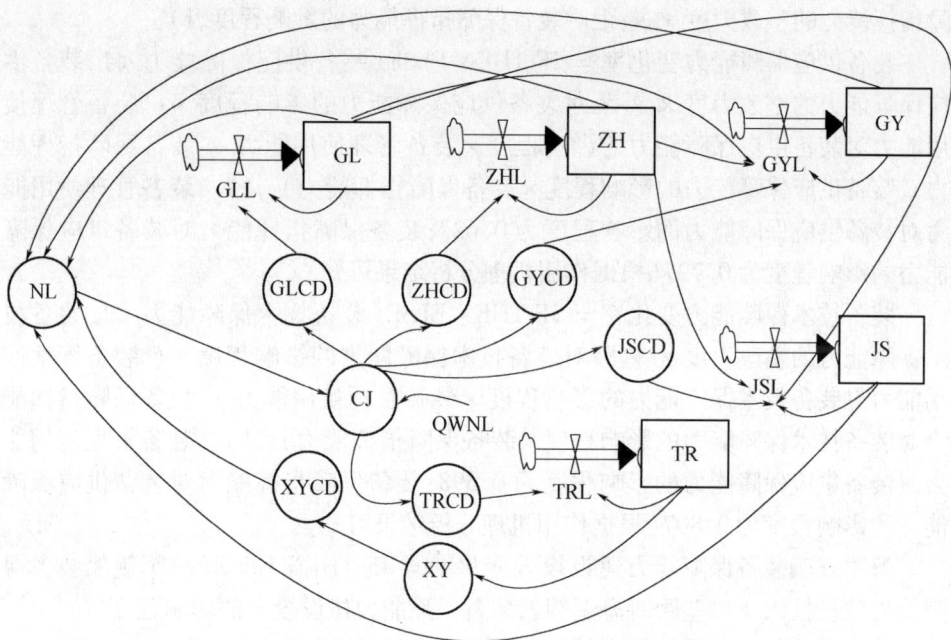

图 5 – 29　舰船装备保障能力评估的流程图

式中:X 为状态变量;V 为辅助变量;R 为流率变量;P 为参数;t 为仿真时间;Δt 为仿真步长。

本书建立的海军舰船装备保障能力动态评估参数方程如下:

装备管理使用能力 = INTEG(装备管理使用能力变化率,A1),A1 表示装备管理使用能力的初始值,它由第 6 章舰船装备保障能力评估得到。

装备保障指挥能力 = INTEG(装备保障指挥能力变化率,A2),A2 表示装备保障指挥能力的初始值。

装备供应保障能力 = INTEG(装备供应保障能力变化率,A3 + DELAY1I(H1 ×装备管理使用能力 ,1 ,0)),H1 表示装备管理使用能力对装备供应保障能力的影响程度,A3 表示装备供应保障能力的初始值。

装备技术保障能力 = INTEG(装备技术保障能力变化率,A4),A4 表示装备技术保障能力的初始值。

海军舰船装备保障能力建设投入 = INTEG(海军舰船装备保障能力建设投入变化率,A5),A5 表示海军舰船装备保障能力建设投入的初始值。

装备管理使用能力变化率 = IF THEN ELSE(装备管理使用能力 < 1,装备管理使用能力的整改力度 × 差距对装备管理使用能力的影响程度,1)

装备保障指挥能力变化率 = IF THEN ELSE(装备保障指挥能力 < 1,装备保

障指挥能力的整改力度× 差距对装备保障指挥能力的影响程度,1)

装备供应保障能力变化率 = IF THEN ELSE(装备供应保障能力 <1,装备供应保障能力的整改力度× 差距对装备供应保障能力的影响程度×(装备管理使用能力对装备供应保障能力的影响程度×装备管理使用能力 + 装备保障指挥能力对装备供应保障能力的影响程度×装备保障指挥能力) ,1)。装备管理使用能力对装备供应保障能力的影响程度为 0.627;装备保障指挥能力对装备供应保障能力的影响程度为 0.727(根据作用机理分析结果可知)。

装备技术保障能力变化率 = IF THEN ELSE(装备技术保障能力 <1,装备技术保障能力的整改力度× 差距对装备技术保障能力的影响程度×(装备管理使用能力对装备技术保障能力的影响程度×装备管理使用能力 + 装备保障指挥能力对装备技术保障能力的影响程度×装备保障指挥能力) ,1)。装备管理使用能力对装备供应保障能力的影响程度为 0.598;装备保障指挥能力对装备供应保障能力的影响程度为 0.807(根据作用机理分析结果可知)。

海军舰船装备保障能力建设投入变化率 = IF THEN ELSE(海军舰船装备保障能力建设投入 <1,差距对海军舰船装备保障能力建设投入的影响程度,1)

差距对装备管理使用能力的影响程度 = WITH LOOKUP(差距,([(0,0)—(1,1)],(0,0),(0.3,0.2),(0.5,0.4),(0.7,0.85),(1,0.9)))。根据与差距大小来确定对装备管理使用能力的影响程度。

差距对装备保障指挥能力的影响程度 = WITH LOOKUP(差距,([(0,0)—(1,1)],(0,0),(0.3,0.25),(0.5,0.56),(0.7,0.85),(1,0.95)))。根据与差距大小来确定对装备保障指挥能力的影响程度。

差距对装备供应保障能力的影响程度 = WITH LOOKUP(差距,([(0,0)—(1,1)],(0,0),(0.2,0.25),(0.4,0.56),(0.65,0.85),(1,0.95)))。根据与差距大小来确定对装备供应保障能力的影响程度。

差距对装备技术保障能力的影响程度 = WITH LOOKUP(差距,([(0,0)—(1,1)],(0,0),(0.2,0.28),(0.4,0.58),(0.6,0.85),(1,0.98)))。根据与差距大小来确定对装备技术保障能力的影响程度。

差距对海军舰船装备保障能力建设投入的影响程度 = WITH LOOKUP(差距,([(0,0)—(1,1)],(0,0),(0.2,0.15),(0.4,0.4),(0.6,0.56),(1,0.85)))。根据与差距大小来确定对海军舰船装备保障能力建设投入的影响程度。

海军舰船装备保障能力建设效益对海军舰船装备保障能力的影响程度 = WITH LOOKUP(海军舰船装备保障能力建设效益,([(0,−0.1)—(1,1)],(0,—0.1),(0.2,—0.06),(0.4,−0.02),(0.5,0),(0.6,0.02),(0.8,0.04)))。根据与海军舰船装备保障能力建设效益大小来确定海军舰船装备保障能力建设效益对海军舰船装备保障能力的影响程度。当效益过低时,对保障能力建设是负作用;当效率高时,对保障能力建设是正作用。

建议效益对保障能力的影响程度 = $0.8 \times$ 海军舰船装备保障能力建设效益。

海军舰船装备保障能力建设效益 = WITH LOOKUP(海军舰船装备保障能力建设投入,([(0,0) − (1,1)],(0,0),(0.2,0.3),(0.5,1),(0.7,0.75),(1,0.3)))。根据海军舰船装备保障能力建设投入大小来确定对建设效益。本书假设当海军装备保障能力建设投入在 0 到 0.5 之间时,海军舰船装备保障能力建设效益为上升趋势;在 0.5 到 1 之间时,海军舰船装备保障能力建设效益为下降趋势。

海军舰船装备保障能力 = IF THEN ELSE(((W1 × 装备管理使用能力 + W2 × 装备保障指挥能力 + W3 × 装备供应保障能力 + W4 × 装备技术保障能力 + DELAY1I(建设效益对保障能力的影响程度 × 装备保障能力,1,0)) >1,W1 × 装备管理使用能力 + W2 × 装备保障指挥能力 + W3 × 装备供应保障能力 + W4 × 装备技术保障能力 + DELAY1I(建设效益对保障能力的影响程度 × 装备保障能力,1,0),1)。(W1,W2,W3,W4)表示权重,W1 + W2 + W3 + W4 = 1。DELAY1I(建设效益对保障能力的影响程度 × 装备保障能力,1,0)表示建设效益将在 1 个单位时间后产生作用。

与期望的海军舰船装备保障能力的差距 = 期望的海军舰船装备保障能力 − 海军舰船装备保障能力。

海军舰船装备保障能力动态评估系模型需要输入的数据有 14 个,见表5 – 20。

表 5 – 20　系统动力学模型所需数据

装备管理使用能力的初始值	装备保障指挥能力的初始值	装备供应保障能力的初始值	装备技术保障能力的初始值	海军舰船装备保障能力建设投入的初始值	装备管理使用能力的整改力度	装备保障指挥能力的整改力度
装备供应保障能力的整改力度	装备技术保障能力的整改力度	装备管理使用能力的权重	装备保障指挥能力的权重	装备供应保障能力的权重	装备技术保障能力的权重	期望的海军舰船装备保障能力

5.7　海军舰船装备保障能力多目标评估模型

海军舰船装备保障能力多目标评估,是以多个海军基地为评估客体,对各基地的海军舰船装备保障能力进行评估。海军舰船装备保障能力多目标评估,不仅仅关注单个基地的海军舰船装备保障能力,更重要的是关注各评估客体之间的差距以及保障能力的排序。综上所述,海军舰船装备保障能力多目标评估要充分体现各评估客体指标得分的差异,因此,本节将运用基于欧式贴近度的模糊物元评估模型对海军舰船装备保障能力多目标进行评估,在此基础上,运用聚类分析对各评估客体的海军舰船装备保障能力进行分类。

5.7.1 基于欧氏贴近度的模糊物元评估模型

物元分析方法是我国著名学者蔡文教授于 1983 年首创的一门介于数学和实验之间的学科。它通过分析大量实例发现:人们在处理不相容问题时,必须将事物、特征及相应的量值综合在一起考虑,才能构思出解决不相容问题的方法,更贴切地描述客观事物的变化规律,把解决矛盾问题的过程形式化。物元分析是研究物元及其变化规律,并用于解决现实世界中的不相容问题的有效方法。

如果物元中的量值带有模糊性,便构成了模糊不相容问题。模糊物元分析就是把模糊数学和物元分析有机地结合在一起,融化提炼,交叉渗透,对事物特征相应的量值所具有的模糊性和影响事物众多因素间的不相容性加以分析、综合,从而获得解决这类模糊不相容问题的一种新方法。该部分主要参考了文献[59-61]。

1. 基本理论

1)模糊物元

任何事物都可以用"事物、特征、量值"这三个要素来加以描述,以便对事物作定性和定量分析与计算。用这些要素组成有序三元组来描述事物的基本元,即称为物元。如果其量值具有模糊性,便形成了"事物、特征、模糊量值"的有序三元组,这种物元被称为模糊物元,记为:

$$模糊物元 = \begin{bmatrix} & 事物 \\ 特征 & 模糊量值 \end{bmatrix}$$

2)模糊物元的性质

物元的可拓性是处理不相容问题的依据,也是物元的基本性质。模糊物元继承了这一性质。模糊物元的可拓性包括物元三要素的发散性、可扩性、事物内部结构的共轭性以及物元之间的相关性。

(1)发散性。发散性研究事物向外开拓的可能路径。同物物元、同征物元和同值物元的形成,以及它们的关系确定了物元外拓的可能的方向。

(2)可扩性。可扩性研究物元三要素的可加性、可积性和可分性。物元中事物、特征、特征量值以及物元的可加性、可积性和可分性,是物元的基本运算的基础。

(3)共扼性。共扼性是以虚实、软硬、潜显、负正等概念来描述和研究事物的结构。

(4)相关性。相关性讨论同一物元三要素的相关性和不同物元的相关性。物元的事物与特征、特征与特征量值、事物与特征量值和事物、特征与特征量值之间

118

具有相关性,这些相关性影响了事物的性质。在同物物元和异物物元之间也存在这种相关性。

2. 欧氏贴近度的模糊物元评估模型

欧氏贴近度的模糊物元评估模型的步骤如下:

1) 模糊物元模型

对于给定事物的名称为 M,其关于特征 C 有量值为 V,以有序三元组 $R(M,C,V)$ 作为描述事物的基本元,称为物元。如果其中量值 V 具有模糊性,称为模糊物元,记为:

$$R = \begin{bmatrix} & M \\ C & u(x) \end{bmatrix} \qquad (5-32)$$

式中:R 元素为模糊物元;M 为事物;C 为事物 M 的特征;$u(x)$ 为与事物特征 C 相对应的模糊量值,即事物 M 对于其特征 C 相应量值 x 的隶属度。对于舰船装备保障能力评估,M 就是评估样本(n 个海军基地);C 就是第 3 级评估指标;$u(x)$ 则是评估样本 M 对于评估指标 C 相应的指标定量评估值。

2) 复合模糊物元模型

若舰船装备保障能力评估样本 M 有 n 项评估指标 $C_1,C_2,\cdots,C_n$;与其相应的模糊量值分别为 $u(x_1),u(x_2),\cdots,u(x_n)$;则称 R 为 n 维模糊物元。若以 R_{mn} 表示 m 个评估样本 n 维复合模糊物元,并以 M_j 表示第 j 个评估样本,表示第 j 个样本第 i 项评估指标,与其他对应的模糊量值为 $u(x_{ji})(i=1,2,\cdots,n;j=1,2,\cdots,m)$,则有

$$\boldsymbol{R}_{mn} = \begin{bmatrix} & M_1 & M_2 & \cdots & M_m \\ C_1 & u(x_{11}) & u(x_{21}) & \cdots & u(x_{m1}) \\ C_2 & u(x_{12}) & u(x_{22}) & \cdots & u(x_{m2}) \\ \vdots & \vdots & \vdots & \vdots & \vdots \\ C_n & u(x_{1n}) & u(x_{2n}) & \cdots & u(x_{mn}) \end{bmatrix} \qquad (5-33)$$

3. 从优隶属度原则

各单项评估指标相应的模糊量值,从属于最优样本各对应评估指标相应的模糊量值隶属程度,称为从优隶属度。由此设立的原则,称为从优隶属原则。从优隶属度可由下式计算:

$$\text{越大越优型评估指标而言,则有 } u(x_{ji}) = \frac{x_{ji}}{\max x_{ji}}$$

$$\text{越小越优型评估指标而言,则有 } u(x_{ji}) = \frac{\min x_{ji}}{x_{ji}}$$

式中:x_{ji} 为第 j 个样本第 i 项评估指标对应的量值;$\max x_{ji}$,$\min x_{ji}$ 分别为各评估样本中每一项评估指标所有量值 x_{ji} 中的最大值和最小值,即最优评估样本(理想样本)

各评估指标相应的量值。

4. 标准模糊物元与差平方复合模糊物元

由式(5 – 33)可以构造标准样本 n 维模糊物元 R_{0n},其中各项由 R_{mn} 内各评估样本从优隶属度中的最大值或最小值加以确定,则可得

$$
R_{0n} = \begin{bmatrix}
 & M_0 \\
C_1 & u(x_{01}) \\
C_2 & u(x_{02}) \\
\vdots & \vdots \\
C_n & u(x_{0n})
\end{bmatrix} \tag{5 – 34}
$$

若以 Δ_{ji} 表示标准模糊物元 R_{0n} 与复合模糊物元 R_{mn} 中各项差的平方,则组成差平方复合模糊物元 R_{Δ},即

$$
R_{\Delta} = \begin{bmatrix}
 & M_1 & M_2 & \cdots & M_m \\
C_1 & \Delta_{11} & \Delta_{21} & \cdots & \Delta_{m1} \\
C_2 & \Delta_{12} & \Delta_{22} & \cdots & \Delta_{m2} \\
\vdots & \vdots & \vdots & \vdots & \vdots \\
C_n & \Delta_{1n} & \Delta_{2n} & \cdots & \Delta_{mn}
\end{bmatrix} \tag{5 – 35}
$$

其中 $\Delta_{ji} = [u(x_{0i}) - u(x_{ji})]^2, i = 1,2,\cdots,n; j = 1,2,\cdots,m$。

5. 评估指标权重的复合物元

ω_i 为第 i 个评价指标相对于目标的权重,舰船装备保障能力评估指标权重,见表 5 – 10。如果用 ω_i 表示每个评估样本第 i 项评估指标的权重,则可以构造各评估指标的权重复合物元 R_{ω}。即

$$
R_{\omega} = \begin{bmatrix}
 & M_1 & M_2 & \cdots & M_m \\
C_1 & \omega_1 & \omega_1 & \cdots & \omega_1 \\
C_2 & \omega_2 & \omega_2 & \cdots & \omega_2 \\
\vdots & \vdots & \vdots & \vdots & \vdots \\
C_n & \omega_n & \omega_n & \cdots & \omega_n
\end{bmatrix} \tag{5 – 36}
$$

6. 基于欧氏贴近度的评估模型

可用于两物元贴近度计算的公式很多,本书将采用欧氏贴近度公式进行计算,计算欧氏贴近度 ρH_j。

$$
\rho H_j = 1 - \sqrt{\sum_{i=1}^{n} \omega_i \times \Delta_{ji}} \tag{5 – 37}
$$

式中:$\rho H_j (j = 1,2,\cdots,m)$ 为第 j 个评估样本与标准样本(理想样本或最优样本)之间的相互接近程度,其值越大,表示两者越接近;反之,则相差越大。然后,以此构

成欧氏贴近度复合模糊物元 $R_{\rho H}$，即

$$R_{\rho H} = \begin{bmatrix} & M_1 & M_2 & \cdots & M_m \\ \rho H_j & \rho H_1 & \rho H_2 & \cdots & \rho H_m \end{bmatrix} \qquad (5-38)$$

由于欧氏贴近度是表示各评估样本与标准样本之间的贴近程度，根据贴近度值即可对各海军基地舰船装备保障能力（各评估样本）的相对优劣进行排序。

5.7.2 聚类分析

开展海军舰船装备保障能力多目标评估的聚类分析，就是通过分析各海军基地舰船装备保障能力评估一级指标得分的亲疏关系以及相似度，对它们进行分类，以便针对不同类型的海军基地进行分类管理，提高舰船装备保障能力评估的针对性和实用性。该部分主要参考了文献[62]。

聚类分析是统计学中研究"物以类聚"问题的多元统计分析方法。聚类分析在统计分析的应用领域已经得到了极为广泛的应用。常见的聚类分析方法有层次聚类和 K—Means 聚类。其中，层次聚类又称系统聚类，简单地讲是指聚类过程是按照一定层次进行的。层次聚类有两种类型，分别是 Q 型聚类和 R 型聚类。Q 型聚类是对样本进行聚类，它使具有相似特征的样本聚集在一起，使差异性大的样本分离开来。R 型聚类是对变量进行聚类，它使具有相似性的变量聚集在一起，差异性大的变量分离开来，可在相似变量中选择少数具有代表性的变量参与其他分析，实现减少变量个数，达到变量降维的目的。本书将对各海军基地的舰船装备保障能力进行聚类分析（对样品进行分析），因此属于层次聚类的 Q 型聚类。

本书根据各海军基地舰船装备保障能力评估一级指标的评估结果，进行聚类分析，将海军基地舰船装备保障能力归纳为几类，以便针对不同类型的海军基地开展有针对性的措施。舰船装备保障能力评估聚类分析的的基础数据，就是舰船装备保障能力评估一级指标的评估值。海军舰船装备保障能力评估一级指标评估值的计算方式见第 5.4 节。从而得到 n 个基地的舰船装备保障能力评估一级指标评估值。

$$X = \begin{bmatrix} x_{11} & x_{12} & x_{13} & x_{14} \\ x_{21} & x_{22} & x_{23} & x_{24} \\ \vdots & \vdots & \vdots & \vdots \\ x_{n1} & x_{n2} & x_{n3} & x_{n4} \end{bmatrix} \qquad (5-39)$$

式中，x_{ij} 表示第 i 个基地，第 j 个指标的得分。

根据上述矩阵，运用 SPSS 对海军舰船装备保障能力多目标评估进行聚类分析。

第6章 舰船装备保障能力评估实施

科学的舰船装备保障能力评估指标体系和评估模型是开展舰船装备保障能力评估的前提和基础,然而,评估指标体系和评估模型只是舰船装备保障能力评估的一个工具,它的功能的发挥主要还在于评估主体如何运用评估指标和评估模型。因此,本章研究舰船装备保障能力评估指标以及评估模型如何运用,也就是舰船装备保障能力评估的实施。舰船装备保障能力评估的实施主要包括3个方面的内容:舰船装备保障能力评估实施的组织结构,舰船装备保障能力评估实施的计划编制与控制以及舰船装备保障能力评估实施效果评价。

6.1 舰船装备保障能力评估实施的组织模式

舰船装备保障能力评估实施的组织模式,是指为了提高舰船装备保障能力评估实施的质量和效益,按照评估实施的要求和特点,对评估主体建立的职责、职权和相互关系框架。

舰船装备保障能力评估实施的组织模式是舰船装备保障能力评估实施顺利开展的前提和核心。舰船装备保障能力评估实施过程中,应该采用什么样的组织模式形式才能在时间、成本和质量上保证舰船装备保障能力评估成功的实施,目前,舰船装备保障能力评估实施的组织模式的构建往往是领导"跟着感觉走",根据以往的经验来确定,因此很多时候存在着不科学和不合理的问题。

6.1.1 评估机构的组成

本书构建的舰船装备保障能力评估矩阵式组织模式[63-65],如图6-1所示。

从图6-1中可知,舰船装备保障能力评估实施的总负责人为海军装备部门首长,下设领导机关、专家组和技术组,各组成员分别来自海军机关、海军基地、科研院所和院校等。

任何事件成败的决定性因素是人,舰船装备保障能力评估也是如此,因此,科学选择评估成员组成一支精干高效的评估队伍显得尤为重要。舰船装备保障能力评估小组成员的选择应限定于海军舰船装备保障能力建设利益相关者的范围,这样有利于提高评估小组的工作质量、改善利益群体之间的关系。

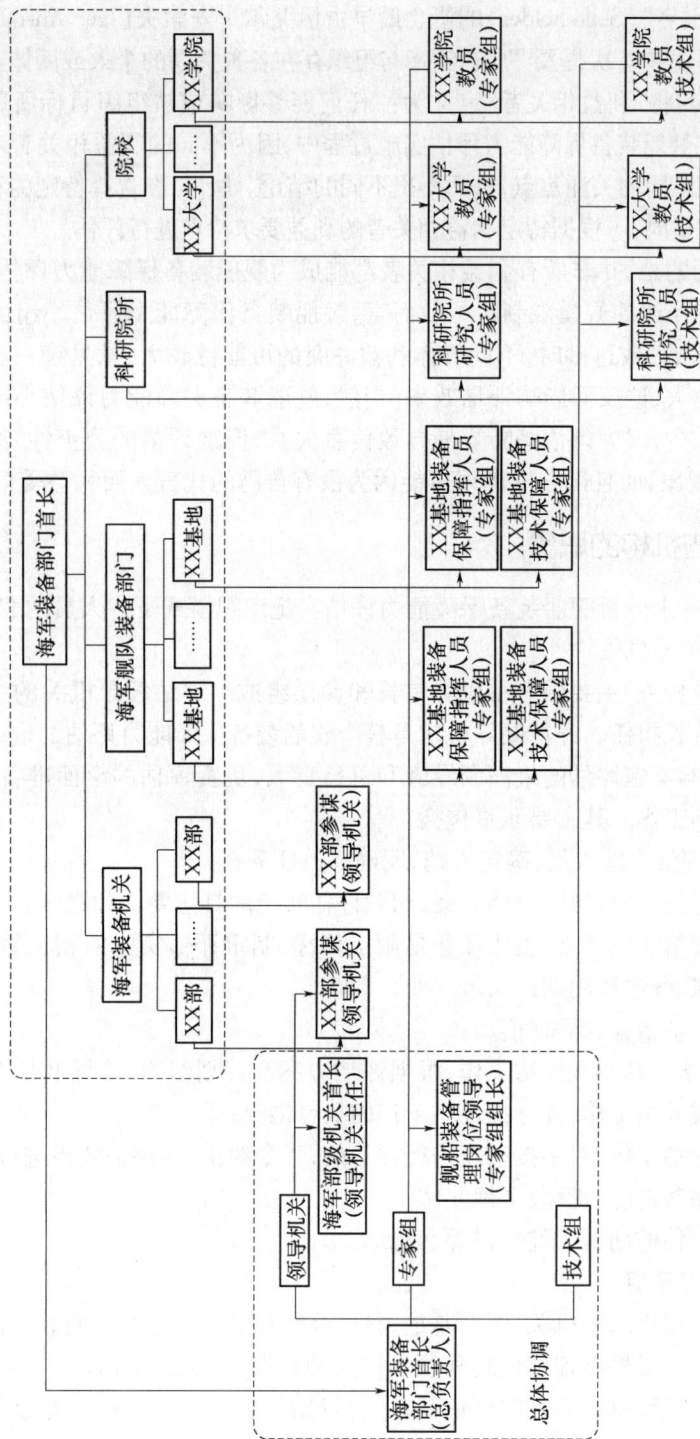

图6-1 舰船装备保障能力评估矩阵式组织模式

"利益相关者"(Stakeholder)的概念最早由伊戈尔·安索夫(Igor Ansoff)在他的《公司战略》一书中首次提及[66],它泛指与组织存在各种关系的个人或团体。弗里曼(R. E. Freeman)将"利益相关者"定义为:"任何能够影响或被组织目标所影响的团体或个人",在舰船装备保障能力评估实施过程中,因为不同的利益相关者对同一评估客体会产生不同的关注焦点,进而得出不同的结论。所以,在选择特定的利益相关者作为评估成员时,应根据特定利益相关者的利益要求特点进行评估。

需要说明的是,并非所有利益相关者都能成为舰船装备保障能力评估的成员,原因在于评估小组的规模限制。一般而言,舰船装备保障能力评估小组的规模以5到10人为宜,人数过多时,不同群体利益冲突的可能性越大,意见统一和工作协调的难度也越大,这反而影响评估效率;当然,舰船装备保障能力评估小组的人员数目也不宜太少,因为评估垄断容易导致信息失真、侵蚀评估的公正性,甚至产生"权力寻租"现象,而且部分群体很可能因为没有自己的代言人而利益受损。

6.1.2 评估机构的职责

根据图6-1分析舰船装备保障能力评估实施组织模式下各人员的职责。

1)评估领导机关

评估领导机关,主要由海军机关首长和参谋组成。评估领导机关的主任由海军机关部级首长担任。评估领导机构是整个舰船装备保障能力评估的设计者和组织者,是组织与实施评估的最高领导者和总负责人,负责评估的全面准备、组织实施和总体协调工作。其主要职责包括:

- 选择评估实施人员,确定人选,明确人员任务;
- 把握评估方向,拟定评估方案,明确评估实施的具体要求和原则;
- 制定评估实施计划,主要任务是制定目标、制定评估实施的相关暂行办法、确立评估方式、程序和周期;
- 审定评估指标和评估模型;
- 组织、指导和协调评估工作,根据评估方案和计划组织、指导和协调各部门单位顺利开展评估工作,并把控评估工作的执行情况;
- 监督评估工作,对不按程序进行评估的,责令纠正,对评估效果进行评价,以保证评估工作客观、公正、公平地实施;
- 负责评估的动员、裁决、讲评和总结。

2)评估专家组

评估专家组由海军机关、海军基地、科研院所和院校的海军舰船装备保障方面的专家组成。主要根据评估计划和领导机关的意图,实施评估活动,负责收集、整理、上报评估信息,将收集好的评估结果,转发给评估技术组。评估专家组的主要职责包括:

● 公布评估领导机关制订好的评估工作方案、计划,进行前期的宣传,组织必要的学习,使每个评估客体都明确评估的目的和各项要求,自觉参与并积极配合评估工作;

● 听取并审核评估客体自评报告;

● 以考试、收集资料、问卷咨询、组织会议等方式采集评估数据;

● 通过考察分析,结合评估技术组提供的分析结果,全面掌握评估客体舰船装备保障能力建设的状态,对其保障能力进行判断;

● 通过集体讨论评议,形成评估意见,提出评估结果建议;

● 与评估客体交换意见;

● 将评估意见以书面形式上报给评估领导机关;

● 在评估领导机关的领导下,帮助评估客体提高舰船装备保障能力。

评估专家组应十分了解评估的过程和环节,以及具备相应的评估知识,并要求有较强的团队协作精神和责任感。专家组成员原则上从海军基地、科研院所和院校选聘,也可以从其他军种遴选。评估专家组设组长 1 名,专家组组成受评估领导机关委托,主持专家组在海军基地评估期间的全面工作。评估专家组组长一般应具有少将以上(含少将)军衔,有过在海军基地装备管理岗位工作的经历,由现职或离职领导干部担任。专家组成员通常由以下类型人员组成:

A 类人员,指具有海军舰船装备主管领导经历的装备管理干部;

B 类人员,指具有海军舰船装备机关工作经验的装备管理干部;

C 类人员,指从事海军舰船装备保障指挥的人员;

D 类人员,指从事海军舰船装备技术保障的技术人员;

E 类人员,指海军舰船装备保障方面的专家,包括科研院所的科研人员和院校的教员。

专家组长一般由 A 类人员担任。专家组成员实行回避制度,不参加对本单位的评估。

舰船装备保障能力评估实施过程中的专家组成员容易存在以下误差:

● 晕轮效应误差:评估者在对评估客体进行评估时,把某一方面甚至与保障能力无关的某一方面看得过重,从而影响了整体的评估。

● 近因效应误差:评估者对评估客体进行评估时,往往只注重近期的表现和成绩,以近期印象来代替其整体表现,因而造成评估误差。

● 感情效应误差:评估者可能随着他对评估课题的感情好坏度不自觉地对评估客体的保障能力评估偏高或偏低。

● 暗示效应误差:评估者在领导人或权威人士的暗示下,很容易接受他们的看法,而改变自己原来的看法,这就可能造成评估的暗示效应。

● 偏见效应误差:由于评估者对评估客体的某种偏见而影响对其客观的评估

而造成的误差就被称为是偏见误差。

3）评估技术组

评估技术组由科研院所和院校的装备保障和计算机方面专家组成。

舰船装备保障能力评估是一个复杂的技术工程，从确定评估权重、评估模型到评估数据处理都涉及很多专业知识和技术知识，因此，舰船装备保障能力评估是专业性强、技术含量高的工作。这就要求成立专门的评估技术组对评估信息进行分析和处理，为评估专家提供参考的评估结论。

评估技术组，以提高评估活动的专业化程度，保证评估的科学性和有效性，主要负责评估信息和数据的收集、转化和处理，根据评估模型分析评估信息，得到科学的评估结论，为评估专家组形成评估结论提供参考和依据。评估技术组的主要职能是：

（1）从专业的角度，在评估指标、评估标准、评估权重、评估模型等几个方面提出技术支持和咨询意见；

（2）提供评估实施过程中必要的政策和技术咨询，并参与有争议事项的审议并发表意见；进行评估信息的分析、转化和处理；

（3）根据评估模型得到相关评估结论；

（4）将评估结论以书面形式上报给评估专家组。

评估技术组的成员，应是院校、研究机构的青年专家学者，具有管理学、经济学、数学、统计学、计算机和信息技术等方面的知识。同时，评估技术人员，应独立于评估专家组，接受评估领导机关的领导，只对客观事实和数据负责。

6.2 舰船装备保障能力评估实施计划

马克思曾说过："最蹩脚的建筑师从一开始就高出最灵巧的蜜蜂的地方，是他在用蜂蜡建筑蜂房以前，已经在自己的头脑中把它建成了。"将房屋在头脑中建设的过程就是一个计划的过程，它在有形和无形的生活中指导着人们的日常生活[70]。

凡事预则立，不预则废。一个好的舰船装备保障能力评估实施计划能保证评估的顺利开展。舰船装备保障能力评估实施计划通过确定合理的工作顺序，采用一定的方法对项目范围所包含的工作及其之间的相互关系进行分析，在满足项目时间要求和资源约束的情况下，对各项工作所需要的时间进行估计，并在项目的时间期限内合理地安排和控制所有工作的开始和结束时间，使资源配置和成本消耗达到均衡状态的一系列管理活动和过程。该部分主要参考了文献[67－69]。

6.2.1 评估实施计划的制定步骤

制定舰船装备保障能力评估实施计划的步骤如图 6 - 2 所示。

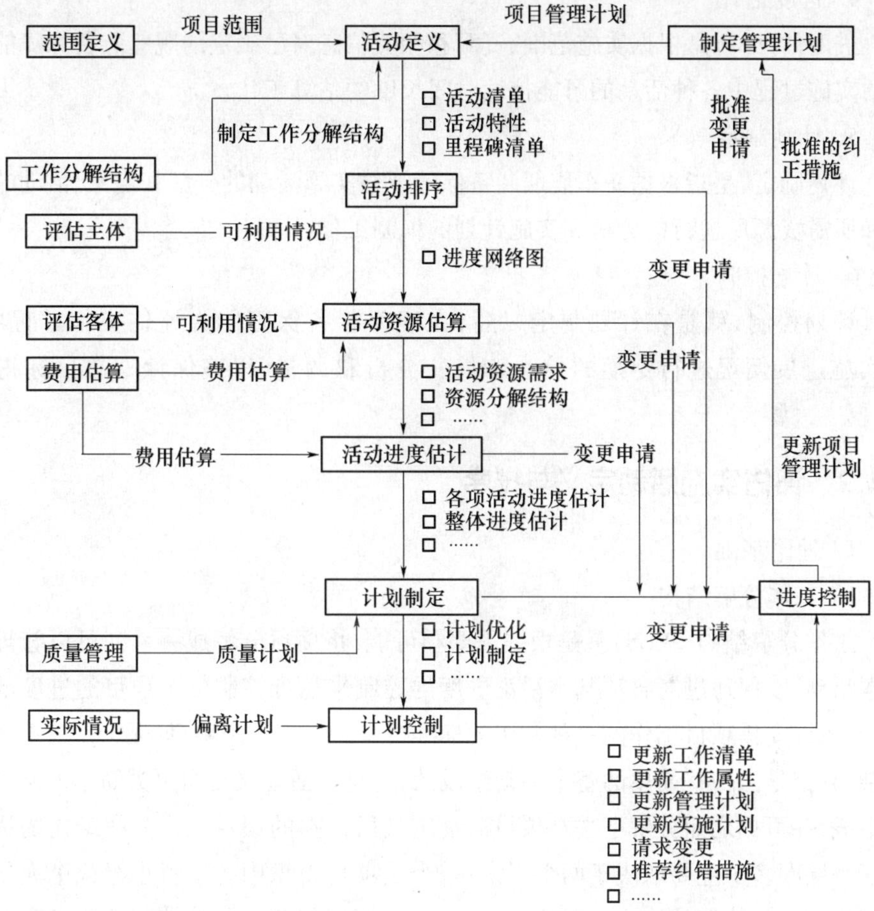

图 6 - 2　舰船装备保障能力评估实施项目进度管理步骤

1. 活动定义

活动定义,是指为完成舰船装备保障能力评估实施活动可交付成果所必须进行的具体活动,它是进行实施计划和控制的基础。

2. 活动排序

活动排序,就是识别舰船装备保障能力评估实施活动清单中各项活动的相互关联和依赖关系,并据此对舰船装备保障能力评估实施各项活动的先后顺序进行安排和确定的工作。

3. 活动资源估算

资源估算,就是确定在实施海军舰船装备保障评估实施活动时要使用何种资源,以及何时将资源用于计划工作。

4. 进度估计

进度估计,就是根据实施范围、资源和相关信息对已确定的舰船装备保障能力评估实施过程中各种活动的可能持续时间长度的估算工作。

5. 计划制定

计划制定,是指根据海军舰船装备保障评估实施活动的分解和定义、活动的进度和所需资源所进行的分析和实施计划的编制工作。

6. 计划控制

计划控制,就是在计划制定以后,在舰船装备保障能力评估实施过程中,对实施进展情况进行定期的检查、对比、分析和调整,以确保计划总目标得以实现。

6.2.2 评估实施活动定义与排序

1. 理论基础

1) 工作分解结构

工作分解结构(WBS)就是根据需要和可能,将项目分解成一系列可以管理的基本活动,以便通过对各项基本活动进度的控制来达到控制整个项目的进度的目的,是系统安排项目工作的一种常用的标准技术。任何一个项目,无论是简单还是复杂,它都是由一些简单的基本活动组成的,而这些活动又是由更为简单的基本活动组成,并可据之而分解下去。项目活动定义所依据的项目工作分解结构的详细程度和层次多少主要取决于两个因素:一个是项目组织中各项目小组或个人的工作责任划分和他们的能力水平,另一个是项目管理与项目预算控制的要求高低和具体项目团队的管理能力水平。WBS 的步骤如下:

(1) 确定项目特性并确定 WBS 层次,比如项目的规模有多大。

(2) 确定项目管理的重点,为项目管理目标划分优先级别。比如,项目质量是放在第一位的,还是项目进度居于首位。

(3) 针对项目管理目标的优先级别确定每级 WBS 划分方法。

(4) 确定可交付成果的组成元素。

(5) 为工作分解结构进行编码。

WBS 是将项目加以定义,明确项目工作任务的。由此可见 WBS 在项目管理的重要地位,"没有 WBS,就没有项目管理"。"做正确的事,正确地做事"是从事项目管理的一句格言,WBS 首先解决的就是"做正确的事"问题,只有明确了"做正确的事","正确地做事"才有基础。

2)箭头图法

本书运用箭头图方法(ADM)对舰船装备保障能力评估实施活动进行排序。箭头图方法是一种利用箭线代表活动而在节点处将活动联系起来表示依赖关系的编制项目网络图的方法,如图 6-3 所示。该方法仅利用"结束→开始"关系以及用虚工作线表示活动间逻辑关系。

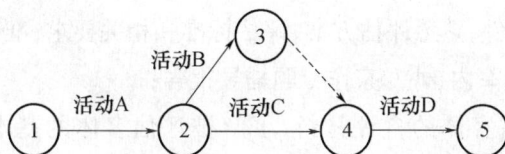

图 6-3 箭头图方法

在箭式网络图中,活动由连接两个点的箭线表示,有关这一活动的描述可以写在箭线的上方,代表项目活动的箭线通过圆圈连接起来,这些连接用的圆圈表示项目的具体事件。

2. 舰船装备保障能力评估实施活动定义

舰船装备保障能力评估实施的主要活动如下:

1)启动阶段

启动阶段的活动主要包括:确定评估客体;确定评估主体;拟定评估方案;制定评估实施计划;评估宣传动员和评估人员培训。

(1)确定评估客体,是指确定参与评估的客体,评估的顺序以及要求上报的各单位的"自评报告"、支撑材料等。

(2)确定评估主体,主要包括确定专家组成员和技术组成员。根据相关规定,选取实施评估的人员。

(3)拟定评估方案,根据评估目标,拟定评估方案,明确评估实施的具体要求和原则。

(4)制定评估实施计划,制定评估实施的相关暂行办法、确立评估方式、程序和周期。

(5)评估宣传动员,主要包括评估主体和评估客体的宣传动员,通过宣传动员让评估各个参与主体了解评估的意义、依据原则以及评估的有关事项如评估体系,以便支持评估开展,积极准备相关评估资料,着力营造一个良好的评估氛围。

(6)评估人员培训,对评估专家组和评估技术组成员进行培训,通过培训让每位成员清楚地知道 5W1H:Why—概述开展舰船装备保障能力评估活动的必要性和重要性;What—告知本次评估任务的范围界定和具体构成;Who—确定评估工作分解后每一职责的承担者;Where—明确本次舰船装备保障能力评估任务的切入点、重点和难点;When—估算本次评估活动的耗时并根据给定的时限要求对每项具体任务作出时间规定;How—为圆满完成任务而采取的行动和措施。

对评估专家的培训主要包括:

• 学习有关文件,熟悉评估方案、评估标准和相关要求,准确理解评估指标与标准内涵,视情安排军内、外专家作专题辅导报告;

• 审阅被评估客体的自评材料,了解被评估客体的基本情况和自评工作状况;

• 制订工作计划,研究确定考察重点,明确任务分工,做好考察各项准备工作;

• 确定抽调查问卷和座谈会议题及其它必要的材料。

评估技术组成员进行培训主要包括:

• 学习有关文件,熟悉评估方案、评估标准和相关要求,准确理解评估指标与标准内涵,视情安排军内、外专家作专题辅导报告;

• 熟悉评估信息获取、转化和处理的方式方法;

• 熟悉并熟练操作各类评估模型。

2)运作阶段

运作阶段是舰船装备保障能力评估实施过程中的中心环节,是进行具体的评估的过程,主要包括下达评估通知书、收集评估信息、单指标评估三个过程。

(1)下达评估通知书。当评估实施过程从启动阶段转入运作阶段后,评估实施的各项准备工作可谓完成,这时由评估领导机关向被评估客体下发评估通知书,标志着评估实施进入了具体的运作阶段。所谓的评估通知书是由评估领导机关出具的,包括评估目的、原则、时间、程序、要求等内容的一种行政文书,是评估客体接受评估的依据,具有一定的行政约束效力。

(2)收集评估信息。舰船装备保障能力评估信息包括舰船装备保障能力评估最基本的是要获取相关的评估信息,然后才能在此基础上,依据评估指标体系,做出具体的判断和评估,所以要取得全面详实丰富、具有说服力的相关评估资料,以保证对评估客体做出合理客观的评估,进而提高评估工作的有效性。评估信息获取的方式在前文已经介绍,主要有 8 种:座谈了解;问卷调查;考试考核;实地检查;统计上报;查阅资料;现场抽查和实装拉动与演练。评估信息收集完毕后,还要依据评估目的、要求、评估对象,进行相应处理如分类、核实和鉴定,进而形成有效的评估信息。

(3) 单指标评估。当评估信息形成之后,评估专家开始进行具体的评估工作。首先,结合具体的评估客体,对相关评估信息进行讨论、分析,以确定评估信息的准确性和全面性;其次,参照构建好的具体评估标准体系,逐项进行评分,再进行修正,进而计算出各项评估指标的实际分数。

3) 汇总阶段

汇总阶段是评估实施过程的最后环节,是对前面环节实施结果的汇总,进而形成最终的评估结论。具体包括初步评估结果,专家组讨论、与评估单位交换意见、形成评估结论、上报结论。

(1) 初步评估结果,根据专家单指标评估结果,运用构建好的评估模型进行仿真计算形成初步的评估结果。

(2) 专家组讨论,专家组根据初步评估结果进行讨论,对结果进行修正。

(3) 与评估单位交换意见,将评估结果与评估客体进行商讨。主要商讨他们对评估结果的意见,如果评估结果与他们的自评和期望之间的落差较大,则要进行基础资料的重新核实,寻找差异原因,让评估结果在公平的基础上接受。

(4) 形成评估结论,经过一番的复核商讨之后,形成最终的评估结果。

(5) 上报结论,将评估过程文档,评估结论以及相关的改进建议上报机关审核。

本书结合舰船装备保障能力评估实施的实际,运用工作分解结构得到舰船装备保障能力评估实施的主要活动,如图 6-4 所示。

从图 6-4 中得到舰船装备保障能力评估实施活动列表,为了构建舰船装备保障能力评估实施网络计划图,对相关活动进行编号,见表 6-1。

132

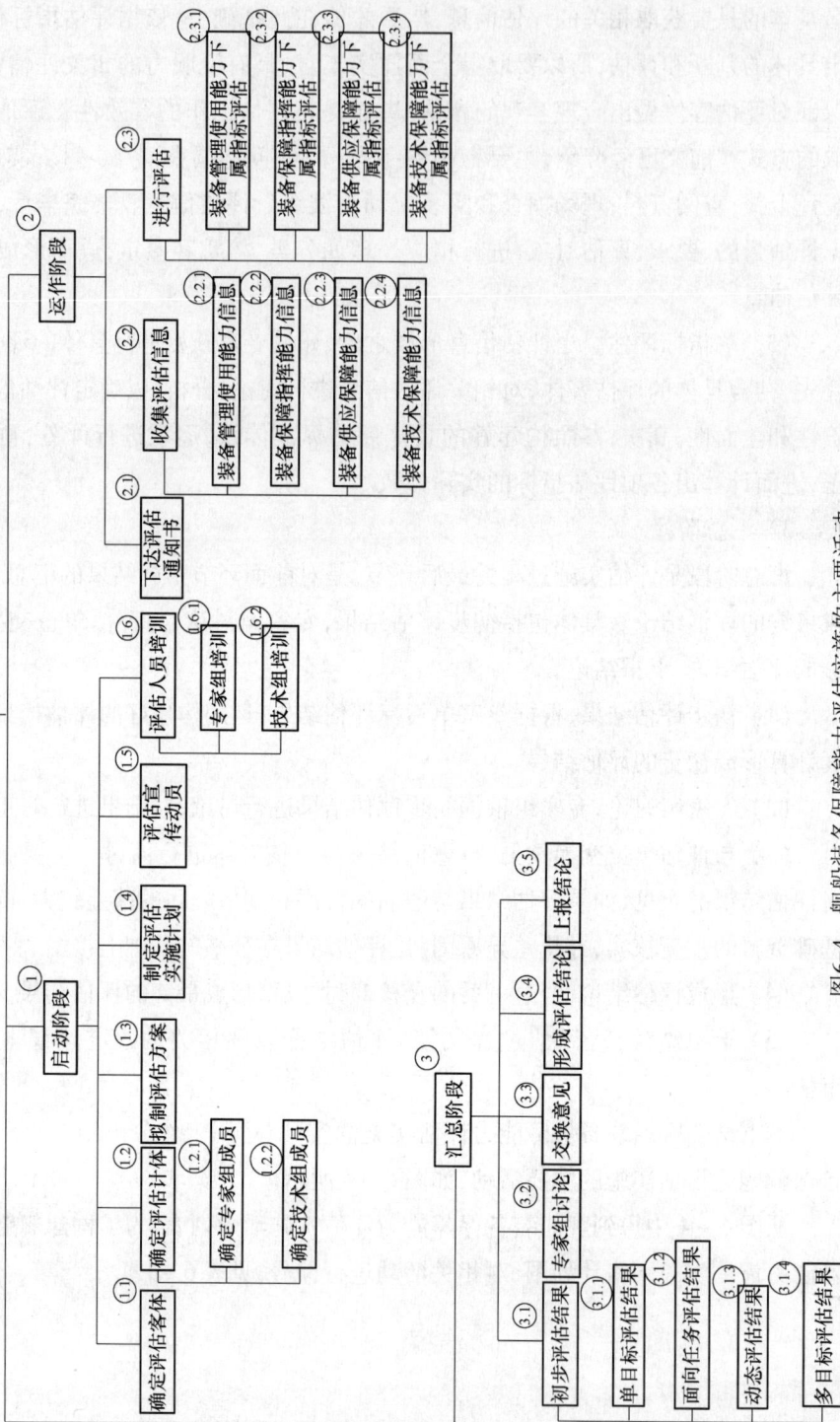

图6-4　舰船装备保障能力评估实施的主要活动

表 6 - 1　舰船装备保障能力评估实施活动列表

WBS 细目	活　动	代　码
1	启动阶段	A
1.1	确定评估客体	A1
1.2	确定评估主体	
1.2.1	确定评估专家组成员	A2
1.2.2	确定评估技术组成员	A3
1.3	拟制评估方案	A4
1.4	制定评估实施计划	A5
1.5	评估宣传动员	A6
1.6	评估人员培训	
1.6.1	专家组培训	A7
1.6.2	技术组培训	A8
2	运作阶段	B
2.1	下达评估通知书	B1
2.2	收集评估信息	
2.2.1	装备管理使用能力信息	B2
2.2.2	装备保障指挥能力信息	B3
2.2.3	装备供应保障能力信息	B4
2.2.4	装备技术保障能力信息	B5
2.3	进行评估	
2.3.1	装备管理使用能力下属指标评估	B6
2.3.2	装备保障指挥能力下属指标评估	B7
2.3.3	装备供应保障能力下属指标评估	B8
2.3.4	装备技术保障能力下属指标评估	B9
3	汇总阶段	C
3.1	初步评估结果	
3.1.1	单目标评估结果	C1
3.1.2	面向任务的评估结果	C2
3.1.3	动态评估结果	C3
3.1.4	多目标评估结果	C4
3.2	专家组讨论	C5
3.3	交换意见	C6
3.4	形成评估结论	C7
3.5	上报结论	C8

3. 舰船装备保障能力评估实施活动排序

舰船装备保障能力评估实施各项活动的紧前活动列表见表6-2。

表6-2 舰船装备保障能力评估实施各项活动的紧前活动列表

活动	代码	紧前活动
确定评估客体	A1	—
确定评估专家组成员	A2	A1
确定评估技术组成员	A3	A1
拟制评估方案	A4	A2 A3
制定评估实施计划	A5	A4
评估宣传动员	A6	A5
专家组培训	A7	A5
技术组培训	A8	A5
下达评估通知书	B1	A6 A7 A8
装备管理使用能力信息	B2	B1
装备保障指挥能力信息	B3	B1
装备供应保障能力信息	B4	B1
装备技术保障能力信息	B5	B1
装备管理使用能力下属指标评估	B6	B2
装备保障指挥能力下属指标评估	B7	B3
装备供应保障能力下属指标评估	B8	B4
装备技术保障能力下属指标评估	B9	B5
单目标评估结果	C1	B6 B7 B8 B9
面向任务的评估结果	C2	C1
动态评估结果	C3	C1
多目标评估结果	C4	C1
专家组讨论	C5	C2 C3 C4
交换意见	C6	C5
形成评估结论	C7	C6
上报结论	C8	C7

根据舰船装备保障能力评估实施活动排序表6-2,运用箭头图方法得到舰船装备保障能力评估实施网络计划图,如图6-5所示。

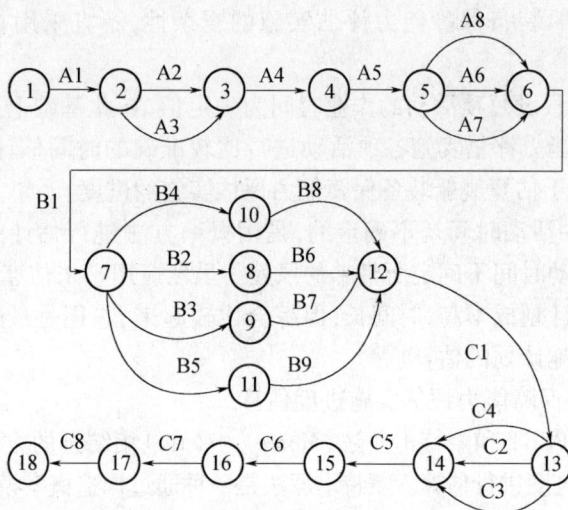

图 6-5 舰船装备保障能力评估实施网络计划图

6.2.3 评估实施进度估计与计划编制

1. PERT 概述

常用的进度估算方法的优缺点见表 6-3。

表 6-3 进度估算方法优、缺点比较

方法	介绍	优点	缺点
甘特图	用条形图表示活动及其顺序并安排和计划项目的进度。它是以横线来表示每项活动的起止时间	简单、直观,易于编制,成本低,可用于对项目进度进行全局性了解	不便反映各活动之间的逻辑关系,不适合于复杂项目
关键路线法	关键路线法(CPM)是一种常用的数学分析技术,是根据网络图和各活动所需时间(估计值),计算每一活动的最早或最迟开始和结束时间	可以确定关键活动与关键路线,利用时差不断地调整与优化网络,还可将成本与资源问题考虑进去,以求得综合优化的项目计划方案	必须把每个活动都加以分析,如果活动数目较多,还需用计算机求出总工期和关键路线,因此花费的时间和费用较多
计划评审技术	计划评审技术(PERT)是利用网络顺序逻辑关系和加权历时估算来计算项目进度的重要技术。	与 CPM 样,可求得综合优化的项目计划方案,并可通过概率分析,计算规定时间的完工概率和既定概率的项目完工时间	成本最高,费时最长

通过前面进行的分析,可以得到以下结论:

（1）由于舰船装备保障能力评估实施的复杂性，不宜采用甘特图方法估算进度。

（2）CPM 是假设每项活动的作业时间为确定值，在此基础上进行计算、分析。但舰船装备保障能力评估实施各项活动进行比较准确的时间估计很困难。因此，CPM 也不太适合于估算舰船装备保障能力评估实施的进度。

（3）PERT 中活动时间是不确定的，是用概率方法进行估计的估算值。它充分考虑了由于活动时间不确定所带来的风险。虽然应用它来估算舰船装备保障能力评估实施计划计划成本高，时间长，但综合比较起来，它还是最适合于舰船装备保障能力评估实施计划的估算。

2. 舰船装备保障能力评估实施进度估算

本书将采用 PERT 和蒙特卡罗法（Monte - Carlo）相结合的方法对舰船装备保障能力评估实施进度进行估算。蒙特卡罗法是一种通过构造概率模型并对它进行随机实验来求解数学问题的方法。蒙特卡罗模拟的实质是利用服从某种分布的随机变量来模拟现实系统中可能出现的随机现象。该方法的基本过程如图 6-6 所示。

（1）确定活动的路径。根据舰船装备保障能力评估实施活动的顺序关系，分析从活动开始到结束的所有路径。

（2）确定每个活动完成时间的分布。根据专家调查和相关历史数据，分析得到每个活动完成时间的概率分布。几种常见的概率分布见表 6-4。

表 6-4　几种常见分布的期望和方差

分布	密度分布函数	分布概率图	期望	方差
均匀分布	$f(x) = \begin{cases} \dfrac{1}{b-a}, & a \leqslant x \leqslant b \\ 0, & \text{其他} \end{cases}$		$\dfrac{a+b}{2}$	$\dfrac{(b-a)^2}{12}$
三角分布	$f(x) = \begin{cases} \dfrac{2(x-a)}{(m-a)(b-a)}, & a \leqslant x \leqslant m \\ \dfrac{2(b-x)}{(b-m)(b-a)}, & m < x \leqslant b \\ 0, & x<a\text{或}x>b \end{cases}$		$\dfrac{a+m+b}{3}$	$\dfrac{a^2+m^2+b^2-am-bm-ab}{18}$
指数分布	$f(x) = \begin{cases} \lambda e^{-\lambda x} & (x>0) \\ 0 & (x \leqslant 0) \end{cases}$		$\dfrac{1}{\lambda}$	$\dfrac{1}{\lambda^2}$

分布	密度分布函数	分布概率图	期望	方差
正态分布	$f(x)=\dfrac{1}{\sqrt{2\pi}\sigma}e^{-\frac{1}{2}(\frac{x-\mu}{\sigma})^2}$ $-\infty<x<+\infty,\sigma>0$		μ	σ^2

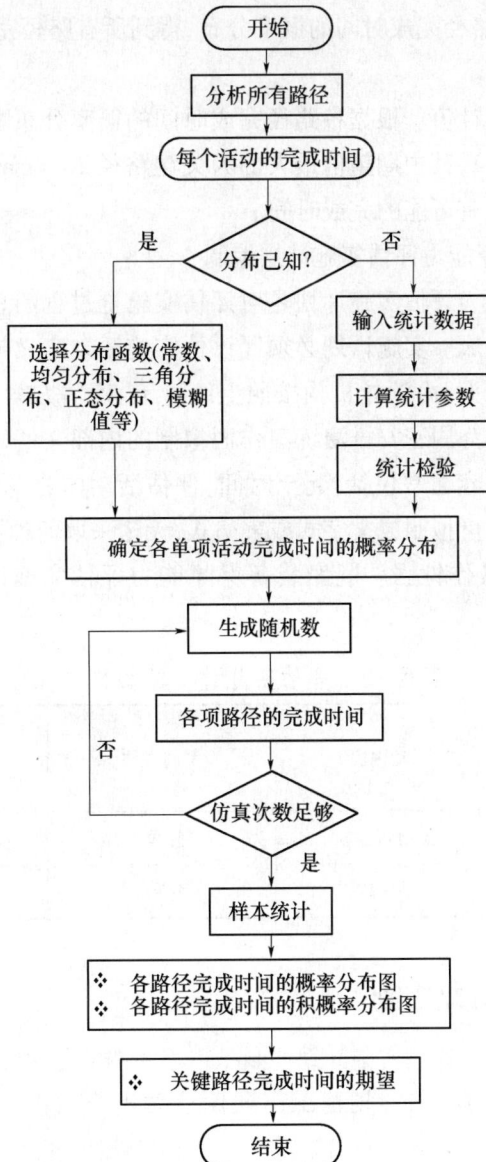

图 6-6 基于蒙特卡罗法的进度估算过程

（3）生成每个活动完成时间的随机数。根据相关规则，按照每项活动完成时间的概率分布，按照随机数产生规则生成每个活动完成时间的随机数。

（4）得到所有路径完成时间。根据路径分析结果和每项活动完成时间的随机数，得到所有路径的完成时间。

（5）重复计算。如果没有达到仿真次数的最低要求，返回第2步。

（6）计算所有路径完成时间的概率分布图和累积概率分布图。根据仿真结果，模拟计算出所有路径完成时间的概率分布，得到所有路径完成时间的概率分布图和累积概率分布图。

（7）整体进度估计值。根据各路径完成时间的概率分布图，分析各路径的期望值（T_E）和方差（σ_E^2），其中期望值最大的为关键路径 $T_E = \max T_{Ei}$，也是舰船装备保障能力评估实施最有可能的完成时间。

3. 舰船装备保障能力评估实施计划编制

舰船装备保障能力评估实施计划是对评估实施全过程的总体安排和筹划，通常在实施启动阶段完成。实施计划必须以评估实施活动定义与排序，以及评估实施进度估算结果为依据，由领导机构按照上级指示、评估方案和评估目标进行编制。评估实施计划是为周密安排演练工作而拟制的内部文件，是评估主体的行动依据。实施计划的内容通常包括：起至时间，评估活动内容，实施主体以及备注。评估实施计划的格式可拟制成文字式或表格式，无论采取何种格式，都要求内容完整，叙述准确简明，操作性强。舰船装备保障能力评估实施计划编制的样表见表6-5。

表6-5　评估实施计划编制样表

时间		活动内容	实施主体	备注
开始时间	结束时间			
××	××	活动内容1	主体1	……
××	××	活动内容2	主体2	……

6.2.4　评估实施计划控制

舰船装备保障能力评估实施计划控制是指当舰船装备保障能力评估实施计划实践过程中，在实际情况与计划情况出现偏差时进行纠正，并控制整个计划的实施。

具体的评估工作依据评估实施计划逐项开展的，俗话说："计划不如变化"，计划执行过程中,依然会遇到新情况、新问题,使进度计划难以继续。为了确保评估进程,顺利实现评估目的,有必要对评估实施过程进行调控,所谓的评估实施计划控制就是解决评估过程中出现的问题,确保评估工作顺利实施,并监督评估过程,保证评估工作的客观公平公正。

舰船装备保障能力评估实施过程中,快速准确地找到偏差产生的原因是实施控制的关键。系统的某一行为(结果)的发生,绝非一种或两种原因造成的,而往往是由于多种复杂因素的影响所致。当舰船装备保障能力评估实施过程中出现严重偏差,造成问题的原因比较复杂,在时间允许的情况下,可以采用系统分析方法中的因果分析法进行查找,找到影响评估实施滞后的原因后,采取相应的补救措施。

舰船装备保障能力评估实施过程中影响实施计划顺利进行的影响因素主要有需求原因、计划制定原因、评估内容原因、人员原因和管理原因等 5 类,见表6-6。

表 6-6　影响实施计划的影响原因

序号	影响原因	说明
1.	需求原因	主要是指由于舰船装备保障能力评估需求分析、评估目的等工作考虑不全面,分析不透彻而造成进度推延
2.	计划制定原因	舰船装备保障能力评估实施计划安排不合理,进度控制不科学所造成的进度拖延
3.	评估内容原因	由于舰船装备保障能力评估指标体系、评估标准和评估模型等内容不正确、不全面或在制定过程中没有可替代方案而造成的进度拖延
4.	人员原因	舰船装备保障能力评估实施过程中由于人员不到位、人员不称职、人员责任不明确、人员腐败等所造成的进度拖延
5.	管理原因	舰船装备保障能力评估实施组织机构设置不当、权责不明确、管理不规范、管理不科学等所造成的进度拖延

舰船装备保障能力评估实施进度严重滞后的因果分析"鱼刺图",如图6-7所示。图中用箭头表示原因与结果之间的关系,把问题的结果与其产生的原因图形化、条理化。通过图可以及时发现舰船装备保障能力评估实施过程中可能存在的问题,及早采取措施,确保实施计划的按时完成。

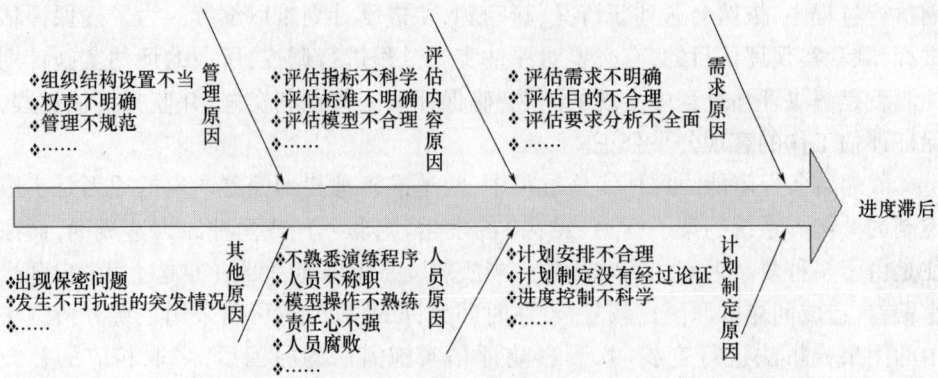

图 6-7　舰船装备保障能力评估实施严重滞后的因果分析"鱼刺图"

6.3　舰船装备保障能力元评估

舰船装备保障能力评估作为监督和提高海军舰船装备保障能力建设的重要手段,其成效如何? 它对评估客体产生了怎样的影响——是推动还是误导? 最终都取决于评估质量的优劣。而要保证评估的质量,必要的外部监管亦是必不可少的,"元评估"正是实现这一目标的有效途径。该部分主要参考了文献[71-74]。

6.3.1　元评估的概念

1. 元评估

"元评估"(meta-appraisement)作为"元科学"(meta-science)的一个分支,其概念及实践最早出现在美国。"元",英文为"meta",其原意为:在……之后,超越,后引申为一种更高的逻辑形式。把"meta"放在某学科(discipline)前面所构成的名词,意味着一门新的但与原科学有关的科学,它将对原科学的性质、结构等进行分析。简而言之,元评估,即评估的评估。

元评估是从整体上对原评估(primary-evaluation)实施过程的各个部分及结果进行全面、深入的反观、考察,并遵照一定的原则、标准及程序,对其信度和效用度作出客观、科学、全面的整体性评判与估价,得出评估结论,督促其工作质量,衡量其整体价值。它对于评估和提高原评估信息的各项质量指标(如真实性、全面性等),保障各方原评估信息使用者的权益,评估及评估机构地位和信用度的确立,评估体系运作的规范化、标准化具有举足轻重的意义。

2. 海军舰船装备保障能力元评估

舰船装备保障能力评估是根据一定的评估目标和标准,通过系统地收集信息和科学分析,对海军舰船装备保障能力做出价值判断并改进海军舰船装备保障能

140

力建设。

海军舰船装备保障能力元评估作为一种特殊的舰船装备保障能力评估活动,是对原有评估活动的价值判断过程,其目的是对舰船装备保障能力评估活动的优缺点作出判断,从而保障舰船装备保障能力评估活动维持一定的高品质。海军舰船装备保障能力元评估在评估领域中的重要作用,类似于财会领域中的审计功能。

海军舰船装备保障能力建设、舰船装备保障能力评估和海军舰船装备保障能力元评估三者之间的关系,如图 6 – 8 所示。现阶段的装备保障能力评估活动主要运行在图 6 – 8 框架的上半部分。

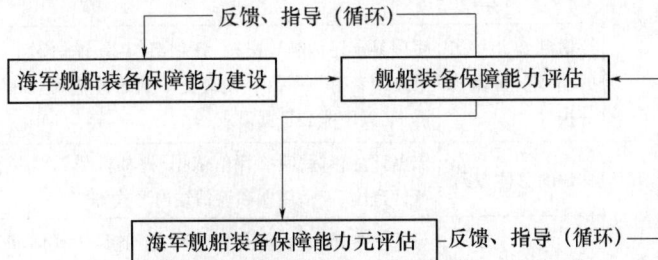

图 6 – 8   能力建设、能力评估和元评估的关系

6.3.2   元评估主体和标准

1. 海军舰船装备保障能力元评估主体

海军舰船装备保障能力元评估的主体包括:原来的评估者、评估结论的使用者和外部专业评估专家。

(1)由原评估者实施元评估。原评估者进行元评估的优势在于熟悉和了解评估的背景、评估的开发及发展过程,能直接进入元评估。但原评估者实施元评估的最大缺点是缺乏充分的客观性及必要的旁证。

(2)评估结论的使用者实施元评估。评估结论的使用者十分关注评估质量,他也可以进行元评估。不足是缺乏必要的评估理论与技术。

(3)由外部专业评估者实施元评估。在其他条件相同的情况下,由外部专业评估者实施元评估是一种最佳的安排。与内部元评估主体相比,公众通常更信任外部元评估者,因为他们与评估本身无直接的利害关系,能保证元评估的公正和客观。

综上所述,在选择元评估实施者,要考虑各方面的因素,根据元评估的具体要求,选择最适当的元评估主体。在条件许可的情况下,采用不同背景的元评估主体,有利于收集到多种信息,使元评估更加科学、公正,有利于提高元评估的水平和质量。

本书选择了 5 位的元评估主体,主要有 3 类:参与了舰船装备保障能力评估的专家;舰船装备保障能力评估结论使用部门的参谋;没有参与舰船装备保障能力评估的专家。

2. 海军舰船装备保障能力元评估标准

本研究的海军舰船装备保障能力元评估标准从 4 个维度进行构建,分别为:评估的实用性;评估方案的可行性;评估过程的合理性;评估结果的准确性,见表6-7。

表6-7　海军舰船装备保障能力元评估标准

一级指标	二级指标	三级指标	说明
评估的实用性	评估目标的明确性	评估目标的界定	清晰表达评估目的,聚焦评估解决的问题,评估目标具体、可实现
		评估利益相关者的界定和诉求分析	明确界定评估领导机构、评估组织者、评估对象、潜在的评估结果使用者等与评估有关或受影响的评估利益相关者,及其利益诉求,以便能满足其需求
	评估方案的目的性	评估的总体方案	依据评估目标,明确评估依据、评估性质、评估对象、评估内容、评估范围、评估周期和评估结论形式等
		评估协议	与评估委托人(可能是评估对象)签订正式或非正式的协议,明确各方的责、权、利,包括评估信息和结果的使用限制、评估对象申诉权和隐私权,确认评估技术、经费、管理等有关事宜
方案的可行性	评估内容的目的性、科学性和可测性	评估指标体系设计	指标内涵明晰、逻辑严密、没有遗漏和交叉,内容效度高;指标具体且敏感度高;指标突出重点,简明扼要切合实际,且具有一定的变通性
		评估模型设计	权重合理,评估模型简便,科学实用,具有客观性、可测性、可行性;有足够的信息对指标作出判断,且具备必要的人、财、物和适当的方法等基本条件
		评估信息采集方法、配套工具设计	依据评估目标和现有评估资源,明确信息采集的时空、对象、内涵和范围;信息采集方法多元,且切实有效;编制各种配套的信息采集工具,简便有效
		数据统计测量和分析方法	依据不同类型的数据信息,选择科学有效的统计技术和测量技术;明确评估信息分析的依据和方法,以确保评估判断的准确性
	评估专家的胜任力	专家组构成和分工	依据评估内容和评估指标,确定评估专家组的人员数量和素质要求,保证评估公正性和专业需求;依据评估需要,合理分配工作量,明确工作重点和角色定位,确保专家能共同协作,高效评估
		专家职责和工作守则	明确评估专家组的工作程序、规范要求等;明确评估专家诚信、保密、公平、廉洁等工作守则和处罚规定
	评估程序的合理性、明确性和有序性	评估模式的选择性	评估模式的选择切合评估目标,符合评估对象的特点
		评估实施设计	明确评估实施程序,如申报手续、自评要求、日程安排、操作细则、申诉仲裁办法等;依据评估目标和现有资源,评估程序安排科学有序,日程安排合理周密,具有弹性调整的空间

一级指标	二级指标	三级指标	说明
过程的合理性	评估信息采集的科学性、客观性和效率	信息采集过程	阐明评估信息的来源,评估信息实反映评估对象的实际状况,客观真实、全面系统;采集的数据具有可比性、完整性、可靠性、高效险(有效利益评估时间,合理分工,共同协作充分采集有用信息)
	评估信息整理与分析的科学性、公正性	信息汇集整理与综合分析(定性和定量处理)	信息分析科学合理、高效可行、切实有效;评估专家组成员能彼此充分沟通和讨论,交叉验证所获信息,对评估结果达成较为一致的共识;对于评估信息的分析、整理、解释能综合考虑评估对象的实际情况,并真实、公开、全面地做出判断和评价,避免个人偏见和不适当的比较
	评估过程管理的有效性	专家的遴选、聘任和培训	依据方案设计中专家组成要求,按照单数原则、回避原则等技术要求遴选和聘任评估专家;依据评估需要,召开专家培训会或准备会,解释评估目的、评估方案和评估要求,明确专家分工、工作职责和规范准则
		相互沟通	建立有效的沟通机制,正确处理评估组织者与评估决策机构、评估对象等评估利益相关者的关系,互相尊重和理解,协调处理各方利益冲突;调动各方积极性,避免评估对象的消极态度
		评估过程监控	依据评估程序需要,确定评估工作人员数量和素质要求、工作规范和基本守则;评估主体具备沟通、组织协调和有效监管评估实施的能力,评估组织者对整个评估活动进行全程监控,追踪、记录评估程序实施清况,并及时修订、调整评估操作、评判专家表现,控制评估误差
结果准确性	评估结果报告的整体性和客观性	评估结果及报告的撰写	及时、清晰、完整(兼顾正面和负面评价)报告评估结果;评估报告须清楚描述评估背景、内容、目的、过程和结果,明确指出有关问题的责任主体、原因,并提出针对性和可行性建议
	评估结果的时效性和可用性	评估绩效分析	评估结果达到了预定的评估目的,评估结果为评估使用者提供了有效信息,具有时效性和影响力;对评估的实际效用、目标的达成度、成本效益,进行必要的后续评估或追踪评估
		评估结果反馈与公布	在一定范围内及时公布评估结果,并对评估结果的内涵和实效性、局限性加以说明;评估结果提供给相关使用者时谨慎处理,充分解释,防止评估结果的误解和滥用

6.3.3 基于灰色理论的元评估模型

1. 理论概要

在控制论中,人们通常用颜色的深浅来表示信息的明确程度,如艾什比(Ashby)将内部信息未知的对象称为黑箱。用"黑"表示信息完全未知,用"白"表示信息完全明确,用"灰"表示部分信息明确、部分信息不明确,即信息不完全。灰色理论将定性分析和定量计算相结合,为系统研究提供了新的科学方法和数学手段。同时,灰色系统理论已成功应用于工程建设、经济管理、未来学研究、社会系统、生态系统等领域,而且在复杂多变的农业系统,包括水利、气象、生物防治、农机决策、农业区划、农业经济等方面也取得了可喜的成就。灰色理论的研究任务主要是对社会、经济、农业、生态等灰系统进行分析、建模、预测、决策、评估、控制等。

2. 基于灰色理论的海军舰船装备保障能力元评估步骤

（1）制定评估指标的评分等级标准。

将评价指标的优劣等级划分为 4 级,即优、良、中、差,并分别赋值 4,3,2,1 分,指标等级处于两相邻等级之间时,相应评分为 3.5,2.5,1.5 分。评分等级设为 $B = (b_1, b_2, b_3, b_4) = (优,良,中,差) = (4,3,2,1)$。

（2）组织评分并得出样本矩阵。

构建评估小组,设该小组有 5 名专家组成,他们按评估指标的评分等级标准打分,并填写评分表。评估人员根据评分表对 n 个指标进行评分,第 i 个专家对第 j 个指标的评分为 d_{ij},可求得评估样本矩阵 $\boldsymbol{D}$。

$$\boldsymbol{D} = \begin{bmatrix} d_{11} & \cdots & d_{1n} \\ \vdots & \cdots & \vdots \\ d_{51} & \cdots & d_{5n} \end{bmatrix} \tag{6-1}$$

（3）确定评估灰类。

确定评估灰类就是确定评估灰类的等级数、灰类的灰数和灰数的白化权函数。分析上述评估指标的评分等级标准,设定 4 个评估灰类,灰类序号为 e_i,即 $e = 1,2,3,4$。它们分别是优、良、中、差,其相应的灰类的白化权函数见表 6-8。

表 6-8　灰类的白化权函数

类别	灰数	白化权函数	函数示意图
优($e=1$)	灰数 $\otimes_1 \in [4, \infty]$	$f_1(d_{ij}) = \begin{cases} \dfrac{d_{ij}}{4} & d_{ij} \in [0,4] \\ 1 & d_{ij} \in [4, \infty] \\ 0 & d_{ij} \notin [0, \infty] \end{cases}$	
良($e=2$)	灰数 $\otimes_2 \in [0,3,6]$	$f_2(d_{ij}) = \begin{cases} \dfrac{d_{ij}}{3} & d_{ij} \in [0,3] \\ \dfrac{6-d_{ij}}{3} & d_{ij} \in [3,6] \\ 0 & d_{ij} \notin [0,6] \end{cases}$	

类别	灰数	白化权函数	函数示意图
中($e=3$)	灰数$\otimes_3\in[0,2,4]$	$f_3(d_{ij})=\begin{cases}\dfrac{d_{ij}}{2} & d_{ij}\in[0,2]\\[2mm]\dfrac{4-d_{ij}}{2} & d_{ij}\in[2,4]\\[2mm]0 & d_{ij}\notin[0,4]\end{cases}$	
差($e=4$)	灰数$\otimes_4\in[0,1,2]$	$f_4(d_{ij})=\begin{cases}1 & d_{ij}\in[0,1]\\2-d_{ij} & d_{ij}\in[1,2]\\0 & d_{ij}\notin[0,2]\end{cases}$	

（4）计算灰色评估系数。

对评估指标 C_i 属于第 e 个评估灰类的灰色评估数，记为 x_{ie}。则有：

$$x_{ie}=\sum_{t=1}^{p}f_e(d_{ti})$$，t 表示第 t 个评估者。评估对象属于各个评估灰类的总灰色

评价数，记为 x_i。则有：$x_i=\sum_{e=1}^{4}x_{ie}$

（5）计算灰色评估向量和矩阵。

所有评估专家就评估指标 C_i 主张第 e 个灰类的灰色评估数记为：r_{ie}。则有：r_{ie}

$=\dfrac{x_{ie}}{x_i}$

考虑到灰类有 4 个，即 $e=1,2,3,4$，便有评价指标 C_i 对于各灰类的灰色评估

向量 r_i，$r_i=(r_{i1},r_{i2},r_{i3},r_{i4})$。

从而得到指标 C_i 对于评估灰类的灰色评估矩阵 $\boldsymbol{R}$：

$$\boldsymbol{R}=\begin{bmatrix}r_{11} & \cdots & r_{14}\\ \vdots & \cdots & \vdots\\ r_{n1} & \cdots & r_{n4}\end{bmatrix} \qquad (6-2)$$

（6）计算评估指标权重。

根据德尔菲法（篇幅所限，不再介绍），得到的海军舰船装备保障能力元评估

指标的权重，见表 6 - 9。

表 6-9　元评估指标的权重

一级指标	权重	二级指标	相对权重	合成权重	三级指标	权重	合成权重
评估目标的切实性	0.2	评估目标的明确性	0.6	0.12	评估目标的界定	0.6	0.072
					评估利益相关者的界定和诉求分析	0.4	0.048
		评估方案的目的性	0.4	0.08	评估的总体方案	0.7	0.056
					评估协议	0.3	0.024
方案的可行性	0.4	评估内容的目的性、科学性和可测性	0.5	0.2	评估指标体系设计	0.4	0.08
					评估模型设计	0.3	0.06
					评估信息采集方法、配套工具设计	0.2	0.04
					数据统计测量和分析方法	0.1	0.02
		评估专家的胜任力	0.3	0.12	专家组构成和分工	0.5	0.06
					专家职责和工作守则	0.5	0.06
		评估程序的合理性、明确性和有序性	0.2	0.08	评估模式的选择性	0.45	0.036
					评估实施设计	0.55	0.044
过程精确性	0.2	评估信息采集的科学性、客观性和效率	0.3	0.06	信息采集过程	1	0.06
		评估信息整理与分析科学性、公正性	0.3	0.06	信息汇集整理与综合分析（定性和定量处理）	1	0.06
		评估过程管理有效性	0.4	0.08	专家的遴选、聘任和培训	0.35	0.028
					相互沟通	0.3	0.024
					评估过程监控	0.35	0.028
结果有效性	0.2	评估结果报告整体性和客观性	0.6	0.12	评估结果及报告的撰写	1	0.12
		评估结果时效性和可用性	0.4	0.08	评估绩效分析	0.5	0.04
					评估结果反馈与公布	0.5	0.04

（7）得到评估结果。

① 定性评估结果。根据指标的权重 $W = \{w_1, w_2, \cdots, w_m\}$、灰色评估矩阵 $R = (r_1, r_2, \cdots, r_n)$ 和就可以按照如下公式计算得到定性评估值：

$$l = W \times R \tag{6-3}$$

式中：W 为权重；R 为灰色评估矩阵；l 为定性评估结果。

146

② 定量评估结果。根据指标的权重 $W = \{w_1, w_2, \cdots, w_m\}$、灰色评估矩阵 $R = (r_1, r_2, \cdots, r_n)$ 和评分等级对应的分值 $B = (b_1, b_2, b_3, b_4) = (1, 0.7, 0.4, 0.1)$，就可以按照如下公式计算得到综合评估值：

$$l^1 = W \times R \times B^T \qquad\qquad (6-4)$$

式中：W 为权重；R 为灰色评估矩阵；B 为评分等级对应的分值；l^1 为综合评估结果。

第7章 舰船装备保障能力评估应用案例

本书选取 8 个海军基地作为舰船装备保障能力评估对象,验证所构建的舰船装备保障能力评估指标和评估标准、评估模型以及评估实施方法的科学性、有效性和可行性,同时根据评估结果提出加强海军舰船装备保障能力建设的对策建议。

7.1 舰船装备保障能力评估实施方案

鉴于保密原因,本书中的相关数据和单位名称进行模糊化处理,但并不影响评估理论与方法的实用性。设定本书所研究的海军 8 个基地的代号分别为:L 基地、Q 基地、S 基地、D 基地、F 基地、G 基地、Z 基地和 Y 基地。

舰船装备保障能力评估的目的,是为了规范舰船装备保障能力评估工作,准确评估多样化任务条件下海军舰船装备保障能力,促进舰船装备保障能力建设,依据总部关于军事斗争准备,海军关于舰船装备保障准备的指示和有关法规、规定,开展本次舰船装备保障能力评估工作。

舰船装备保障能力评估,应贯彻执行装备法规制度和上级有关指示,遵循"统一部署、分类组织、全面检查、综合评估"的原则组织实施。在评估的内容上要做到全面检查、综合评估,单位不缺、专业不漏。在检查评估的对象上要做到突出重点、兼顾一般。舰船装备保障能力评估,应建立统一的组织领导机制,统一计划、检查、验收、总结、评估、报告。

7.1.1 组织模式

结合本次海军舰船装备保障能力的目的、要求和原则,根据第 7 章建立的海军舰船装备保障能力实施矩阵式组织模式,参加本次评估活动的人员总共为 22 人,总负责人为海军装备部门领导,领导机关的主任由 1 名二级部门领导担任,成员 2 名来自海军机关参谋,专家组和技术组分为 A,B 两组,其来源和分布见表 7 - 1。

表 7-1 专家来源和分布

		海军机关		基地				科研院所	院校
		领导	参谋	主管装备工作领导	装备机关人员	装备保障指挥人员	装备保障技术人员		
总负责人		1							
领导机关	主任	1							
	组员		2						
A专家组	组长			1					
	组员				1	1	1	2	1
A技术组								1	1
B专家组	组长			1					
	组员			1	1	1	1	2	1
B技术组								1	1

7.1.2 实施计划

由于本次舰船装备保障能力评估的评估客体有 8 个,为了提高评估的效率,本次评估专家组和技术组将分为 2 个小组,在实施启动阶段,所有人员在一起工作。为了统一评估标准,使专家达成共识,及早改进评估指标和模型存在的问题。评估实施分为试点评估和分头评估两个阶段,每个阶段又分为运作阶段和汇总阶段,在试点评估阶段,A 组和 B 组在一起。分头评估阶段 A 组和 B 组分头实施。本次舰船装备保障能力评估主要活动和人员分工见表 7-2。

表 7-2 舰船装备保障能力评估主要活动和人员分工

主要活动		参与人员
启动阶段		领导机关、专家组 A、专家组 B、技术组 A、技术组 B
试点评估 (L 基地和 Q 基地)	运作阶段	领导机关、专家组 A、专家组 B、技术组 A、技术组 B
	汇总阶段	领导机关、专家组 A、专家组 B、技术组 A、技术组 B
分头评估 (S 基地、D 基地、F 基地)	运作阶段	领导机关参谋 A、专家组 A、技术组 A
	汇总阶段	领导机关参谋 A、专家组 A、技术组 A
分头评估 (G 基地、Z 基地和 Y 基地)	运作阶段	领导机关参谋 B、专家组 B、技术组 B
	汇总阶段	领导机关参谋 A、专家组 A、技术组 A

下面根据表 7-2,分别对各主要活动编制计划。

1. 启动阶段计划编制

根据第 7 章实施计划的有关结论,启动阶段的主要活动以及活动时间的概率分布、均值和期望见表 7-3。计划网络图如图 7-1 所示。

表 7-3　启动阶段的主要活动以及活动时间的概率分布、均值和期望

活动		代码	时间(天)		
			分布类型	均值	标准差
确定评估客体		A1	常数分布	1	0
确定评估主体	确定评估专家组成员	A2	正态分布	2	0.5
	确定评估技术组成员	A3	正态分布	1	0.2
拟制评估方案		A4	正态分布	2	0.3
制定评估实施计划		A5	正态分布	2	0.2
评估宣传动员		A6	正态分布	2	0.5
评估人员培训	专家组培训	A7	均匀分布	3.5	0.58
	技术组培训	A8	常数分布	3	0

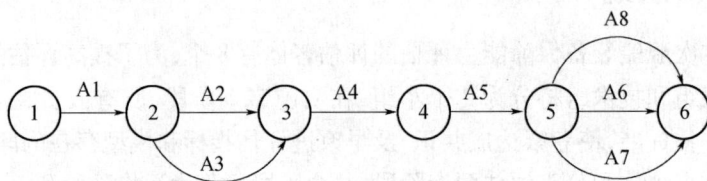

图 7-1　启动阶段计划网络图

通过蒙特卡罗仿真得到各路径完成时间的概率分布,如图 7-2 ~ 图 7-7 所示,各路径完成时间的期望和标准差见表 7-4。

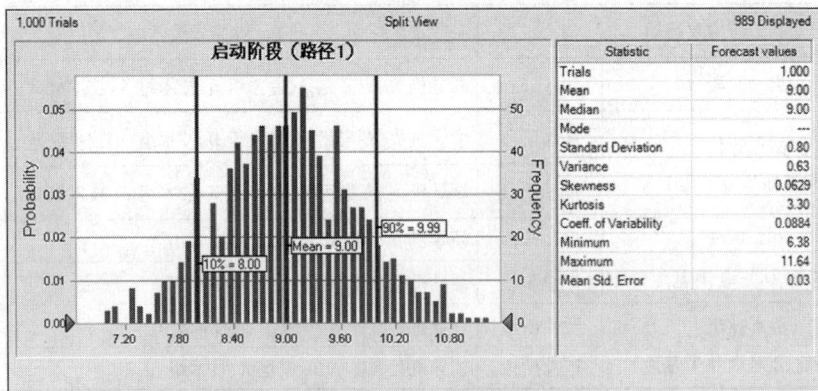

图 7-2　启动阶段路径 1 的完成时间概率分布

150

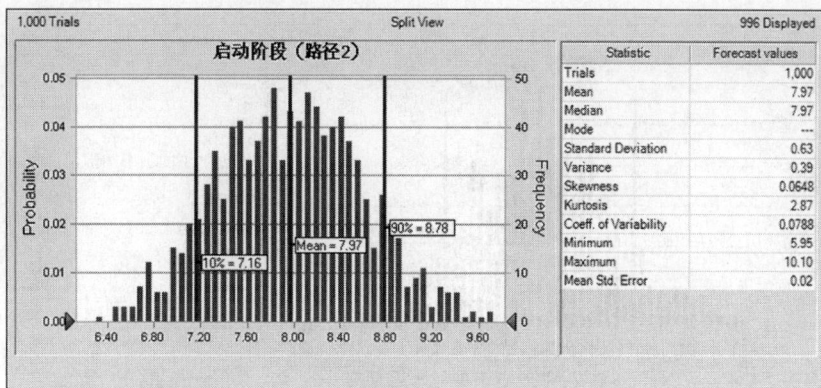

图 7 - 3　启动阶段路径 2 的完成时间概率分布

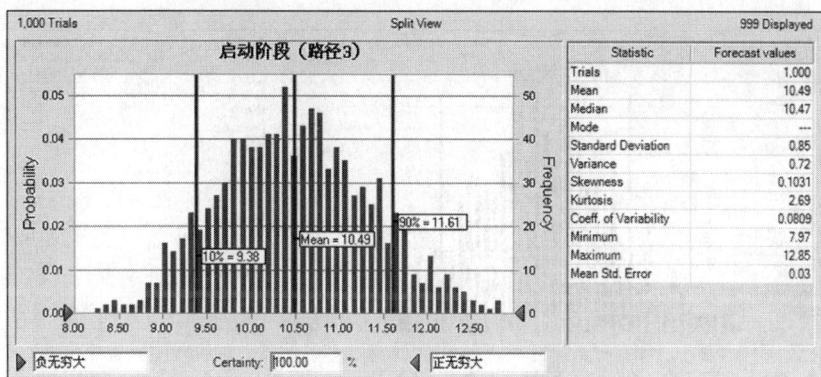

图 7 - 4　启动阶段路径 3 的完成时间概率分布

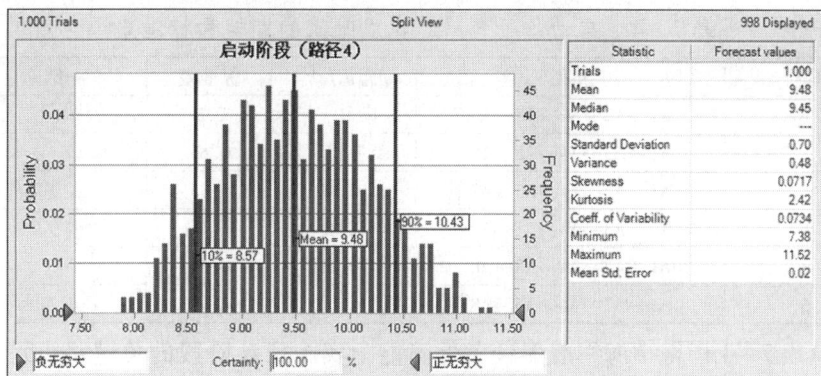

图 7 - 5　启动阶段路径 4 的完成时间概率分布

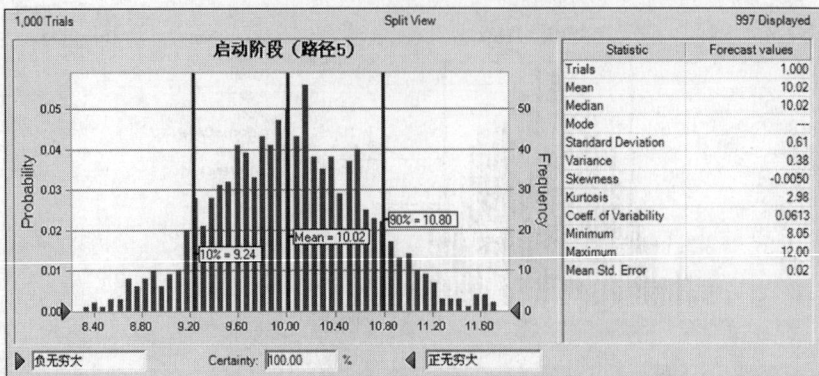

图 7 − 6　启动阶段路径 5 的完成时间概率分布

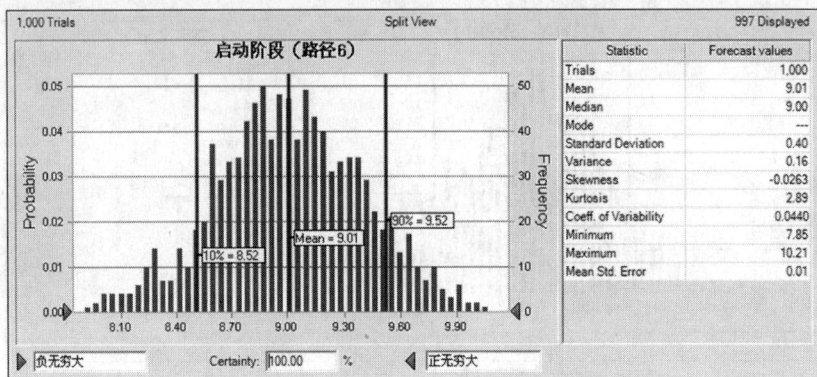

图 7 − 7　启动阶段路径 6 的完成时间概率分布

表 7 − 4　启动阶段各路径完成时间的期望和标准差

编号	路径	期望值(天)	标准差	结论
1	A1→A2→A4→A5→A6	9	0.8	
2	A1→A3→A4→A5→A6	7.97	0.63	
3	A1→A2→A4→A5→A7	10.49	0.85	关键路线
4	A1→A3→A4→A5→A7	9.48	0.7	
5	A1→A2→A4→A5→A8	10.02	0.61	
6	A1→A3→A4→A5→A8	9.01	0.4	

从表 7 − 4 中得知海军舰船装备保障能力实施启动阶段的关键路线是 A1→A2→A4→A5→A7。

根据完成时间的估算结果,综合相关条件和限制得到启动阶段的工作计划见表 7 − 5。

表 7 - 5　评估实施计划表

时间		动		人员			备注
开始时间	结束时间			领导机关	专家组	技术组	
×月1日	×月1日		确定评估客体	●			
×月2日	×月3日	确定评估主体	确定评估专家组成员	●			
×月2日	×月2日		确定评估技术组成员	●			
×月3日	×月4日		拟制评估方案	●	◆		
×月4日	×月5日		制定评估实施计划	●	◆		
×月6日	×月7日		评估宣传动员	●	◆		
×月7日	×月10日	评估人员培训	专家组培训	●	◆		
×月7日	×月9日		技术组培训	●		◆	
●负责◆参与							

2. 在 L 基地试点评估

本书以 L 基地试点评估为例,分析各基地开展评估的计划编制。

根据第 7 章实施计划的有关结论,L 基地试点评估的主要活动以及活动时间的概率分布、均值和期望见表 7 - 6。计划网络图如图 7 - 8 所示。

表 7 - 6　L 基地试点评估的主要活动以及活动时间的概率分布、均值和期望

活动			代码	时间(天)		
				分布类型	均值	标准差
运作阶段		下达评估通知书	B1	常数分布	0.5	0
	收集评估信息	装备管理使用能力信息	B2	正态分布	2	1
		装备保障指挥能力信息	B3	正态分布	2	1
		装备供应保障能力信息	B4	三角分布	2.5	0.2
		装备技术保障能力信息	B5	正态分布	2.5	1
	进行评估	装备管理使用能力下属指标评估	B6	三角分布	1	0.2
		装备保障指挥能力下属指标评估	B7	正态分布	1	0.5
		装备供应保障能力下属指标评估	B8	三角分布	1	0.18
		装备技术保障能力下属指标评估	B9	三角分布	1.1	0.27
汇总阶段	初步评估结果	单目标评估结果	C1	正态分布	1	0.8
		面向任务的评估结果	C2	正态分布	0.5	0.2
		动态评估结果	C3	正态分布	0.5	0.1
	专家组讨论		C4	均匀分布	0.5	0.06
	交换意见		C5	正态分布	0.5	0.2
	形成评估结论		C6	常数分布	1	0
	上报结论		C7	正态分布	0.5	0.3

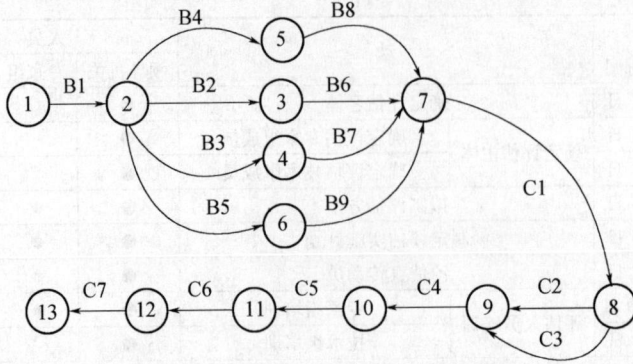

图7-8　L基地试点评估的计划网络图

通过蒙特卡罗仿真得到各路径完成时间的概率分布,如图7-9~图7-16所示,各路径完成时间的期望和标准差见表7-7。

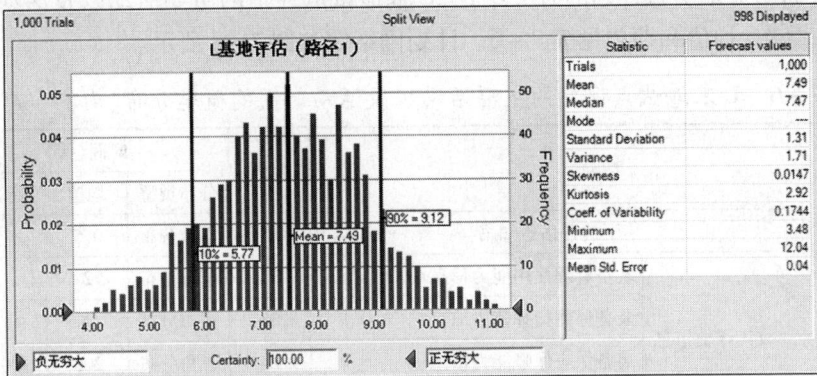

图7-9　L基地评估路径1的完成时间概率分布

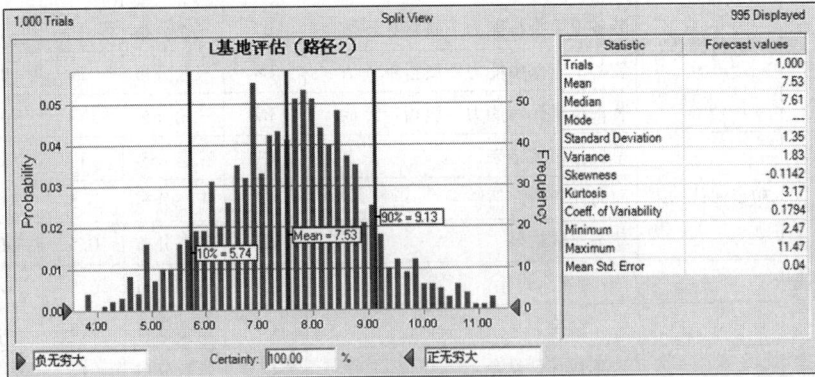

图7-10　L基地评估路径2的完成时间概率分布

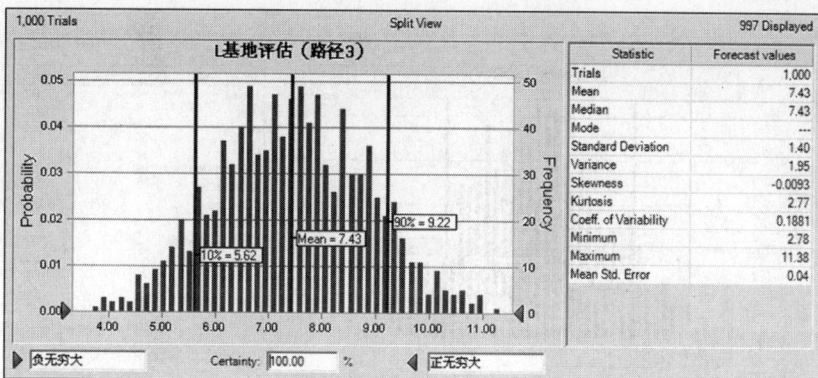

图 7-11 L基地评估路径 3 的完成时间概率分布

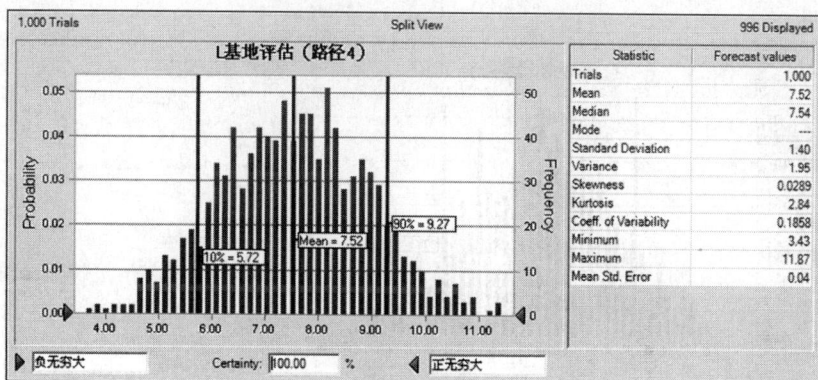

图 7-12 L基地评估路径 4 的完成时间概率分布

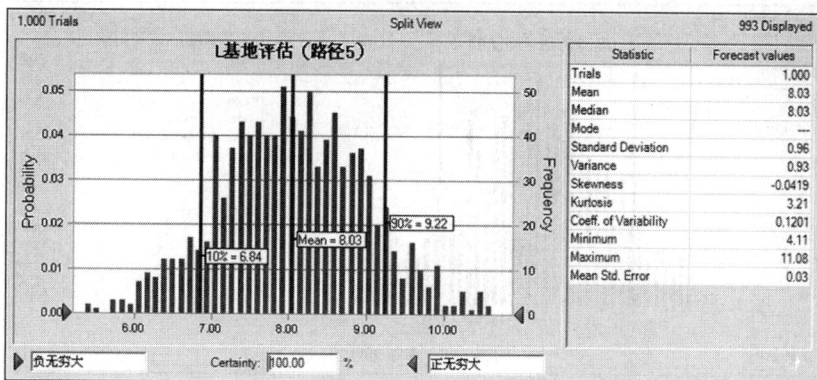

图 7-13 L基地评估路径 5 的完成时间概率分布

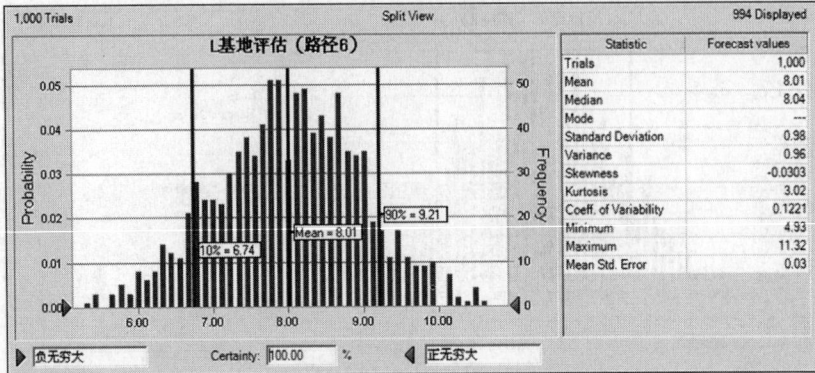

图 7-14　L 基地评估路径 6 的完成时间概率分布

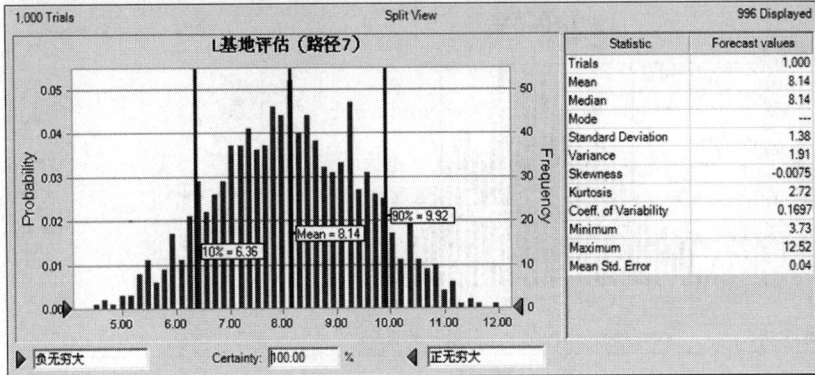

图 7-15　L 基地评估路径 7 的完成时间概率分布

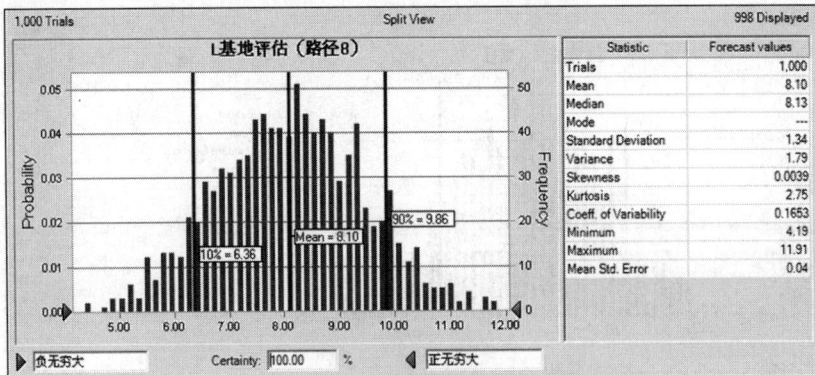

图 7-16　L 基地评估路径 8 的完成时间概率分布

表7-7　L基地试点评估各路径完成时间的期望和标准差

编号	路径	期望值(天)	标准差	结论
1	B1→B2→B6→C1→C2→C4→C5→C6→C7	7.49	1.31	
2	B1→B2→B6→C1→C3→C4→C5→C6→C7	7.53	1.31	
3	B1→B3→B7→C1→C2→C4→C5→C6→C7	7.43	1.40	
4	B1→B3→B7→C1→C3→C4→C5→C6→C7	7.52	1.40	
5	B1→B4→B8→C1→C2→C4→C5→C6→C7	8.03	0.96	
6	B1→B4→B8→C1→C3→C4→C5→C6→C7	8.01	0.98	
7	B1→B5→B9→C1→C2→C4→C5→C6→C7	8.14	1.38	关键路线
8	B1→B5→B9→C1→C3→C4→C5→C6→C7	8.10	1.34	

从表7-7中得知L基地舰船装备保障能力评估实施的关键路线是B1→B5→B9→C1→C2→C4→C5→C6→C7。

根据完成时间的估算结果,综合相关条件和限制得到L基地舰船装备保障能力评估实施的工作计划见表7-8。

表7-8　L基地评估实施计划

时间			动	人员			备注
开始时间	结束时间			领导机关	专家组	技术组	
×月10日	×月10日		下达评估通知书	●			
×月11日	×月12日	运作阶段	装备管理使用能力信息	★	●		
×月11日	×月12日		装备保障指挥能力信息	★	●		
×月11日	×月13日		装备供应保障能力信息	★	●		
×月11日	×月13日		装备技术保障能力信息	★	●		
×月14日	×月14日		装备管理使用能力下属指标评估	★	●	◆	
×月14日	×月14日		装备保障指挥能力下属指标评估	★	●	◆	
×月14日	×月14日		装备供应保障能力下属指标评估	★	●	◆	
×月14日	×月14日		装备技术保障能力下属指标评估	★	●	◆	
×月15日	×月15日	汇总阶段	单目标评估结果	★	◆	●	
×月16日	×月16日		面向任务的评估结果	★	◆	●	
×月16日	×月16日		动态评估结果	★	◆	●	
×月17日	×月17日		专家组讨论	★	●	◆	
×月17日	×月17日		交换意见		●	◆	
×月18日	×月18日		形成评估结论	★	●	◆	
×月18日	×月18日		上报结论	■	●	◆	
●负责◆参与★监督■审批							

3．总体实施计划编制

根据 L 基地舰船装备保障能力评估实施计划，可以推算出其他基地舰船装备保障能力评估实施计划。汇总启动阶段的实施计划和各基地舰船装备保障能力评估实施计划，得到总体的实施计划。启动阶段、各基地舰船装备保障能力评估实施完成时间的期望和标准差见表 7－9。计划网络图如图 7－17 所示。

表 7－9　所用评估实施活动完成时间的期望和标准差

活动		代码	期望值（天）	标准差
启动阶段		D1	10	1
试点评估	L 基地	D2	8	1
	Q 基地	D3	7	1
分头评估	S 基地	D4	7	1
	D 基地	D5	7	1
	F 基地	D6	7	1
	G 基地	D7	7	1
	Z 基地	D8	7	1
	Y 基地	D9	7	1
多目标评估		D10	0.5	0.2
元评估		D11	0.5	0.2
汇总资料		D12	1	0.5

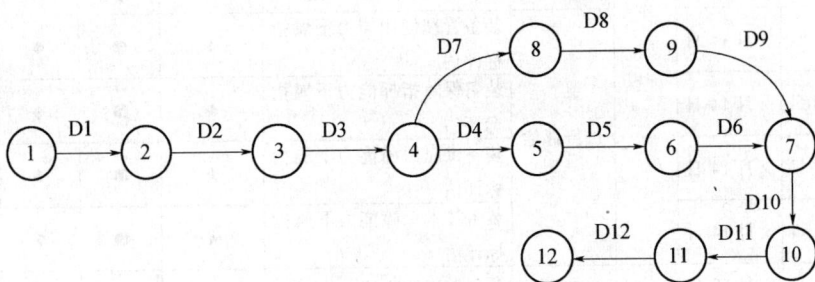

图 7－17　所用评估实施活动计划网络图

各路径完成时间的期望和标准差见表 7－10。

表 7－10　所用评估实施活动各路径完成时间的期望和标准差

路径	期望值（天）	标准差	结论
D1→D2→D3→D4→D5→D6→D10→D11→D12	48	1.86	关键路线
D1→D2→D3→D7→D8→D9→D10→D11→D12	48	1.86	关键路线

从表 7 - 10 中得知本次舰船装备保障能力评估实施的关键路线是 D1→D2→D3→D4→D5→D6→D10→D11→D12 和 D1→D2→D3→D7→D8→D9→D10→D11→D12。

根据完成时间的估算结果,综合相关条件和限制得到总的工作计划见表 7 - 11。

表 7 - 11   总的评估实施工作计划

时间		活动		人员				
开始时间	结束时间			领导机关	专家 A 组	技术 A 组	专家 B 组	技术 B 组
×月 1 日	×月 10 日	启动阶段		●				
×月 11 日	×月 18 日	试点评估	L 基地	★	●	●	●	●
×月 19 日	×月 26 日		Q 基地	★	●	●	●	●
×月 26 日	×月 2 日	分头评估	S 基地	★	●	●		
×月 3 日	×月 9 日		D 基地	★	●	●		
×月 10 日	×月 16 日		F 基地	★	●	●		
×月 26 日	×月 2 日		G 基地	★			●	●
×月 3 日	×月 9 日		Z 基地	★			●	●
×月 10 日	×月 16 日		Y 基地	★			●	●
×月 17 日	×月 17 日	多目标评估		★	◆	●	◆	●
×月 17 日	×月 17 日	元评估		●	◆	◆	◆	◆
×月 18 日	×月 18 日	汇总资料		■	●	◆	●	◆
●负责 ◆参与 ★监督 ■审批								

7.2   某个基地舰船装备保障能力评估

7.2.1   单指标评估

1. 定性指标的评估

舰船装备保障能力评估专家对各评估指标的熟悉程度是不一样,为了提高评估的效率,同时使评估结果更加科学合理,需要根据指标对专家进行分工,专家分工见表 7 - 12。

表 7 - 12 专家分工

一级指标	二级指标	三级指标	专家分工
装备管理使用能力 A	装备基本情况 A_1	装备编配 A_{11}	——
		舰船装备完好（在航）率 A_{12}	——
		装备配套率 A_{13}	——
		装备作战能力（寿命）储备 A_{14}	A 类、B 类、E 类
	操作使用人员 A_2	作战（使用）分队技术人员 A_{21}	A 类、B 类、E 类
		保障大队以及其他相当等级以上单位的领导 A_{22}	专家组长、A 类、B 类、
		保障分队及其他相当等级单位领导 A_{23}	专家组长、A 类、B 类、
		装备操作使用人员 A_{24}	A 类、B 类、E 类
装备指挥能力 B	指挥人员 B_1	装备机关人员编配 B_{11}	——
		人员称职 B_{12}	A 类、B 类、C 类
		指挥训练 B_{13}	B 类、C 类、E 类
	指挥手段 B_2	指挥信息化装备 B_{21}	B 类、C 类、E 类
		指挥信息系统 B_{22}	B 类、C 类、E 类
	方案计划 B_3	种类与内容 B_{31}	B 类、C 类、E 类
		修订与演练 B_{32}	B 类、C 类、E 类
	机关战备设施 B_4	三室一库 B_{41}	B 类、C 类、E 类
		指挥作业器材 B_{42}	B 类、C 类、E 类
		战备资料 B_{43}	B 类、C 类、E 类
	组织指挥 B_5	指挥作业 B_{51}	B 类、C 类、E 类
		指挥机构行动 B_{52}	B 类、C 类、E 类
		指挥所勤务 B_{53}	B 类、C 类、E 类
装备供应保障能力 C	供应保障人员 C_1	人员编配 C_{11}	——
		人员称职 C_{12}	A 类、C 类、D 类
		供应专业训练 C_{13}	B 类、C 类、D 类
	供应配套建设 C_2	装备分配调整计划 C_{21}	B 类、C 类、D 类
		机动机具设备 C_{22}	B 类、C 类、D 类
		保障设施 C_{23}	B 类、C 类、D 类
	装备储备 C_3	储备规模、结构、质量 C_{31}	B 类、C 类、D 类
		储备管理 C_{32}	B 类、C 类、D 类
	机动供应 C_4	供应保障作业 C_{41}	C 类、D 类、E 类
		战术行动 C_{42}	C 类、D 类、E 类
		机动生存 C_{43}	C 类、D 类、E 类

（续）

一级指标	二级指标	三级指标	专家分工
装备技术保障能力 D	技术保障人员 D_1	人员编配 D_{11}	——
		人员称职 D_{12}	A 类、B 类、D 类
		技术保障专业训练 D_{13}	B 类、D 类、E 类
	技术保障配套建设 D_2	技术保障装备 D_{21}	B 类、D 类、E 类
		技术保障设备 D_{22}	B 类、D 类、E 类
		携行维修器材 D_{23}	B 类、D 类、E 类
		技术资料 D_{24}	B 类、D 类、E 类
	机动保障 D_3	技术保障作业 D_{31}	B 类、D 类、E 类
		战术行动 D_{32}	B 类、D 类、E 类
		机动生存 D_{33}	B 类、D 类、E 类

说明：
- 表中分工只供专家参考，每个专家对所有指标须熟悉，在掌握全面情况的基础上按照分工有所侧重；
- A 类人员，指具有海军舰船装备主管领导经历的装备管理干部；
- B 类人员，指具有海军舰船装备机关工作经验的装备管理干部；
- C 类人员，指从事海军舰船装备保障指挥的人员；
- D 类人员，指从事海军舰船装备技术保障的人员；
- E 类人员，指海军舰船装备保障方面的专家

假设 3 位专家对 L 基地海军舰船装备保障能力定性评估指标（指挥训练）的专家评估结论，如图 7 - 18 所示。

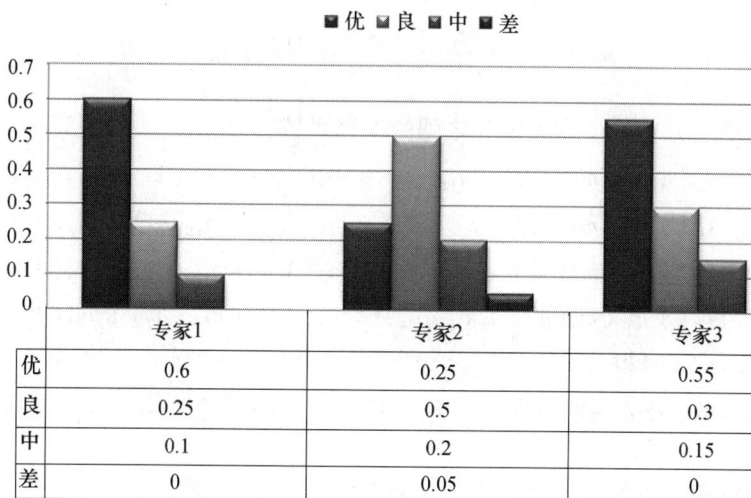

	专家1	专家2	专家3
优	0.6	0.25	0.55
良	0.25	0.5	0.3
中	0.1	0.2	0.15
差	0	0.05	0

图 7 - 18　3 位专家对"指挥训练"的评估结论

该指标的 mass 数据见表 7 – 13。

表 7 – 13 "指挥训练"指标的 mass 数据

	优	良	中	差
专家 1	$m_1(A_1) = 0.6$	$m_1(A_2) = 0.3$	$m_1(A_3) = 0.1$	$m_1(A_4) = 0$
专家 2	$m_2(A_1) = 0.45$	$m_2(A_2) = 0.5$	$m_2(A_3) = 0.05$	$m_2(A_4) = 0$
专家 3	$m_3(A_1) = 0.55$	$m_3(A_2) = 0.3$	$m_3(A_3) = 0.15$	$m_3(A_4) = 0$

计算专家 1 和专家 2 之间的冲突系数：

$$\begin{aligned}
K = {} & m_1(A_1) \times m_2(A_2) + m_1(A_1) \times m_2(A_3) + m_1(A_1) \times m_2(A_4) + \\
& m_1(A_2) \times m_2(A_1) + m_1(A_2) \times m_2(A_3) + m_1(A_2) \times m_2(A_4) + \\
& m_1(A_3) \times m_2(A_1) + m_1(A_3) \times m_2(A_2) + m_1(A_2) \times m_2(A_4) + \\
& m_1(A_4) \times m_2(A_1) + m_1(A_4) \times m_2(A_2) + m_1(A_4) \times m_2(A_3) \\
= {} & 0.3 + 0.03 + 0.135 + 0.015 + 0.045 + 0.05 + 0 + 0 + 0 = 0.575
\end{aligned}$$

冲突系数 $k < \alpha$，说明专家 1 和专家 2 评价结果有效，可以进行合成计算。

计算得到专家 1 和专家 2 融合结果：

$$m_{12}(A_1) = \frac{m_1(A_1) \times m_2(A_1)}{1 - k} = 0.6353$$

$$m_{12}(A_2) = \frac{m_1(A_2) \times m_2(A_2)}{1 - k} = 0.3529$$

$$m_{12}(A_3) = \frac{m_1(A_3) \times m_2(A_3)}{1 - k} = 0.0118$$

$$m_{12}(A_4) = \frac{m_1(A_4) \times m_2(A_4)}{1 - k} = 0$$

计算专家 1、专家 2 和专家 3 之间的冲突系数：

$$\begin{aligned}
K = {} & m_{12}(A_1) \times m_3(A_2) + m_{12}(A_1) \times m_3(A_3) + m_{12}(A_1) \times m_3(A_4) + \\
& m_{12}(A_2) \times m_3(A_1) + m_{12}(A_2) \times m_3(A_3) + m_{12}(A_2) \times m_3(A_4) + \\
& m_{12}(A_3) \times m_3(A_1) + m_{12}(A_3) \times m_3(A_2) + m_{12}(A_2) \times m_3(A_4) + \\
& m_{12}(A_4) \times m_3(A_1) + m_{12}(A_4) \times m_3(A_2) + m_{12}(A_4) \times m_3(A_3) \\
= {} & 0.5429
\end{aligned}$$

冲突系数 $k < \alpha$，说明专家 1、专家 2 和专家 3 的评估结果有效，可以进行合成计算。

计算得到专家 1、专家 2 和专家 3 融合结果：

$$m_{123}(A_1) = \frac{m_{12}(A_1) \times m_3(A_1)}{1-k} = 0.7644$$

$$m_{123}(A_2) = \frac{m_{12}(A_2) \times m_3(A_2)}{1-k} = 0.2316$$

$$m_{123}(A_3) = \frac{m_{12}(A_3) \times m_3(A_3)}{1-k} = 0.0039$$

$$m_{123}(A_4) = \frac{m_{12}(A_4) \times m_3(A_4)}{1-k} = 0$$

由此可以得到该指标的定性评估结果,如图 7 - 19 所示。

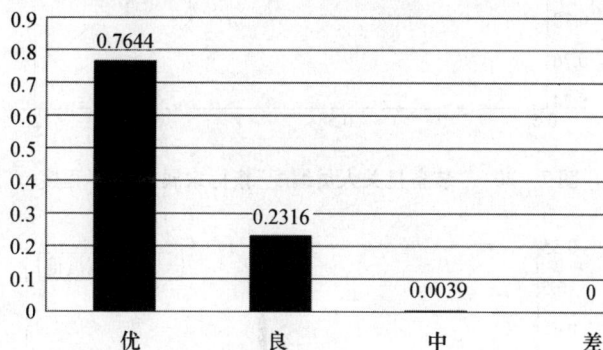

图 7 - 19 "指挥训练"指标定性评估结果

由计算结果知,当采用证据组合理论时 $Bel_1 = 0.7644$, $Bel_2 = 0.2316$, $Bel_3 = 0.0039$, $Bel_4 = 0$。置信最高的等级即为该指标所处的等级,即 $Bel_1 = 0.7644$,则最终的识别结果为 A_1,即该指标的定性评估结果为优。

根据公式 5 - 14,计算得到该指标的定量评估结果为:

$$g = 0.7644 \times 1 + 0.2316 \times 0.75 + 0.0039 \times 0.5 = 0.94$$

同理可以得到其他定性指标的评估结果。

2. 定量指标评估

L 基地舰船装备保障能力评估定量指标(装备机关人员编配)的得分为 0.85,下面运用云推理模型分析该定量指标的定性评估结果。

该指标隶属于"优"的仿真结果,如图 7 - 20 所示。计算得到该指标隶属于"优"的程度为 0.7284。

该指标隶属于"良"的仿真结果,如图 7 - 21 所示。计算得到该指标隶属于"良"的程度为 0.2716。

该指标隶属于"中"的仿真结果,如图 7 - 22 所示。由于所有的 μ_{ji} 低于阈值 0.05,所以得到该指标隶属于"中"的程度为 0。

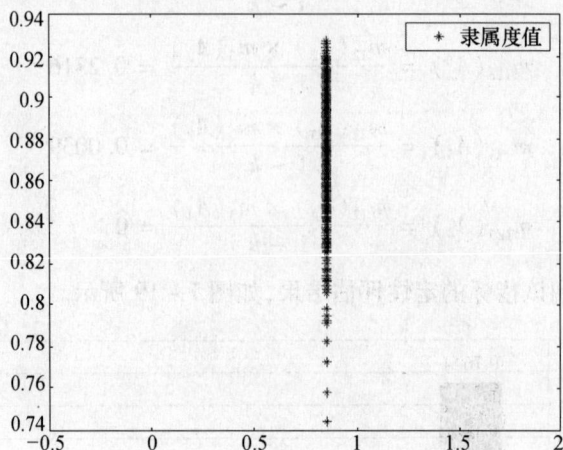

图 7 - 20 "装备机关人员编配"指标隶属于"优"程度

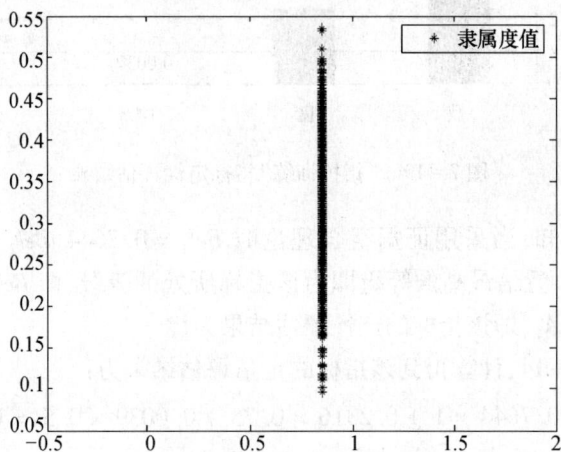

图 7 - 21 "装备机关人员编配"指标隶属于"良"程度

　　该指标隶属于"中"的仿真结果,如图 7 - 23 所示。由于所有的 μ_{ji} 低于阈值 0.05,所以得到该指标隶属于"中"的程度为 0。

　　由此可见,该指标隶属于(优,良,中,差)的程度分别为(0.7284,0.2716,0, 0)。根据最大隶属度原则,该指标的定性评估结果为优;定量评估结果为 0.85。

　　3. L 基地海军舰船装备保障能力单指标评估结果

　　通过专家分析,得到了 L 基地海军舰船装备保障能力单指标评估结果,见表 7 - 14,表中数据表示隶属于(优、良、中、差)的程度。

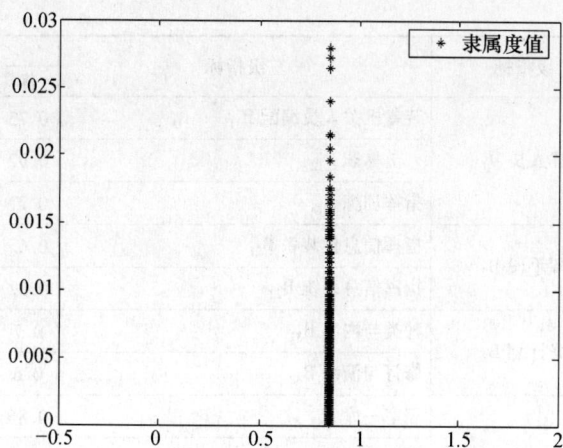

图 7 - 22　"装备机关人员编配"指标隶属于"中"程度

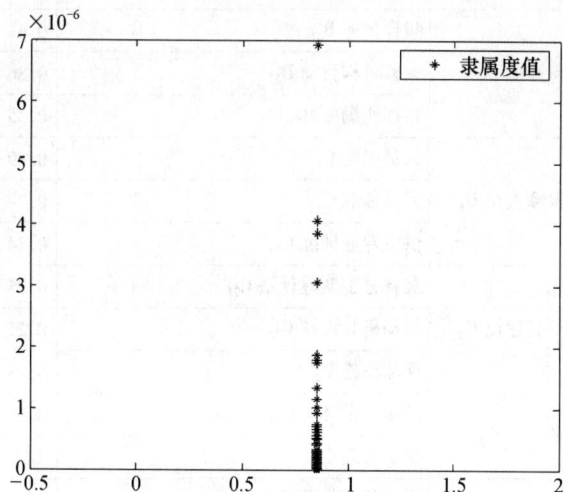

图 7 - 23　"装备机关人员编配"指标隶属于"差"程度

表 7 - 14　单指标评估结果

一级指标	二级指标	三级指标	评估结果			
			优	良	中	差
装备管理使用能力 A	装备基本情况 A₁	装备编配 A₁₁	0.94	0.06	0	0
		舰船装备完好(在航)率 A₁₂	0.88	0.12	0	0
		装备配套率 A₁₃	0.85	0.15	0	0
		装备作战能力(寿命)储备 A₁₄	0.78	0.12	0.1	0
	操作使用人员 A₂	作战(使用)分队技术人员 A₂₁	0.75	0.25	0	0
		保障大队以及其他相当等级以上单位的领导 A₂₂	0.82	0.18	0	0
		保障分队及其他相当等级单位领导 A₂₃	0.72	0.15	0.13	0
		装备操作使用人员 A₂₄	0.65	0.25	0.1	0

一级指标	二级指标	三级指标	评估结果			
			优	良	中	差
装备指挥能力 B	指挥人员 B_1	装备机关人员编配 B_{11}	0.73	0.27	0	0
		人员称职 B_{12}	0.92	0.08	0	0
		指挥训练 B_{13}	0.77	0.23	0	0
	指挥手段 B_2	指挥信息化装备 B_{21}	0.65	0.2	0.15	0
		指挥信息系统 B_{22}	0.32	0.55	0.13	0
	方案计划 B_3	种类与内容 B_{31}	0.7	0.3	0	0
		修订与演练 B_{32}	0.6	0.4	0	0
	机关战备设施 B_4	三室一库 B_{41}	0.86	0.14	0	0
		指挥作业器材 B_{42}	0.45	0.45	0.1	0
		战备资料 B_{43}	0.72	0.28	0	0
	组织指挥 B_5	指挥作业 B_{51}	0.62	0.25	0.13	0
		指挥机构行动 B_{52}	0.86	0.14	0	0
		指挥所勤务 B_{53}	0.35	0.5	0.15	0
装备供应保障能力 C	供应保障人员 C_1	人员编配 C_{11}	0.89	0.11	0	0
		人员称职 C_{12}	0.77	0.23	0	0
		供应专业训练 C_{13}	0.34	0.56	0.1	0
	供应配套建设 C_2	装备分配调整计划 C_{21}	0.25	0.75	0	0
		机动机具设备 C_{22}	0.25	0.52	0.23	0
		保障设施 C_{23}	0.73	0.27	0	0
	装备储备 C_3	储备规模、结构、质量 C_{31}	0.35	0.65	0	0
		储备管理 C_{32}	0.2	0.45	0.35	0
	机动供应 C_4	供应保障作业 C_{41}	0.5	0.2	0.2	0.1
		战术行动 C_{42}	0.31	0.39	0.3	0
		机动生存 C_{43}	0.32	0.43	0.25	0
装备技术保障能力 D	技术保障人员 D_1	人员编配 D_{11}	0.87	0.13	0	0
		人员称职 D_{12}	0.67	0.23	0.1	0
		技术保障专业训练 D_{13}	0	0.21	0.38	0.41
	技术保障配套建设 D_2	技术保障装备 D_{21}	0.2	0.22	0.58	0
		技术保障设备 D_{22}	0.42	0.26	0.32	0
		携行维修器材 D_{23}	0.36	0.32	0.32	0
		技术资料 D_{24}	0	0.16	0.22	0.62
	机动保障 D_3	技术保障作业 D_{31}	0.52	0.47	0	0
		战术行动 D_{32}	0.76	0.24	0	0
		机动生存 D_{33}	0.14	0.43	0.43	0

7.2.2 整体保障能力评估

根据第 6 章海军舰船装备保障能力单目标评估的有关模型和结论对 L 基地海军舰船装备保障能力进行评估,首先运用模糊 Petri 网对 L 基地海军舰船装备保障能力二级指标进行评估,然后运用变权模糊模型对 L 基地海军舰船装备保障能力一级指标和整体保障能力进行评估。

1. L 基地海军舰船装备保障能力二级指标评估结果

以 L 基地装备技术保障能力一级指标下的“机动保障”二级指标为例。分析基于模糊 Petri 网的海军舰船装备保障能力二级指标的评估方法。

根据单指标评估的结论,得到技术保障作业、战术行动、战场生存隶属于优、良、中和差的评估结论,见表 7 – 15。

表 7 – 15 “机动保障”指标下三级指标的评估结论

	优	良	中	差
技术保障作业	0.52	0.43	0	0
战术行动	0.76	0.24	0	0
战场生存	0.14	0.43	0.43	0

设机动保障隶属于{优,良,中,差}的初始状态为{0,0,0,0}。

1)推理规则

机动保障指标的推理规则如下:

规则 1:If 技术保障作业为优(0.53)and 战术行动为优(0.33) and 战场生存为优(0.14),Then($t_1 = 0.2$)机动保障为优(规则的可信度为 0.9);

规则 2:If 技术保障作业为优(0.53)and 战术行动为优(0.33) and 战场生存为良(0.14),Then($t_2 = 0.2$)机动保障为优(规则的可信度为 0.9);

规则 3:If 技术保障作业为优(0.53)and 战术行动为优(0.33) and 战场生存为中(0.14),Then($t_2 = 0.2$)机动保障为良(规则的可信度为 0.9);

规则 4:If 技术保障作业为优(0.53)and 战术行动为良(0.33) and 战场生存为优(0.14),Then($t_1 = 0.2$)机动保障为优(规则的可信度为 0.8);

规则 5:If 技术保障作业为优(0.53)and 战术行动为良(0.33) and 战场生存为良(0.14),Then($t_2 = 0.2$)机动保障为良(规则的可信度为 0.8);

规则 6:If 技术保障作业为优(0.53)and 战术行动为良(0.33) and 战场生存为中(0.14),Then($t_2 = 0.2$)机动保障为良(规则的可信度为 0.8);

规则 7:If 技术保障作业为优(0.53)and 战术行动为中(0.33) and 战场生存为优(0.14),Then($t_1 = 0.2$)机动保障为良(规则的可信度为 0.8);

规则 8:If 技术保障作业为优(0.53)and 战术行动为中(0.33) and

战场生存为良(0.14),Then($t_2 = 0.2$)机动保障为良(规则的可信度为0.8);

规则9:If 技术保障作业为优(0.53)and 战术行动为中(0.33) and
战场生存为中(0.14),Then($t_2 = 0.2$)机动保障为良(规则的可信度为0.8);

规则10:If 技术保障作业为良(0.53)and 战术行动为优(0.33) and
战场生存为优(0.14),Then($t_1 = 0.2$)机动保障为优(规则的可信度为0.8);

规则11:If 技术保障作业为良(0.53)and 战术行动为优(0.33) and
战场生存为良(0.14),Then($t_2 = 0.2$)机动保障为良(规则的可信度为0.8);

规则12:If 技术保障作业为良(0.53)and 战术行动为优(0.33) and
战场生存为中(0.14),Then($t_2 = 0.2$)机动保障为良(规则的可信度为0.8);

规则13:If 技术保障作业为良(0.53)and 战术行动为良(0.33) and
战场生存为优(0.14),Then($t_1 = 0.2$)机动保障为良(规则的可信度为0.8);

规则14:If 技术保障作业为良(0.53)and 战术行动为良(0.33) and
战场生存为良(0.14),Then($t_2 = 0.2$)机动保障为良(规则的可信度为0.8);

规则15:If 技术保障作业为良(0.53)and 战术行动为良(0.33) and
战场生存为中(0.14),Then($t_2 = 0.2$)机动保障为良(规则的可信度为0.8);

规则16:If 技术保障作业为良(0.53)and 战术行动为中(0.33) and
战场生存为优(0.14),Then($t_1 = 0.2$)机动保障为良(规则的可信度为0.8);

规则17:If 技术保障作业为良(0.53)and 战术行动为中(0.33) and
战场生存为良(0.14),Then($t_2 = 0.2$)机动保障为良(规则的可信度为0.8);

规则18:If 技术保障作业为良(0.53)and 战术行动为中(0.33) and
战场生存为中(0.14),Then($t_2 = 0.2$)机动保障为中(规则的可信度为0.8);

规则19:If 技术保障作业为中(1),Then($t_2 = 0.2$)机动保障为中(规则的可信
度为0.8);

规则20:If 技术保障作业为差(1),Then($t_2 = 0.2$)机动保障为差(规则的可信
度为1);

规则21:If 战术行动为差(1),Then($t_2 = 0.2$)机动保障为中(规则的可信度为
0.9);

规则22:If 战场生存为差(1),Then($t_2 = 0.2$)机动保障为中(规则的可信度为
0.9);

条件括号里的数表示此在该规则中的权重,$t_1,t_2,\cdots t_{22}$分别表示规则的阈值,
每个规则后面为规则的可信度。

2)模糊 Petri 网

"机动保障"指标的推理过程模糊 Petri 网如图 7 – 24 所示。

3)输入矩阵

"机动保障"指标模糊 Petri 网模型的输入矩阵数据见表 7 – 16。

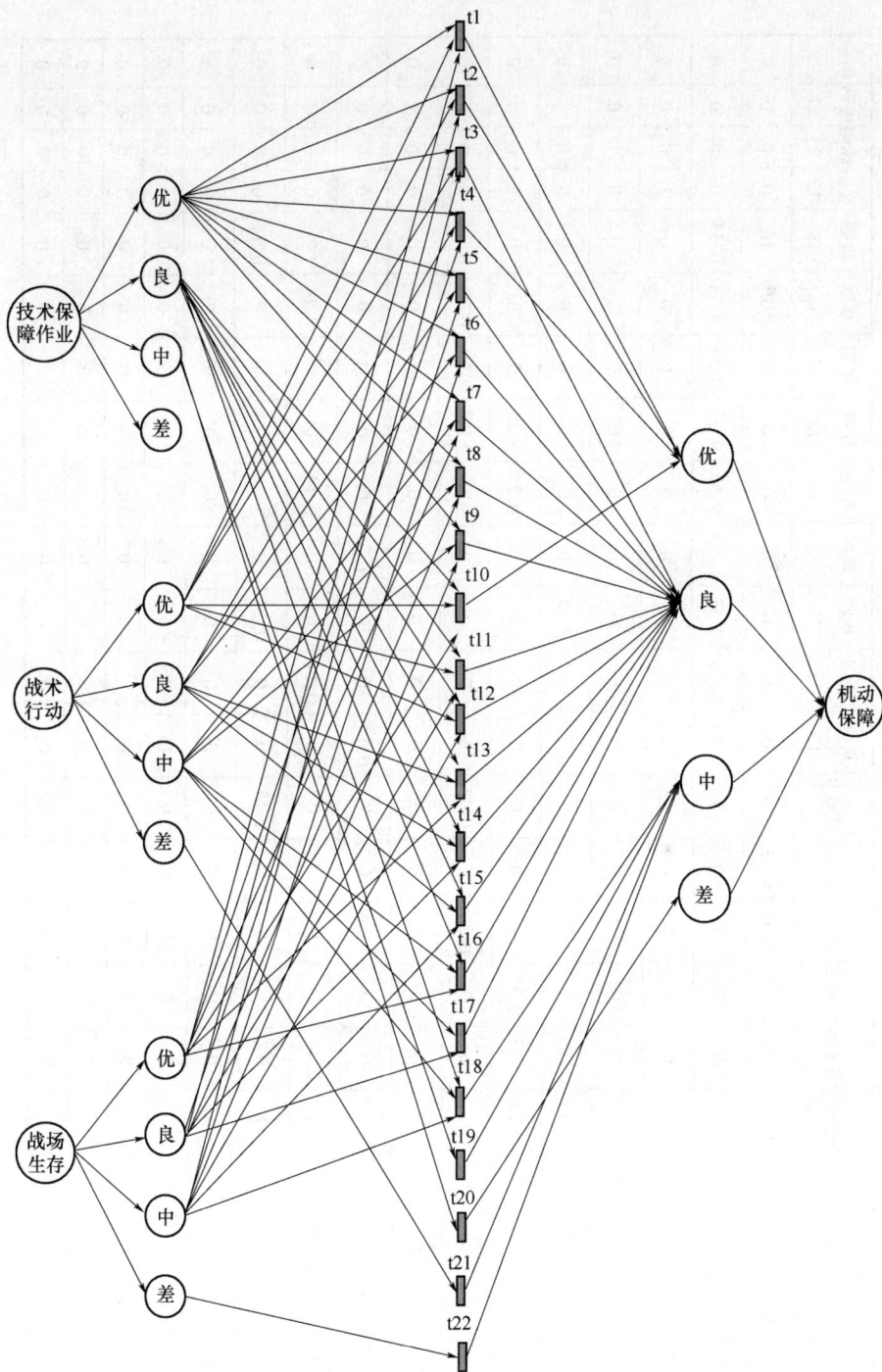

图 7 – 24 "机动保障"指标的推理过程模糊 Petri 网

表7-16 "机动保障"指标模糊 Petri 网模型的输入矩阵数据

		规则1	规则2	规则3	规则4	规则5	规则6	规则7	规则8	规则9	规则10	规则11	规则12	规则13	规则14	规则15	规则16	规则17	规则18	规则19	规则20	规则21	规则22
技术保障作业	优	0.53	0.53	0.53	0.53	0.53	0.53	0.53	0.53	0.53	0	0	0	0	0	0	0	0	0	0	0	0	0
	良	0	0	0	0	0	0	0	0	0	0.53	0.53	0.53	0.53	0.53	0.53	0.53	0.53	0.53	0	0	0	0
	中	0	0	0	0	0	0	0	0	0	0	0	0	0	0	0	0	0	0	1	0	0	0
	差	0	0	0	0	0	0	0	0	0	0	0	0	0	0	0	0	0	0	0	1	0	0
战术行动	优	0.33	0.33	0.33	0	0	0	0	0	0	0.33	0.33	0.33	0	0	0	0	0	0	0	0	0	0
	良	0	0	0	0.33	0.33	0.33	0	0	0	0	0	0	0.33	0.33	0.33	0	0	0	0	0	0	0
	中	0	0	0	0	0	0	0.33	0.33	0.33	0	0	0	0	0	0	0.33	0.33	0.33	0	0	0	0
	差	0	0	0	0	0	0	0	0	0	0	0	0	0	0	0	0	0	0	0	0	1	0
战场生存	优	0.14	0	0	0.14	0	0	0.14	0	0	0.14	0	0	0.14	0	0	0.14	0	0	0	0	0	0
	良	0	0.14	0	0	0.14	0	0	0.14	0	0	0.14	0	0	0.14	0	0	0.14	0	0	0	0	0
	中	0	0	0.14	0	0	0.14	0	0	0.14	0	0	0.14	0	0	0.14	0	0	0.14	0	0	0	0
	差	0	0	0	0	0	0	0	0	0	0	0	0	0	0	0	0	0	0	0	0	0	1
机动保障	优	0	0	0	0	0	0	0	0	0	0	0	0	0	0	0	0	0	0	0	0	0	0
	良	0	0	0	0	0	0	0	0	0	0	0	0	0	0	0	0	0	0	0	0	0	0
	中	0	0	0	0	0	0	0	0	0	0	0	0	0	0	0	0	0	0	0	0	0	0
	差	0	0	0	0	0	0	0	0	0	0	0	0	0	0	0	0	0	0	0	0	0	0

根据表 7－16，得到机动保障指标模糊 Petri 网模型的输入矩阵：

$$Q = \begin{bmatrix}
0.53 & 0.53 & 0.53 & 0.53 & 0.53 & 0.53 & 0.53 & 0.53 & 0.53 & 0 & 0 & 0 & 0 & 0 & 0 & 0 & 0 & 0 & 0 & 0 \\
0.53 & 0.53 & 0.53 & 0.53 & 0.53 & 0.53 & 0.53 & 0.53 & 0.53 & 0.53 & 0.53 & 0.53 & 0.53 & 0.53 & 0.53 & 0 & 0 & 0 & 0 & 0 \\
0 & 0 & 0 & 0 & 0 & 0 & 0 & 0 & 0 & 0 & 0 & 0 & 0 & 0 & 0 & 0 & 0 & 1 & 0 & 0 \\
0 & 0 & 0 & 0 & 0 & 0 & 0 & 0 & 0 & 0 & 0 & 0 & 0 & 0 & 0 & 0 & 1 & 0 & 0 & 0 \\
0.33 & 0.33 & 0.33 & 0 & 0 & 0.33 & 0.33 & 0 & 0 & 0 & 0 & 0 & 0 & 0 & 0 & 1 & 0 & 0 & 0 & 0 \\
0 & 0 & 0 & 0.33 & 0.33 & 0 & 0 & 0.33 & 0.33 & 0.33 & 0.33 & 0.33 & 0.33 & 0.33 & 0.33 & 0 & 0 & 0 & 0 & 0 \\
0.14 & 0 & 0 & 0 & 0 & 0 & 0 & 0 & 0 & 0 & 0 & 0 & 0 & 0 & 0 & 0 & 0 & 0 & 0 & 0 \\
0 & 0.14 & 0 & 0 & 0 & 0 & 0 & 0 & 0 & 0 & 0 & 0 & 0 & 0.14 & 0.14 & 0 & 0 & 0 & 0 & 0 \\
0 & 0 & 0.14 & 0.14 & 0.14 & 0.14 & 0.14 & 0.14 & 0.14 & 0.14 & 0.14 & 0.14 & 0.14 & 0 & 0 & 0 & 0 & 0 & 0 & 0 \\
0 & 0 & 0 & 0 & 0 & 0 & 0 & 0 & 0 & 0 & 0 & 0 & 0 & 0 & 0 & 0 & 0 & 0 & 0 & 0 \\
0 & 0 & 0 & 0 & 0 & 0 & 0 & 0 & 0 & 0 & 0 & 0 & 0 & 0 & 0 & 0 & 0 & 0 & 0 & 0 \\
0 & 0 & 0 & 0 & 0 & 0 & 0 & 0 & 0 & 0 & 0 & 0 & 0 & 0 & 0 & 0 & 0 & 0 & 0 & 0 \\
0 & 0 & 0 & 0 & 0 & 0 & 0 & 0 & 0 & 0 & 0 & 0 & 0 & 0 & 0 & 0 & 0 & 0 & 0 & 0 \\
0 & 0 & 0 & 0 & 0 & 0 & 0 & 0 & 0 & 0 & 0 & 0 & 0 & 0 & 0 & 0 & 0 & 0 & 0 & 0 \\
\end{bmatrix}$$

4）输出矩阵

"机动保障"指标模糊 Petri 网模型输出矩阵的数据见表 7－17。

表 7－17　"机动保障"指标模糊 Petri 网模型的输出矩阵数据

		规则1	规则2	规则3	规则4	规则5	规则6	规则7	规则8	规则9	规则10	规则11	规则12	规则13	规则14	规则15	规则16	规则17	规则18	规则19	规则20	规则21	规则22
技术保障作业	优	0	0	0	0	0	0	0	0	0	0	0	0	0	0	0	0	0	0	0	0	0	0
	良	0	0	0	0	0	0	0	0	0	0	0	0	0	0	0	0	0	0	0	0	0	0
	中	0	0	0	0	0	0	0	0	0	0	0	0	0	0	0	0	0	0	0	0	0	0
	差	0	0	0	0	0	0	0	0	0	0	0	0	0	0	0	0	0	0	0	0	0	0
战术行动	优	0	0	0	0	0	0	0	0	0	0	0	0	0	0	0	0	0	0	0	0	0	0
	良	0	0	0	0	0	0	0	0	0	0	0	0	0	0	0	0	0	0	0	0	0	0
	中	0	0	0	0	0	0	0	0	0	0	0	0	0	0	0	0	0	0	0	0	0	0
	差	0	0	0	0	0	0	0	0	0	0	0	0	0	0	0	0	0	0	0	0	0	0
战场生存	优	0	0	0	0.8	0.8	0	0	0	0	0.8	0	0	0	0	0	0	0	0	0	0	0	0
	良	0	0	0	0	0	0.8	0.8	0.8	0.8	0	0	0	0	0	0	0	0	0	0	0	0	0
	中	0	0	0	0	0	0	0	0	0	0	0	0	0	0	0	0	0	0	0	0	0	0
	差	0	0	0	0	0	0	0	0	0	0	0	0	0	0	0	0	0	0	0	0	0	0
机动保障	优	0.9	0	0	0	0	0	0	0	0	0	0	0	0	0	0	0	0	0.8	0	0	0	0
	良	0	0.9	0	0	0	0	0	0	0	0	0.8	0.8	0.8	0.8	0.8	0.8	0.8	0	0.8	0	0.9	0
	中	0	0	0.9	0	0	0	0	0	0	0	0	0	0	0	0	0	0	0	0	0	0	0.9
	差	0	0	0	0	0	0	0	0	0	0	0	0	0	0	0	0	0	0	0	1	0	0

根据表 7 – 17,得到机动保障指标模糊 Petri 网模型的输出矩阵:

$$
K = \begin{bmatrix}
0 & 0 & 0 & 0 & 0 & 0 & 0 & 0 & 0 & 0 & 0 & 0 & 0 \\
0 & 0 & 0 & 0 & 0 & 0 & 0 & 0 & 0 & 0 & 0 & 0 & 0 \\
0 & 0 & 0 & 0 & 0 & 0 & 0 & 0 & 0 & 0 & 0 & 0 & 0 \\
0 & 0 & 0 & 0 & 0 & 0 & 0 & 0 & 0 & 0 & 0 & 0 & 0 \\
0 & 0 & 0 & 0 & 0 & 0 & 0 & 0 & 0 & 0 & 0 & 0 & 0 \\
0 & 0 & 0 & 0 & 0 & 0 & 0 & 0 & 0 & 0 & 0 & 0 & 0 \\
0.9 & 0.9 & 0 & 0 & 0 & 0 & 0 & 0 & 0 & 0 & 0 & 0 & 0 \\
0.9 & 0 & 0.8 & 0 & 0 & 0 & 0 & 0 & 0 & 0 & 0 & 0 & 0 \\
0 & 0 & 0.8 & 0.8 & 0.8 & 0.8 & 0.8 & 0 & 0 & 0 & 0 & 0 & 0 \\
0 & 0 & 0 & 0 & 0 & 0 & 0.8 & 0.8 & 0.8 & 0 & 0 & 0 & 0 \\
0 & 0 & 0 & 0 & 0 & 0 & 0 & 0 & 0.8 & 0 & 0 & 0 & 0 \\
0 & 0 & 0 & 0 & 0 & 0 & 0 & 0 & 0 & 0.8 & 0 & 0 & 0 \\
0 & 0 & 0 & 0 & 0 & 0 & 0 & 0 & 0 & 0 & 0.8 & 0.8 & 0 \\
0 & 0 & 0 & 0 & 0 & 0 & 0 & 0 & 0 & 0 & 0 & 0 & 1 & 0 \\
0 & 0 & 0 & 0 & 0 & 0 & 0 & 0 & 0 & 0 & 0 & 0.9 & 0 \\
0 & 0 & 0 & 0 & 0 & 0 & 0 & 0 & 0 & 0 & 0 & 0 & 0.9 \\
\end{bmatrix}
$$

5) 初始状态矩阵

"机动保障"指标模糊 Petri 网模型的初始状态矩阵数据见表 7 – 18。

表 7 – 18 "机动保障"指标模糊 Petri 网模型的初始状态矩阵数据

技术保障作业				战术行动				战场生存				机动保障			
优	良	中	差	优	良	中	差	优	良	中	差	优	良	中	差
0.52	0.43	0	0	0.76	0.24	0	0	0.14	0.43	0.43	0	0	0	0	0

173

根据表 7－18，得到机动保障指标模糊 Petri 网模型的初始状态矩阵：

$$S_0 = |0.52 \quad 0.43 \quad 0 \quad 0 \quad 0.76 \quad 0.24 \quad 0 \quad 0.14 \quad 0.43 \quad 0.43 \quad 0 \quad 0 \quad 0 \quad 0 \quad 0|$$

6）修正后的输入矩阵

根据初始状态和机动保障指标的推理规则可知，规则 7、规则 8、规则 9、规则 16、规则 17、规则 18、规则 19、规则 20、规则 21 和规则 22 不可用。得到机动保障指标模糊 Petri 网模型修正后的输入矩阵：

$$
Q_1 = \begin{bmatrix}
0.53 & 0.53 & 0.53 & 0.53 & 0.53 & 0 & 0 & 0 & 0 & 0 & 0 & 0 & 0 & 0 & 0 & 0 & 0 & 0 & 0 & 0 & 0 & 0 \\
0 & 0 & 0 & 0 & 0 & 0.53 & 0.53 & 0.53 & 0.53 & 0.53 & 0 & 0 & 0 & 0 & 0 & 0 & 0 & 0 & 0 & 0 & 0 & 0 \\
0 & 0 & 0 & 0 & 0 & 0 & 0 & 0 & 0 & 0 & 0 & 0 & 0 & 0 & 0 & 0 & 0 & 0 & 0 & 0 & 0 & 0 \\
0.33 & 0.33 & 0.33 & 0.33 & 0.33 & 0 & 0 & 0 & 0 & 0 & 0.33 & 0.33 & 0.33 & 0.33 & 0.33 & 0 & 0 & 0 & 0 & 0 & 0 & 0 \\
0 & 0 & 0 & 0 & 0 & 0 & 0 & 0 & 0 & 0 & 0 & 0 & 0 & 0 & 0 & 0 & 0 & 0 & 0 & 0 & 0 & 0 \\
0 & 0 & 0 & 0 & 0 & 0 & 0 & 0 & 0 & 0 & 0 & 0 & 0 & 0 & 0 & 0 & 0 & 0 & 0 & 0 & 0 & 0 \\
0.14 & 0.14 & 0.14 & 0.14 & 0.14 & 0.14 & 0.14 & 0.14 & 0.14 & 0.14 & 0.14 & 0.14 & 0.14 & 0.14 & 0.14 & 0 & 0 & 0 & 0 & 0 & 0 & 0 \\
0 & 0 & 0 & 0 & 0 & 0 & 0 & 0 & 0 & 0 & 0 & 0 & 0 & 0 & 0 & 0 & 0 & 0 & 0 & 0 & 0 & 0 \\
0 & 0 & 0 & 0 & 0 & 0 & 0 & 0 & 0 & 0 & 0 & 0 & 0 & 0 & 0 & 0 & 0 & 0 & 0 & 0 & 0 & 0 \\
0 & 0 & 0 & 0 & 0 & 0 & 0 & 0 & 0 & 0 & 0 & 0 & 0 & 0 & 0 & 0 & 0 & 0 & 0 & 0 & 0 & 0 \\
0 & 0 & 0 & 0 & 0 & 0 & 0 & 0 & 0 & 0 & 0 & 0 & 0 & 0 & 0 & 0 & 0 & 0 & 0 & 0 & 0 & 0 \\
0 & 0 & 0 & 0 & 0 & 0 & 0 & 0 & 0 & 0 & 0 & 0 & 0 & 0 & 0 & 0 & 0 & 0 & 0 & 0 & 0 & 0 \\
\end{bmatrix}
$$

174

7）计算结果

根据公式 5 - 22 得到指标"机动保障"的定性评估结果为：

$$L_{定性} = (0.39, 0.39, 0.22, 0)$$

根据最大隶属度原则,机动保障的定性评估结果为优。

根据公式 5 - 23 得到指标"机动保障"的定量评估结果为：

$$L_{定量} = 0.751$$

由此可知,机动保障的定量评估结果为 0.751。

同理,可以计算得到 L 基地海军舰船装备保障能力二级指标定性和定量评估结果,见表 7 - 19。

表 7 - 19　二级指标定性和定量评估结果

二级指标	定性评估结果				定量评估结果
	优	良	中	差	
装备基本情况 A_1	0.84	0.16	0	0	0.952
操作使用人员 A_2	0.75	0.25	0	0	0.925
指挥人员 B_1	0.83	0.17	0	0	0.949
指挥手段 B_2	0.32	0.47	0.21	0	0.733
方案计划 B_3	0.65	0.35	0	0	0.895
机关战备设施 B_4	0.65	0.28	0.07	0	0.874
组织指挥 B_5	0.63	0.27	0.1	0	0.859
供应保障人员 C_1	0.35	0.34	0.31	0	0.712
供应配套建设 C_2	0.4	0.5	0.1	0	0.79
装备储备 C_3	0	0.12	0.68	0.2	0.376
机动供应 C_4	0.15	0.34	0.41	0.11	0.563
技术保障人员 D_1	0.52	0.25	0.23	0	0.787
技术保障配套建设 D_2	0.18	0.35	0.32	0.15	0.568
机动保障 D_3	0.39	0.39	0.22	0	0.751

二级指标评估结果如图 7 - 25 所示。

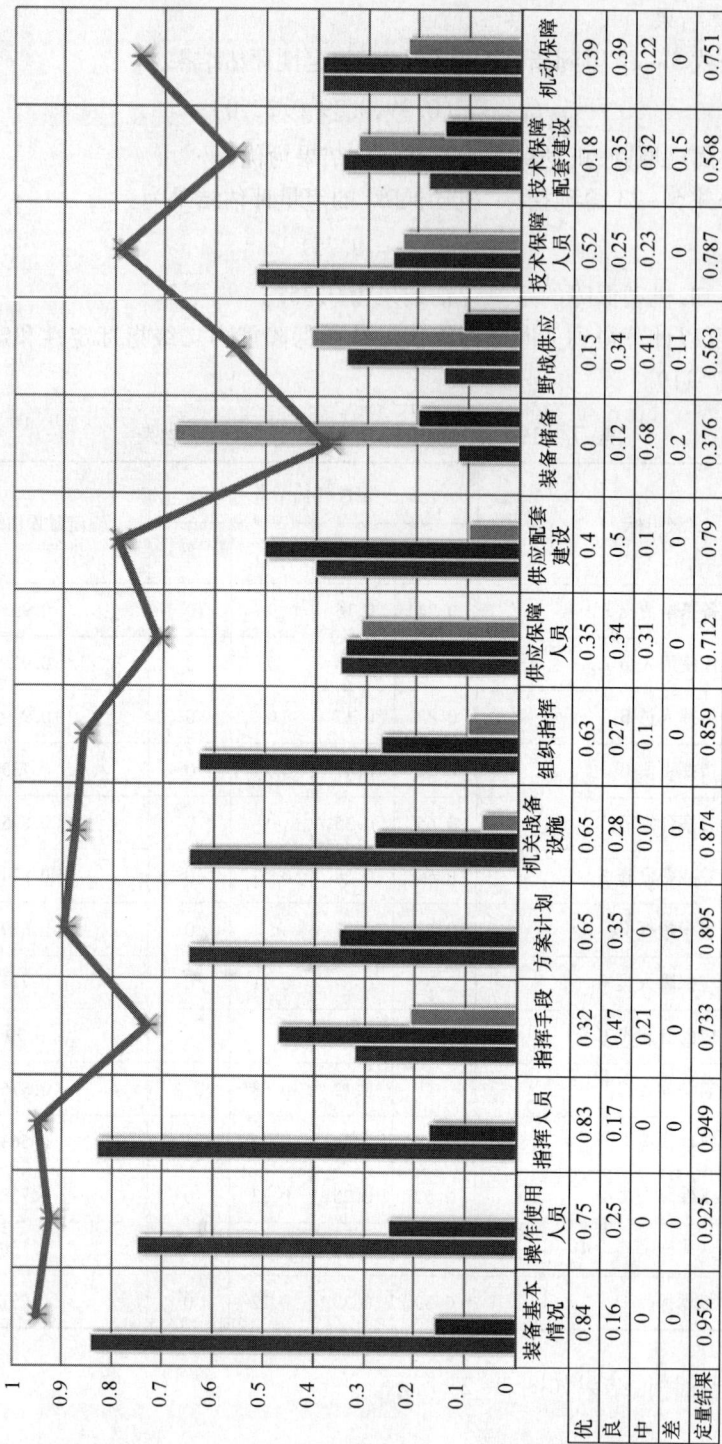

图7-25 二级指标评估结果

	装备基本情况	操作使用人员	指挥人员	指挥手段	方案计划	机关战备设施	组织指挥	供应保障人员	供应配套建设	装备储备	野战供应	技术保障人员	技术保障配套建设	机动保障
优	0.84	0.75	0.83	0.32	0.65	0.65	0.63	0.35	0.4	0	0.15	0.52	0.18	0.39
良	0.16	0.25	0.17	0.47	0.35	0.28	0.27	0.34	0.5	0.12	0.34	0.25	0.35	0.39
中	0	0	0	0.21	0	0.07	0.1	0.31	0.1	0.68	0.41	0.23	0.32	0.22
差	0	0	0	0	0	0	0	0	0	0.2	0.11	0	0.15	0
定量结果	0.952	0.925	0.949	0.733	0.895	0.874	0.859	0.712	0.79	0.376	0.563	0.787	0.568	0.751

从图 7-25 中可以看出,L 基地海军舰船装备保障能力二级指标中"装备储备"、"技术保障配套建设"得分较低,需要在以后的工作中进行改进提高。

2. L 基地舰船装备保障能力评估一级指标

已知 L 基地舰船装备保障能力评估的二级指标有 14 个($m = 14$)及权重的分配(见表 5-10),在式(5-25)中分别取:$b = 0.4, c = 0.8, d = 0.2, e = 0.8$,则得到:

$$S_j(R) = \begin{cases} |2.5 \times (0.4 - R_j)|^{\frac{1}{14 \cdot w_j^0}} + 0.2 & R_j \in (0, 0.4] \\ 0.2 & R_j \in (0.4, 0.8] \\ |1.6 \times (R_j - 0.8)|^{\frac{1}{14 \cdot w_j^0}} + 0.2 & R_j \in (0.8, 1] \end{cases} \quad (7-1)$$

$$j = 1, 2, 3, \cdots, 14$$

L 基地舰船装备保障能力评估变权模糊综合评估数据,见表 7-20。

表 7-20　一级指标评估结果

一级指标	一级指标模糊评估值	一级指标变权模糊评估值	二级级评估指标	权重 w^0	单一指标评估值 R_i	局部变量 $S_i(R)$	变权 $w_i(R) = \dfrac{w_i^0 \cdot S_i(R)}{\sum\limits_{j=1}^{n} w_j^0 S_j(R)}$
装备管理使用能力 A	0.9412	0.9418	装备基本情况 A_1	0.6	0.952	1.045	0.6227
			操作使用人员 A_2	0.4	0.925	0.9502	0.3774
装备保障指挥能力 B	0.8824	0.8948	指挥人员 B_1	0.32	0.949	0.9261	0.3987
			指挥手段 B_2	0.08	0.733	0.2	0.0215
			方案计划 B_3	0.08	0.895	0.386	0.0415
			机关战备设施 B_4	0.12	0.874	0.4808	0.0776
			组织指挥 B_5	0.4	0.859	0.8561	0.4607
装备供应保障能力 C	0.608	0.5334	供应保障人员 C_1	0.32	0.712	0.2	0.2171
			供应配套建设 C_2	0.12	0.79	0.2	0.0814
			装备储备 C_3	0.16	0.376	0.7928	0.4302
			机动供应 C_4	0.4	0.563	0.2	0.2713
装备技术保障能力 D	0.7182	0.7182	技术保障人员 D_1	0.27	0.787	0.2	0.27
			技术保障配套建设 D_2	0.23	0.568	0.2	0.23
			机动保障 D_3	0.5	0.751	0.2	0.5

由表 7-20 可知,L 基地海军舰船装备保障能力供应保障能力较低,需要重点关

注和提高。一级指标的模糊评估值和变权模糊评估值对比分析如图7－26所示。

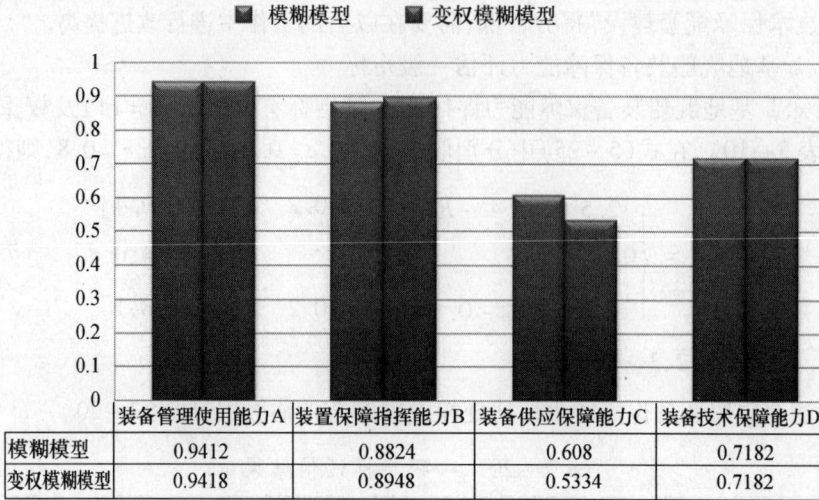

	装备管理使用能力A	装置保障指挥能力B	装备供应保障能力C	装备技术保障能力D
模糊模型	0.9412	0.8824	0.608	0.7182
变权模糊模型	0.9418	0.8948	0.5334	0.7182

图7－26　一级指标的模糊评估值和变权模糊评估值对比分析

从图7－26中可以看出,装备保障指挥能力的变权模糊评估值(0.8948)高于模糊评估值(0.8824),这是由于该指标下的二级指标得分较高,对权重起到了激励效果,使得评估值上升。同时,装备供应保障能力的变权模糊评估值(0.5334)低于模糊评估值(0.608),该指标下的"装备储备"指标得分太低,产生了非常明显的惩罚效果,使得评估值下降。由此可见,采用变权模糊模型能够反映指标得分对总体评估值奖励和惩罚的效果,因此,变权模糊模型比模糊模型更加科学的反映海军舰船装备保障能力的真实大小。

3. L基地海军舰船装备保障能力

同理,可以运用变权模糊模型得到L基地舰船装备保障能力评估大小。相关数据见表7－21。

表7－21　L基地舰船装备保障能力评估结果

L基地海军舰船装备保障能力		一级评估指标	权重 w^0	单一指标评估值 R_i	局部变量 $S_i(R)$	变权 $w_i(R) = \dfrac{w_i^0 \cdot S_i(R)}{\sum\limits_{j=1}^{n} w_j^0 S_j(R)}$
模糊评估结果	变权模糊评估结果					
0.7609	0.8471	装备管理使用能力 A	0.2	0.9418	0.7887	0.3543
		装备保障指挥能力 B	0.25	0.8948	0.7099	0.3986
		装备供应保障能力 C	0.25	0.5334	0.2	0.1123
		装备技术保障能力 D	0.3	0.7182	0.2	0.1348

模糊评估值和变权模糊评估值对比分析如图 7 – 27 所示。

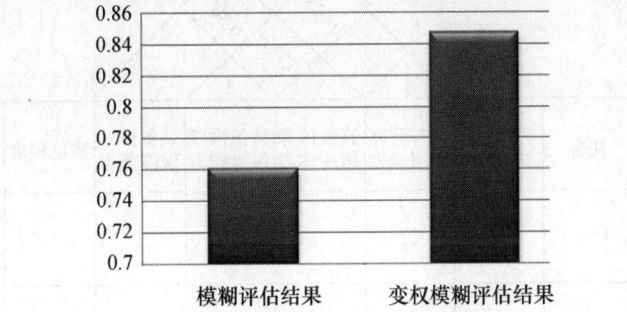

图 7 – 27　装备保障能力的模糊评估值和变权模糊评估值对比分析

从图 7 – 27 中可以看出,L 基地海军舰船装备保障能力的变权模糊评估值(0.8471)高于模糊评估值(0.7609),这是由于装备管理使用能力和装备保障指挥能力得分较高,对权重起到了激励效果,使得评估值上升。综上,得到 L 基地海军舰船装备保障能力定量评估结果为 0.8471。

公式 5 – 26 计算得到 L 基地海军舰船装备保障能力定性评估结果如下:

对于该基地保障能力评估的定性评估结果为:$c = (0.3883 \quad 0.3145 \quad 0.2039$
$0.0933)$,依据最大隶属度原则,L 基地海军舰船装备保障能力定性评估结果为优。

7.2.3　面向任务的保障能力评估

建立的面向任务的 L 基地舰船装备保障能力评估的质量屋如图 7 – 28 所示。

1. 指标间的关系矩阵

由图 7 – 28 可知,指标间的关系矩阵为:

$$\boldsymbol{A} = \left(a_{ij}\right)_{4 \times 4} = \begin{pmatrix} 1 & 0 & 0.625 & 0.598 \\ 0 & 1 & 0.727 & 0.807 \\ 0 & 0 & 1 & 0 \\ 0 & 0 & 0 & 1 \end{pmatrix}$$

2. 指标与任务的关系矩阵

由图 7 – 28 可知,指标与任务的关系矩阵:

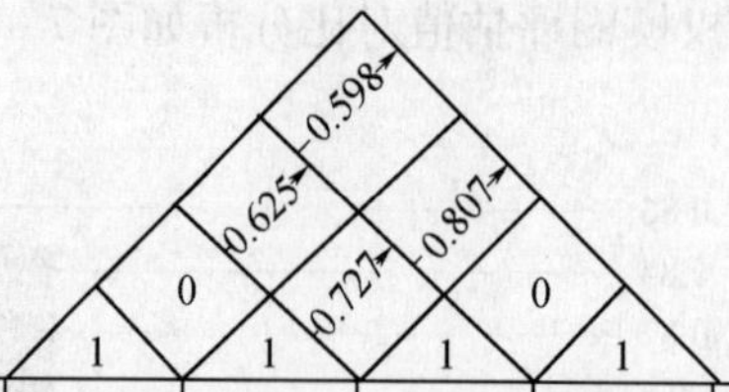

图 7-28 面向任务的 L 基地舰船装备保障能力评估的质量屋

任务	权重	装备管理使用能力	装备保障指挥能力	装备供应保障能力	装备技术保障能力	满足程度
任务1	0.25	◎	△	○	△	0.7199
任务2	0.2	△	◎	△	○	0.7252
任务3	0.15	△	○	◎	○	0.6795
任务4	0.2	△	○	○	◎	0.7003
任务5	0.2	△	○	◎	◎	0.6893
指标评估值		0.9418	0.8948	0.5334	0.7182	

$$\boldsymbol{D} = (d_{ij})_{5\times4} = \begin{pmatrix} 5 & 1 & 3 & 1 \\ 1 & 5 & 1 & 3 \\ 1 & 3 & 5 & 3 \\ 1 & 3 & 3 & 5 \\ 1 & 3 & 5 & 5 \end{pmatrix}$$

3. 计算得到修订后的关系矩阵

根据指标间的相互关系矩阵和指标与任务的关系矩阵,得到修订后的关系矩阵 $\boldsymbol{D}^*$,并进行归一化处理:

$$\boldsymbol{D}^* = \boldsymbol{D} \times \boldsymbol{A} = \begin{pmatrix} 5 & 1 & 3 & 1 \\ 1 & 5 & 1 & 3 \\ 1 & 3 & 5 & 3 \\ 1 & 3 & 3 & 5 \\ 1 & 3 & 5 & 5 \end{pmatrix} \times \begin{pmatrix} 1 & 0 & 0.625 & 0.598 \\ 0 & 1 & 0.727 & 0.807 \\ 0 & 0 & 1 & 0 \\ 0 & 0 & 0 & 1 \end{pmatrix}$$

$$= \begin{pmatrix} 5 & 1 & 6.852 & 4.7997 \\ 1 & 5 & 5.26 & 7.633 \\ 1 & 3 & 7.806 & 6.019 \\ 1 & 3 & 5.806 & 8.019 \\ 1 & 3 & 7.806 & 8.019 \end{pmatrix}$$

归一化后

$$\boldsymbol{D}^* = \begin{vmatrix} 0.2833 & 0.0567 & 0.3882 & 0.2719 \\ 0.0529 & 0.2646 & 0.2784 & 0.404 \\ 0.0561 & 0.1683 & 0.4379 & 0.3377 \\ 0.0561 & 0.1683 & 0.3257 & 0.4499 \\ 0.0504 & 0.1513 & 0.3937 & 0.4045 \end{vmatrix}$$

4. 单指标的评估结果

根据表7-20,得到单指标的评估值,见表7-22。

表7-22　单指标的评估值

一级评估指标	指标评估值
装备管理使用能力 A	0.9418
装备保障指挥能力 B	0.8948
装备供应保障能力 C	0.5334
装备技术保障能力 D	0.7182

$$\boldsymbol{R} = \begin{vmatrix} 0.9418 \\ 0.8948 \\ 0.5334 \\ 0.7182 \end{vmatrix}$$

5. 计算各任务的满足程度

依据修订后的关系矩阵 $\boldsymbol{D}^*$,单指标的评估结果 R,计算各个任务的满足程度 $\boldsymbol{F}$:

$$\boldsymbol{F} = \begin{vmatrix} 0.2833 & 0.0567 & 0.3882 & 0.2719 \\ 0.0529 & 0.2646 & 0.2784 & 0.404 \\ 0.0561 & 0.1683 & 0.4379 & 0.3377 \\ 0.0561 & 0.1683 & 0.3257 & 0.4499 \\ 0.0504 & 0.1513 & 0.3937 & 0.4045 \end{vmatrix} \times \begin{vmatrix} 0.9418 \\ 0.8948 \\ 0.5334 \\ 0.7182 \end{vmatrix} = \begin{vmatrix} 0.7199 \\ 0.7252 \\ 0.6795 \\ 0.7003 \\ 0.6834 \end{vmatrix}$$

L基地海军舰船装备保障能力满足各种任务的程度,如图7-29所示。

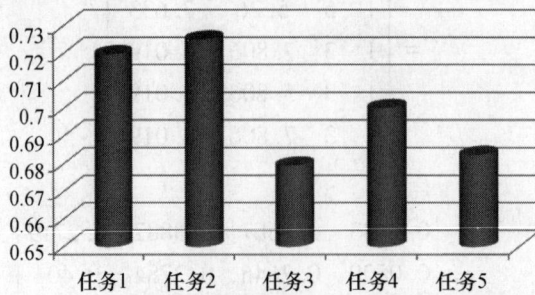

图7-29　L基地海军舰船装备保障能力满足各种任务的程度

由图7-29可知,该基地的海军舰船装备保障能力能够较好的完成各项任务,基本达到了要求。但是,该基地海军舰船装备保障能力完成任务的能力普遍不高,特别是对任务3的完成能力较弱需要重点加强和提高。

6. 计算所有任务的满足程度

L基地所有任务的满足程度 F^*:

$$F^* = |0.7199 \quad 0.7252 \quad 0.6795 \quad 0.7003 \quad 0.6834| \times \begin{vmatrix} 0.25 \\ 0.2 \\ 0.15 \\ 0.2 \\ 0.2 \end{vmatrix} = 0.7037$$

由此可见,L基地海军舰船装备保障能力满足所有任务的程度为0.7037。

7.2.4　保障能力动态评估

根据第6章海军舰船装备保障能力动态评估的模型和相关结论,对L基地海军舰船装备保障能力进行动态评估。

已知L基地海军舰船装备保障能力静态评估的结果,见表7-21。其中,装备管理使用能力为0.9418,装备保障指挥能力为0.8948,装备供应保障能力为0.5334,装备技术保障能力为0.7182。

L基地在得知自身舰船装备保障能力评估结果后,根据评估结果和评估指标的薄弱环节,采取有针对性的改进措施,通过提高得分低的指标来提升其海军舰船装备保障整体能力。假设L基地总体资源是有限的,因此,L基地装备管理使用能力的整改力度 + 装备保障指挥能力的整改力度 + 装备供应保障能力的整改力度 + 装备技术保障能力的整改力度 =1。

下面分3种情况,对L基地海军舰船装备保障能力进行动态评估。

第 1 种情况,L 基地针对最薄弱的环节进行改进,不对其他能力进行整改。即,装备供应保障能力的整改力度为 1,其他为 0;

第 2 种情况,L 基地针对装备供应保障能力和装备技术保障能力进行改进,不对其他能力进行整改。即,装备供应保障能力的整改力度为 0.7,装备供应保障能力的整改力度为 0.3,其他为 0;

第 3 种情况,L 基地针对所有保障能力进行改进。即,装备供应保障能力的整改力度为 0.5,装备供应保障能力的整改力度为 0.2,装备保障指挥能力的整改力度为 0.15,装备管理使用能力的整改力度为 0.15。

假设这 3 种情况,海军舰船装备保障能力动态评估仿真模型的输入数据,见表 7-23。

表 7-23　海军舰船装备保障能力动态评估仿真模型的输入数据

	管理使用能力的初始值	保障指挥能力的初始值	供应保障能力的初始值	技术保障能力的初始值	装备保障能力建设投入的初始值	管理使用能力的整改力度	保障指挥能力的整改力度	供应保障能力的整改力度	技术保障能力的整改力度	管理使用能力的权重	保障指挥能力的权重	供应保障能力的权重	技术保障能力的权重	期望的保障能力
第 1 种情况	0.9418	0.8948	0.5334	0.7182	0.2	0	0	1	0	0.2	0.25	0.25	0.3	1
第 2 种情况	0.9418	0.8948	0.5334	0.7182	0.2	0	0	0.7	0.3	0.2	0.25	0.25	0.3	1
第 3 种情况	0.9418	0.8948	0.5334	0.7182	0.2	0.15	0.15	0.5	0.2	0.2	0.25	0.25	0.3	1

1. 第 1 种情况的仿真结果

第 1 种情况,L 基地海军舰船装备保障能力动态变化的仿真结果,如图 7-30 所示。

图 7-30 中显示了装备保障能力的变化情况,装备保障能力建设效益以及装备供应保障能力的变化情况。从图 7-30 中可以看出,在 1 个单位时间到 1.75 个单位时间,由于加大了装备供应保障能力的整改力度,装备保障能力呈快速上升趋势,在 1.75 个单位时间后,装备供应保障能力达到极致,但此时装备保障能力还未达到期望值,因此该基地还在继续加大投入,在 1.75 个单位时间到 4.5 个单位时间期间,虽然该基地继续加大投入,但作用不明显,装备保障能力提升缓慢,在 4.5 个单位时间后达到极致,装备保障能力为 0.9684。在达到峰值后,随着投入的加大,装备保障建设效益下降,导致装备保障能力也随之下降,最后趋于平稳。

2. 第 2 种情况的仿真结果

第 2 种情况,L 基地海军舰船装备保障能力动态变化的仿真结果,如图 7-31 所示。

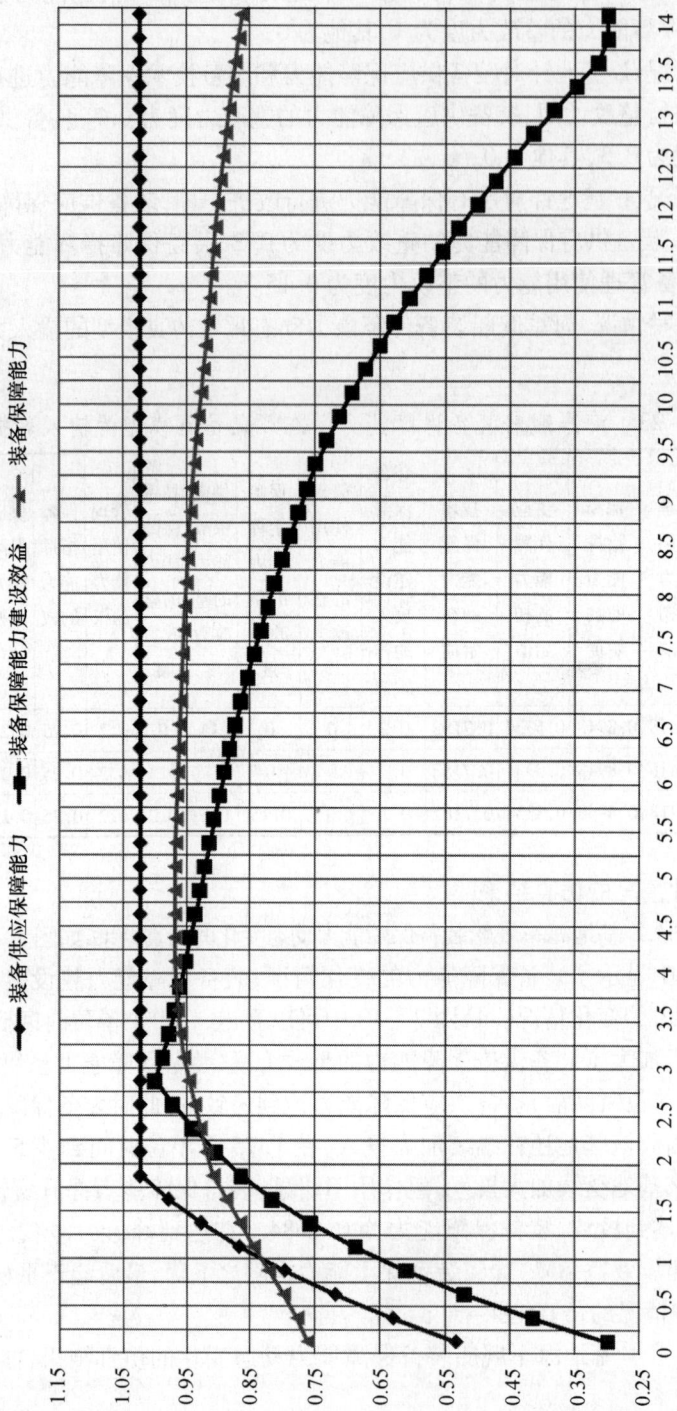

图7-30 第1种情况L基地海军舰船装备保障能力动态变化的仿真结果

装备供应保障能力 ━━ 装备保障能力建设效益 装备保障能力

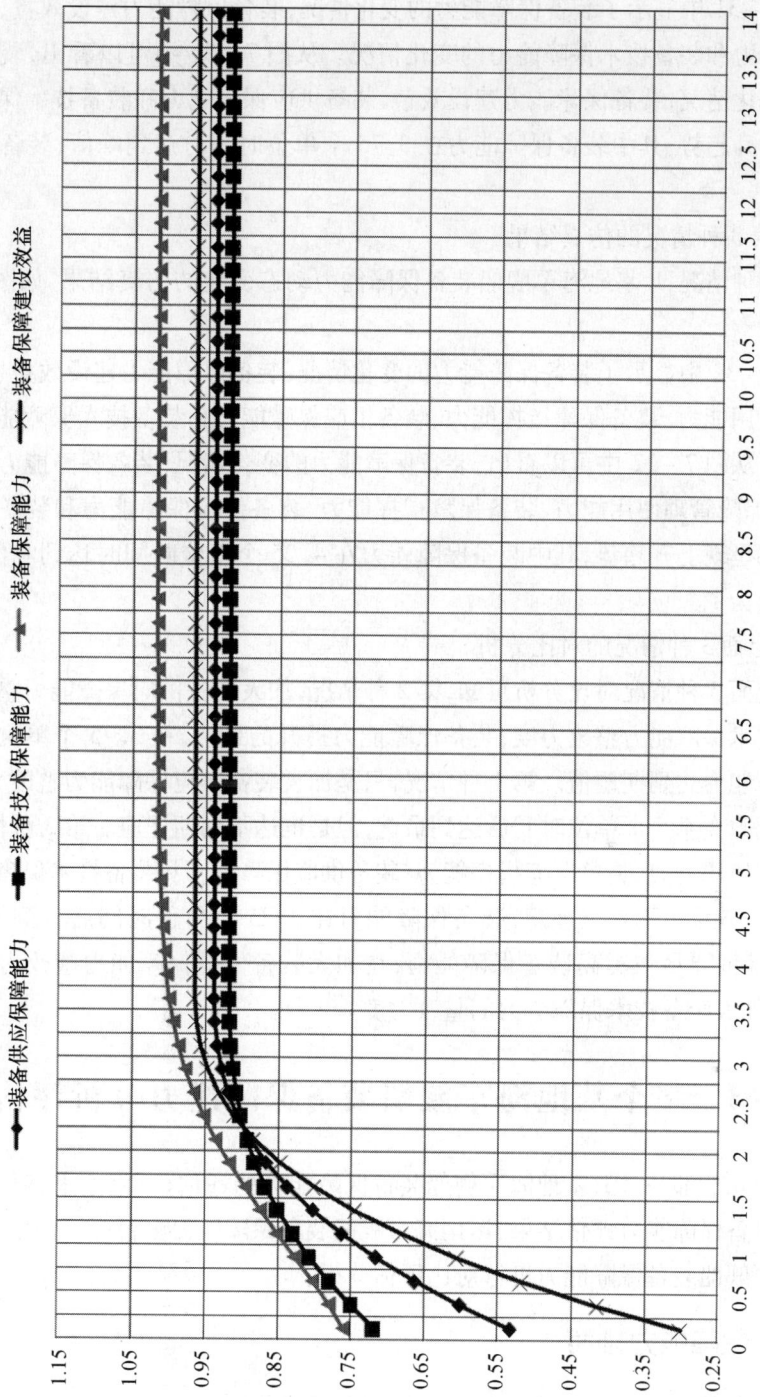

图7-31 第2种情况L基地海军舰船装备保障能力动态变化的仿真结果

图 7 - 31 中显示了装备保障能力的变化情况,装备保障能力建设效益、装备供应保障能力和装备技术保障能力的变化情况。从图 7 - 31 中可以看出,装备保障能力的变化情况,装备保障能力建设效益、装备供应保障能力和装备技术保障能力都呈现上升趋势,其中装备保障能力在 3.75 个单位时间时达到峰值,装备保障能力为 1。

3. 第 3 种情况的仿真结果

第 3 种情况,L 基地海军舰船装备保障能力动态变化的仿真结果,如图 7 - 32 所示。

图 7 - 32 中显示了装备保障能力的变化情况,装备保障能力建设效益、装备保障管理使用能力、装备保障指挥能力、装备供应保障能力和装备技术保障能力的变化情况。从图 7 - 32 中可以看出,装备保障能力的变化情况,装备保障能力建设效益、装备保障管理使用能力、装备保障指挥能力、装备供应保障能力和装备技术保障能力都呈现上升趋势,其中装备保障能力在 4.25 个单位时间时达到峰值,装备保障能力为 1。

4. 上面 3 种情况的对比分析

从上面 3 种情况对比分析可知,第 2 种情况,加大装备供应保障能力整改力度和装备技术保障能力整改力度,装备保障能力提升的最快,在 3.75 个单位时间后装备保障能力达到期望值。第 1 种情况,只是加大装备供应保障能力整改力度,装备保障能力在 4.5 个单位时间后达到最优,但是也达不到期望值。第 3 种情况,对装备管理使用能力、装备保障指挥能力、装备供应保障能力和装备技术保障都加大整改力度,效果也不是很理想,装备保障能力在 4.25 个单位时间后达到期望值。综上,L 基地要尽快提高装备保障能力,在加大装备供应保障能力整改力度的同时,还要加大装备技术保障能力的整改力度。

7.3　多个基地海军舰船装备保障能力分析评估

前面几节都是对 L 基地海军舰船装备保障能力的评估,下面本书将根据各基地舰船装备保障能力评估结果,运用海军舰船装备保障能力多目标评估模型,对各基地海军舰船装备保障能力进行对比评估分析。

7.3.1　保障能力排序

已知各基地舰船装备保障能力评估数据,见表 7 - 24。

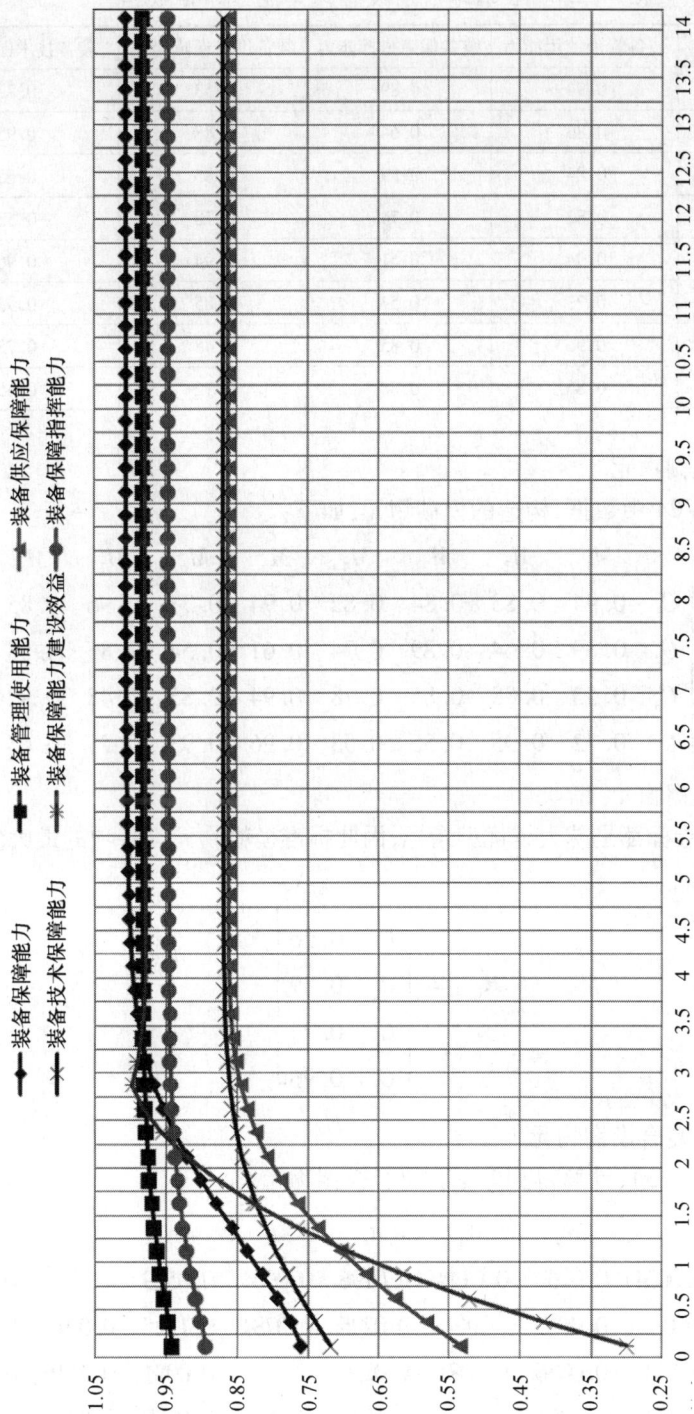

图7-32 第3种情况L基地海军舰船装备保障能力动态变化的仿真结果

图例：
装备保障能力　　装备管理使用能力　　装备供应保障能力
装备技术保障能力　　装备保障能力建设效益　　装备保障指挥能力

表7-24　各基地舰船装备保障能力评估数据

指标基地	装备管理使用能力	装备保障指挥能力	装备供应保障能力	装备技术保障能力
L基地	0.94	0.89	0.53	0.72
Q基地	0.83	0.64	0.88	0.95
S基地	0.84	0.89	0.85	0.55
D基地	0.82	0.74	0.78	0.53
F基地	0.94	0.61	0.94	0.96
G基地	0.73	0.54	0.85	0.93
Z基地	0.96	0.85	0.48	0.75
Y基地	0.85	0.88	0.92	0.65

1. 复合模糊物元

根据表7-24中数据,构造的模糊物元,如下:

$$R_{8\times4} = \begin{bmatrix} & M_1 & M_2 & M_2 & M_4 & M_5 & M_6 & M_7 & M_8 \\ C_1 & 0.94 & 0.83 & 0.84 & 0.82 & 0.94 & 0.73 & 0.96 & 0.85 \\ C_2 & 0.89 & 0.64 & 0.89 & 0.74 & 0.61 & 0.54 & 0.85 & 0.88 \\ C_3 & 0.53 & 0.88 & 0.85 & 0.78 & 0.94 & 0.85 & 0.48 & 0.92 \\ C_4 & 0.72 & 0.95 & 0.55 & 0.53 & 0.96 & 0.93 & 0.75 & 0.65 \end{bmatrix}$$

2. 标准模糊物元

由于评估指标都是越大越优型指标,因此标准模糊物元为各项的最大值。

$$R_{0\times4} = \begin{bmatrix} & M_0 \\ C_1 & 0.96 \\ C_2 & 0.89 \\ C_3 & 0.94 \\ C_n & 0.96 \end{bmatrix}$$

3. 差平方复合模糊物元

根据式(5-33),计算得到差平方符合模糊物元。

$$R_{\Delta} = \begin{bmatrix} & M_1 & M_2 & M_3 & M_4 & M_5 & M_6 & M_7 & M_8 \\ C_1 & 0.0004 & 0.0169 & 0.0144 & 0.0196 & 0.0004 & 0.0529 & 0 & 0.0121 \\ C_2 & 0 & 0.0625 & 0 & 0.0225 & 0.0784 & 0.1225 & 0.0016 & 0.0001 \\ C_3 & 0.1681 & 0.0036 & 0.0081 & 0.0256 & 0 & 0.0081 & 0.2116 & 0.0004 \\ C_4 & 0.0576 & 0.0001 & 0.1681 & 0.1849 & 0 & 0.0009 & 0.0441 & 0.0961 \end{bmatrix}$$

4. 基于欧氏贴近度的评估模型

根据指标权重和式(5-36),计算得到欧氏贴近度复合模糊物元 $\boldsymbol{R}_{\rho H}$。

$$\boldsymbol{R}_{\rho H} = \begin{bmatrix} & M_1 & M_2 & M_3 & M_4 & M_5 & M_6 & M_7 & M_8 \\ \rho H_j & 0.7563 & 0.8588 & 0.7648 & 0.7328 & 0.8597 & 0.7914 & 0.7421 & 0.8229 \end{bmatrix}$$

由欧氏贴近度的排序 $\rho H_5 > \rho H_2 > \rho H_8 > \rho H_6 > \rho H_3 > \rho H_1 > \rho H_7 > \rho H_4$,可知海军舰船装备保障能力的排序为:F 基地 > Q 基地 > Y 基地 > G 基地 > S 基地 > L 基地 > Z 基地 > D 基地。

7.3.2 保障能力聚类分析

本书运用 SPSS 中的重心法进行聚类分析,8 个基地的欧式距离见表 7-25。

表 7-25 8 个基地的评估结果的欧式距离

案例	平方 Euclidean 距离							
	L 基地	Q 基地	S 基地	D 基地	F 基地	G 基地	Z 基地	Y 基地
L 基地	0.000	0.250	0.141	0.136	0.304	0.313	0.005	0.165
Q 基地	0.250	0.000	0.223	0.196	0.017	0.021	0.261	0.150
S 基地	0.141	0.223	0.000	0.028	0.265	0.279	0.193	0.015
D 基地	0.136	0.196	0.028	0	0.242	0.213	0.170	0.055
F 基地	0.304	0.017	0.265	0.242	0	0.058	0.314	0.177
G 基地	0.313	0.021	0.279	0.213	0.058	0	0.318	0.213
Z 基地	0.005	0.261	0.193	0.170	0.314	0.318	0	0.217
Y 基地	0.165	0.150	0.015	0.055	0.177	0.213	0.217	0

计算得到的聚类分析结果见表 7-26。

由此可见,通过聚类分析,可以将 8 个海军基地舰船装备保障能力分为 3 类:

第 1 类,L 基地和 Z 基地,该类基地存在的共同问题是装备供应保障能力较弱。

第 2 类,Q 基地、F 基地和 G 基地,该类基地存在的共同问题是装备保障指挥能力较弱。

第 3 类,S 基地、D 基地和 Y 基地,该类基地存在的共同问题是装备技术保障能力较弱。

表 7-26 聚类分析结果

群集成员	
案例	3 群集
L 基地	1
Q 基地	2
S 基地	3
D 基地	3
F 基地	2
G 基地	2
Z 基地	1
Y 基地	3

同时,得到聚类分析的冰状图,如图7-33所示。

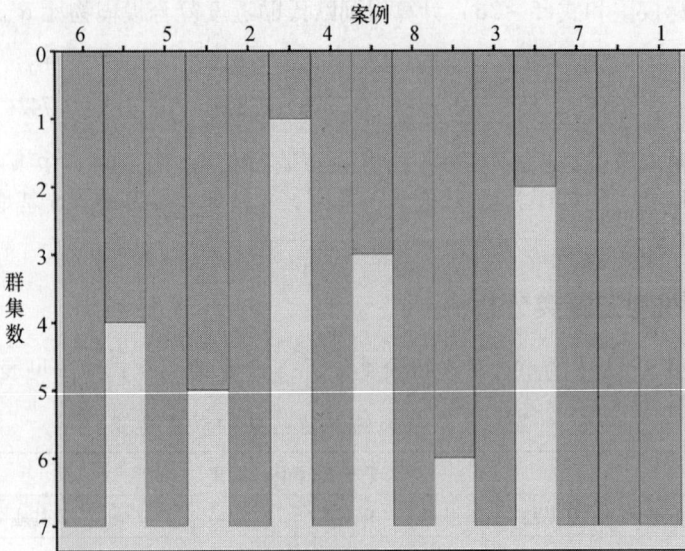

图7-33　聚类分析的冰状图

从图7-33中可以看出当8个基地如果聚成7类,L基地和Z基地为一类,其他各基地各自一类;如果聚成6类,S基地和Y基地为一类,L基地和Z基地为一类,其他各基地各自一类;如果聚成5类,Q基地和F基地为一类,L基地和Z基地为一类,S基地和Y基地一类,其他各基地各自一类;如果聚成4类,Q基地、F基地和G基地为一类,L基地和Z基地为一类,S基地和Y基地一类,D基地一类;如果聚成3类,Q基地、F基地和G基地为一类,L基地和Z基地为一类,S基地、D基地和Y基地一类。

7.4　舰船装备保障能力评估实施效果评价

本书将运用基于灰色灰色理论的元评估模型,对海军舰船装备保障能力进行元评估,即进行舰船装备保障能力评估的效果评价。本书选取的元评估主体,包括参加舰船装备保障能力评估者1人、舰船装备保障能力评估结论的使用者2人和外部专业评估专家2人。

根据元评估的指标体系见表7-27。已知5个专家对28个三级指标的评分值见表7-27。

表7-27　元评估专家评分值

三级指标	专家1	专家2	专家3	专家4	专家5
评估目标的界定	3	4	3	3	4
评估利益相关者的界定和诉求分析	4	4	2.5	2.5	3

190

三级指标	专家1	专家2	专家3	专家4	专家5
评估的总体方案	3	2.5	2	2.5	2
评估协议	2	1.5	2	2	2
评估指标体系设计	4	3.5	3	3	3
评估模型设计	4	3	3.5	3.5	3
评估信息采集方法、配套工具设计	3	2.5	3	3	4
数据统计测量和分析方法	3	4	3	2	3
专家组构成和分工	4	3	2.5	3.5	3
专家职责和工作守则	3.5	2.5	3	3	2.5
评估模式的选择性	3	2.5	2	2	2
评估实施设计	3	3	2	3	3
信息采集过程	4	3	3	3	3
信息汇集整理与综合分析（定性和定量处理）	3	4	2.5	2.5	2
专家的遴选、聘任和培训	4	3.5	3	3.5	3
相互沟通	3	2.5	2	3	2
评估过程监控	3	2	2	2	3
评估结果及报告的撰写	4	3	3	2.5	3
评估绩效分析	3	3	3	2.5	3
评估结果反馈与公布	3	4	2.5	3	3

1. 样本矩阵

根据表 7-27 可以得到样本矩阵。

$$
D = \begin{bmatrix}
3 & 4 & 3 & 3 & 4 \\
4 & 4 & 2.5 & 2.5 & 3 \\
3 & 2.5 & 2 & 2.5 & 2 \\
2 & 1.5 & 2 & 2 & 2 \\
4 & 3.5 & 3 & 3 & 3 \\
4 & 3 & 3.5 & 3.5 & 3 \\
3 & 2.5 & 3 & 3 & 4 \\
3 & 4 & 3 & 2 & 3 \\
4 & 3 & 2.5 & 3.5 & 3 \\
3.5 & 2.5 & 3 & 3 & 2.5 \\
3 & 2.5 & 2 & 2 & 2 \\
3 & 3 & 2 & 3 & 3 \\
4 & 3 & 3 & 3 & 3 \\
3 & 4 & 2.5 & 2.5 & 2 \\
4 & 3.5 & 3 & 3.5 & 3 \\
3 & 2.5 & 2 & 3 & 2 \\
3 & 2 & 2 & 2 & 3 \\
4 & 3 & 3 & 2.5 & 3 \\
3 & 3 & 3 & 2.5 & 3 \\
3 & 4 & 2.5 & 3 & 3
\end{bmatrix}^{T}
$$

191

2. 计算灰色系数

以指标"评估目标的界定"为例分析如何得到灰色系数,指标"评估目标的界定"属于 $e=1$ 的灰色评估数 x_{11}。

$$x_{11} = \sum_{t=1}^{5} f_1(d_{t1}) = f(d_{11}) + f(d_{21}) + f(d_{31}) + f(d_{41}) + f(d_{51})$$
$$= f(3) + f(4) + f(3) + f(3) + f(4)$$
$$= 0.75 + 1 + 0.75 + 0.75 + 1$$
$$= 4.25$$

同理

$$x_{12} = \sum_{t=1}^{5} f_2(d_{t1}) = f(d_{11}) + f(d_{21}) + f(d_{31}) + f(d_{41}) + f(d_{51})$$
$$= f(3) + f(4) + f(3) + f(3) + f(4)$$
$$= 1 + 0.667 + 1 + 1 + 0.667$$
$$= 4.334$$

$$x_{13} = \sum_{t=1}^{5} f_3(d_{t1}) = f(d_{11}) + f(d_{21}) + f(d_{31}) + f(d_{41}) + f(d_{51})$$
$$= f(3) + f(4) + f(3) + f(3) + f(4)$$
$$= 0.5 + 0 + 0.5 + 0.5 + 0$$
$$= 1.5$$

$$x_{14} = \sum_{t=1}^{5} f_4(d_{t1}) = f(d_{11}) + f(d_{21}) + f(d_{31}) + f(d_{41}) + f(d_{51})$$
$$= f(3) + f(4) + f(3) + f(3) + f(4)$$
$$= 0 + 0 + 0 + 0 + 0$$
$$= 0$$

$$x_1 = \sum_{e=1}^{4} x_{ie} = 4.25 + 4.334 + 1.5 + 0 = 10.084$$

同理可分别求出评估指标的灰色评估数。

3. 计算灰色评估向量和评估矩阵

以指标"评估目标的界定"为例分析如何得到灰色评估向量。

$$r_{11} = \frac{x_{11}}{x_1} = \frac{4.25}{10.084} = 0.42$$

$$r_{12} = \frac{x_{12}}{x_1} = \frac{4.334}{10.084} = 0.43$$

$$r_{13} = \frac{x_{13}}{x_1} = \frac{1.5}{10.084} = 0.15$$

$$r_{14} = \frac{x_{14}}{x_1} = \frac{0}{10.084} = 0$$

同理计算出其他指标的灰色评估向量,数据见表7-28。

表7-28 灰色评估向量数据

三级指标	优	良	中	差
评估目标的界定	0.42	0.43	0.15	0
评估利益相关者的界定和诉求分析	0.56	0.32	0.12	0
评估的总体方案	0.15	0.22	0.38	0.25
评估协议	0.10	0.14	0.24	0.53
评估指标体系设计	0.42	0.45	0.13	0
评估模型设计	0.64	0.32	0.02	0
评估信息采集方法、配套工具设计	0.38	0.46	0.16	0
数据统计测量和分析方法	0.25	0.46	0.23	0.07
专家组构成和分工	0.23	0.54	0.22	0
专家职责和工作守则	0.20	0.35	0.45	0
评估模式的选择性	0.14	0.22	0.22	0.42
评估实施设计	0.23	0.40	0.25	0.12
信息采集过程	0.42	0.50	0.08	0
信息汇集整理与综合分析(定性和定量处理)	0.18	0.48	0.22	0.12
专家的遴选、聘任和培训	0.45	0.45	0.10	0
相互沟通	0.10	0.30	0.34	0.26
评估过程监控	0.12	0.15	0.2	0.53
评估结果及报告的撰写	0.32	0.43	0.25	0
评估绩效分析	0.15	0.51	0.34	0
评估结果反馈与公布	0.21	0.54	0.25	0

由表 7-28 可知,由于本次评估没有通过正式或非正式的协议明确评估主体的责、权、利,包括评估信息和结果的使用限制、以及评估客体的申诉权等有关事宜,所以指标"评估协议"的得分较低,由于本次评估模式比较单一,没有针对不同评估客体进行调整,所以指标"评估模式的选择性"的得分较低,由于评估组织者对整个评估活动没有进行有效的全程监控,没有及时追踪、记录评估程序实施清况,所以指标"评估过程监控"得分较低。

在此基础上,得到灰色评估矩阵 $\boldsymbol{R}$。

$$
\boldsymbol{R} = \begin{bmatrix}
0.42 & 0.43 & 0.15 & 0 \\
0.56 & 0.32 & 0.12 & 0 \\
0.15 & 0.22 & 0.38 & 0.25 \\
0.1 & 0.14 & 0.24 & 0.53 \\
0.42 & 0.45 & 0.13 & 0 \\
0.64 & 0.32 & 0.02 & 0 \\
0.38 & 0.46 & 0.16 & 0 \\
0.25 & 0.46 & 0.23 & 0.07 \\
0.23 & 0.54 & 0.22 & 0 \\
0.2 & 0.35 & 0.45 & 0 \\
0.14 & 0.22 & 0.22 & 0.42 \\
0.23 & 0.4 & 0.25 & 0.12 \\
0.42 & 0.5 & 0.08 & 0 \\
0.18 & 0.48 & 0.22 & 0.12 \\
0.45 & 0.45 & 0.1 & 0 \\
0.1 & 0.3 & 0.34 & 0.26 \\
0.12 & 0.15 & 0.2 & 0.53 \\
0.32 & 0.43 & 0.25 & 0 \\
0.15 & 0.51 & 0.34 & 0 \\
0.21 & 0.54 & 0.25 & 0
\end{bmatrix}
$$

4. 计算评估结果

$$
l = W \times R = \begin{bmatrix} 0.072 \\ 0.048 \\ 0.056 \\ 0.024 \\ 0.08 \\ 0.06 \\ 0.04 \\ 0.02 \\ 0.06 \\ 0.06 \\ 0.036 \\ 0.044 \\ 0.06 \\ 0.06 \\ 0.028 \\ 0.024 \\ 0.028 \\ 0.12 \\ 0.04 \\ 0.04 \end{bmatrix}^{T} \times \begin{bmatrix} 0.42 & 0.43 & 0.15 & 0 \\ 0.56 & 0.32 & 0.12 & 0 \\ 0.15 & 0.22 & 0.38 & 0.25 \\ 0.1 & 0.14 & 0.24 & 0.53 \\ 0.42 & 0.45 & 0.13 & 0 \\ 0.64 & 0.32 & 0.02 & 0 \\ 0.38 & 0.46 & 0.16 & 0 \\ 0.25 & 0.46 & 0.23 & 0.07 \\ 0.23 & 0.54 & 0.22 & 0 \\ 0.2 & 0.35 & 0.45 & 0 \\ 0.14 & 0.22 & 0.22 & 0.42 \\ 0.23 & 0.4 & 0.25 & 0.12 \\ 0.42 & 0.5 & 0.08 & 0 \\ 0.18 & 0.48 & 0.22 & 0.12 \\ 0.45 & 0.45 & 0.1 & 0 \\ 0.1 & 0.3 & 0.34 & 0.26 \\ 0.12 & 0.15 & 0.2 & 0.53 \\ 0.32 & 0.43 & 0.25 & 0 \\ 0.15 & 0.51 & 0.34 & 0 \\ 0.21 & 0.54 & 0.25 & 0 \end{bmatrix} = \begin{bmatrix} 0.3 & 0.4 & 0.21 & 0.09 \end{bmatrix}
$$

得到本次海军舰船装备保障能力元评估的评估结果,如图 7-34 所示。

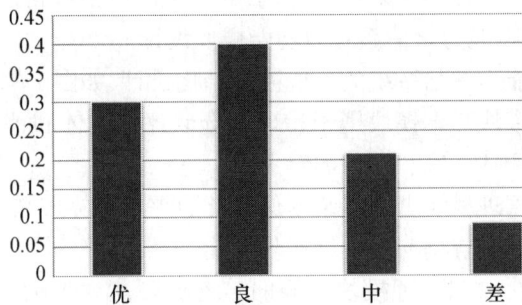

图 7-34　海军舰船装备保障能力元评估结果

由图 7-34 可知,该次海军舰船装备保障能力元评估结果隶属于优的程度为30%,隶属于良的程度为40%,隶属于中的程度为21%,隶属于差的程度为9%。

根据公式 6-4,计算海军舰船装备保障能力元评估的定量评估结果:

$$l^1 = \begin{bmatrix} 0.3 & 0.4 & 0.21 & 0.09 \end{bmatrix} \times \begin{bmatrix} 1 & 0.7 & 0.4 & 0.1 \end{bmatrix} = 0.68$$

根据评估标准可知,该次海军舰船装备保障能力元评估的定量评估结果为0.68。通过本次元评估可知,为提高舰船装备保障能力评估实施效果,应建议海军机关今后开展舰船装备保障能力评估前,以文件形式正式下达评估任务,明确评估主体的责、权、利,包括评估信息和评估结果的使用场合、评估客体的申诉权等有关事宜,这样能够提高"评估协议"的得分;另外,还要选择多个类似单位进行评估,改变评估模式单一、没有针对不同评估客体进行调整的做法,这样能够提高"评估模式的选择性"得分;再有,机关要对整个评估活动进行有效的全程监控,及时追踪、记录评估程序实施情况,督促并指导解决评估工作中的具体问题,这样能够提高"评估过程监控"得分。

7.5 舰船装备保障能力评估软件设计与实现

本书运用 Dephi 和 Acess 开发了舰船装备保障能力评估系统软件,并结合本次舰船装备保障能力评估进行了实例验证。该软件主要功能是为舰船装备保障能力评估提供辅助支持,直观地反映评估过程中的数据,提高评估的可靠性。

7.5.1 评估软件的设计

舰船装备保障能力评估系统的总体功能,如图 7 – 35 所示。系统可以实现关于评估主体和评估客体的数据管理,用户通过接口界面对数据库进行维护和信息录入。系统中预先录入了评估指标、评估标准、评估权重以及评估方法模型等,由用户确定评估客体和评估指标之后,根据评估模型,将评估结果数据录入系统,管理部门可以通过系统对评估结果进行查询,并提供深层分析和处理。

1. 舰船装备保障能力评估系统的功能模块设计

舰船装备保障能力评估系统的功能模块结构设计,如图 7 – 36 所示。

(1)信息管理模块。本模块用于管理和选取评估主体和评估客体,根据评估的目标和要求选取评估专家和评估的对象。

(2)指标体系管理模块。舰船装备保障能力评估指标体系管理模块用于实现指标体系的创建、删除、查询与修改等操作功能。

(3)评估信息获取和处理模块。舰船装备保障能力评估信息获取和处理模块,主要对舰船装备保障能力评估模型相关数据和处理结果进行统计和图形显示。

(4)系统维护模块。系统维护模块,提供用户与密码管理、交互界面管理,以及对原始数据和评估结果的查询、浏览和打印等功能,也负责整个评估过程数据流的控制和管理工作。

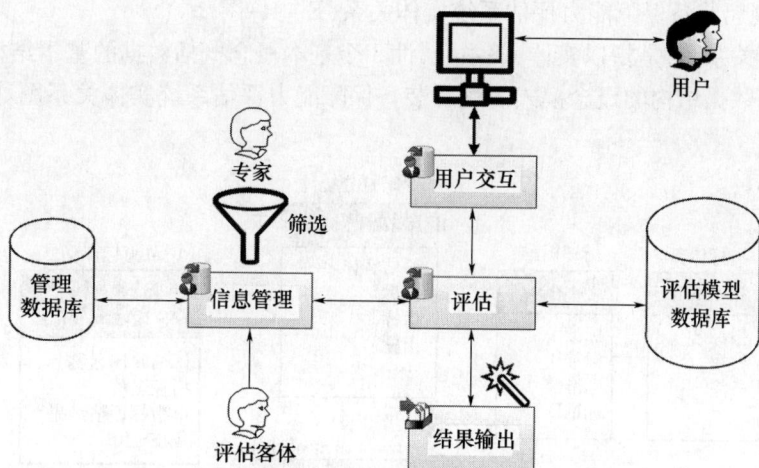

图 7 - 35　舰船装备保障能力评估系统的总体功能

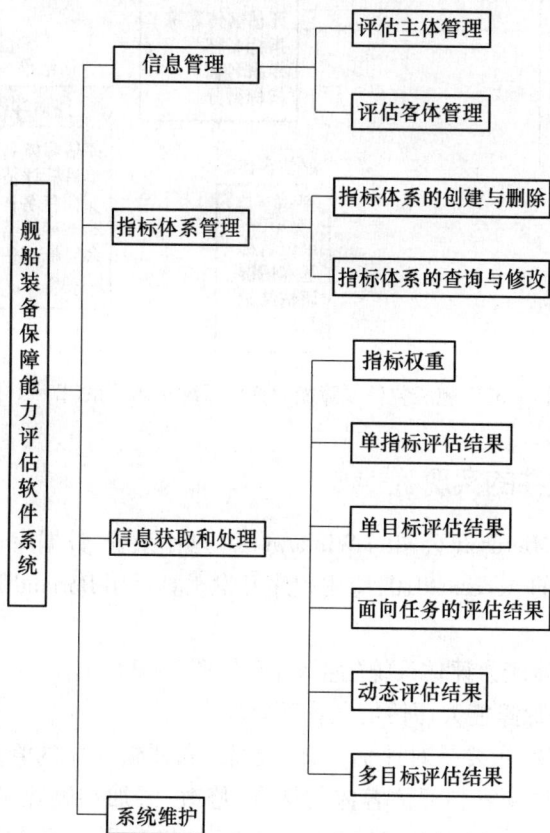

图 7 - 36　舰船装备保障能力评估总体功能模块设计

2. 舰船装备保障能力评估系统实体关系(E-R)图

实体关系图,是指以实体、关系、属性3个基本概念概括数据的基本结构,从而描述静态数据结构的概念模式。舰船装备保障能力评估系统实体关系图如图7-37所示。

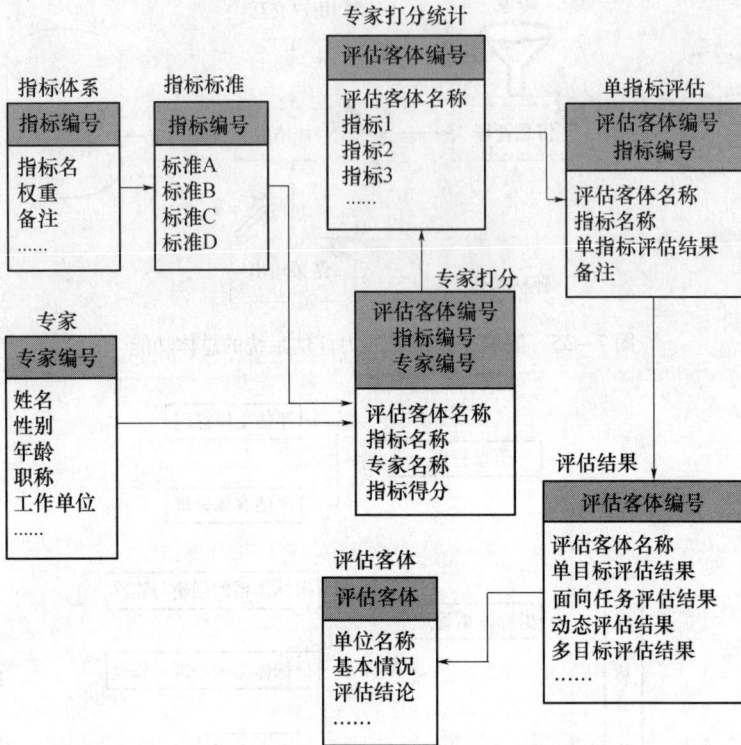

图7-37 舰船装备保障能力评估系统实体关系(E-R)图

7.5.2 评估软件的实现

本系统选用 Microsoft 公司的 Windows XP 操作系统,数据库管理系统(DBMS)是 Microsoft 公司的 Access 2010,应用程序开发工具运用 Borland Delphi 7.0 和 Matlab 7.0。

舰船装备保障能力评估系统的主界面,如图7-38所示。

1. 舰船装备保障能力评估信息管理模块

信息管理模块,主要是对评估主体(专家)和评估客体的管理与查询,通过该模块可以完成评估专家和评估客体的选择、修改、添加和删除等。添加专家的界面,如图7-39所示。选取专家的界面,如图7-40所示。评估客体选取和查询的界面,如图7-41所示。评估客体界面包括评估客体的选择和评估客体的查询,评

198

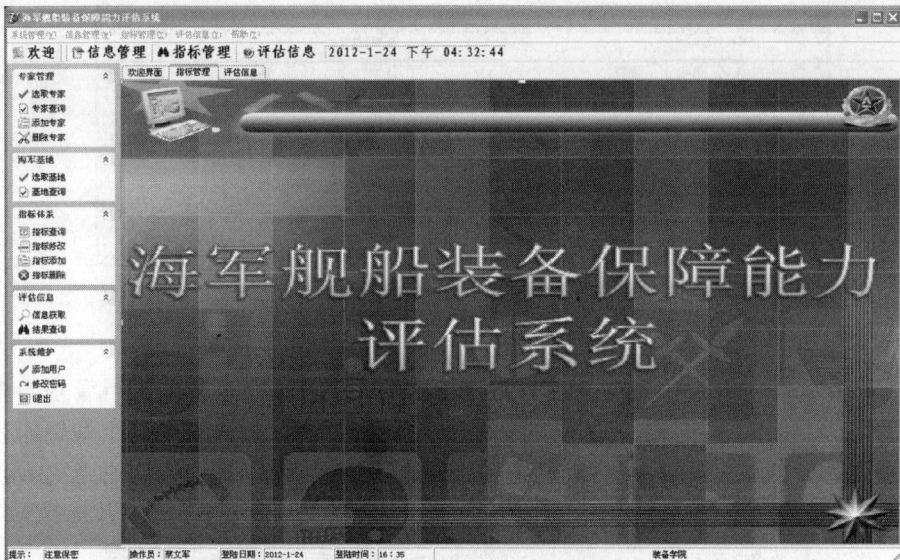

图 7-38　舰船装备保障能力评估系统的主界面

估客体的选择是选择需要评估的对象;评估客体的查询,能够查询评估客体海军舰
船装备的型号、数量、性能、服役时间和运行状态等。

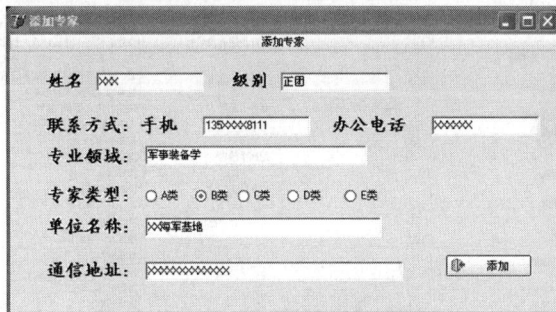

图 7-39　添加专家的界面

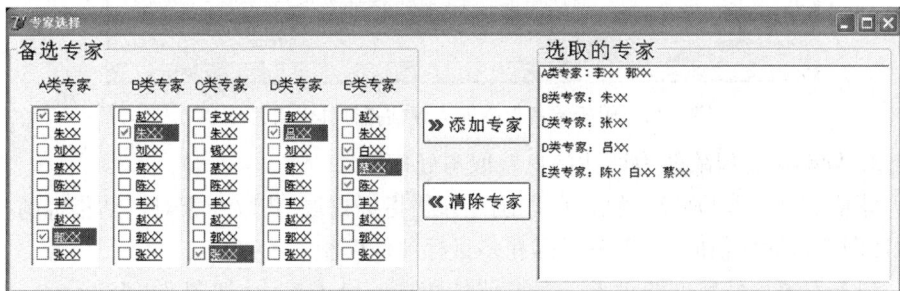

图 7-40　选取专家的界面

199

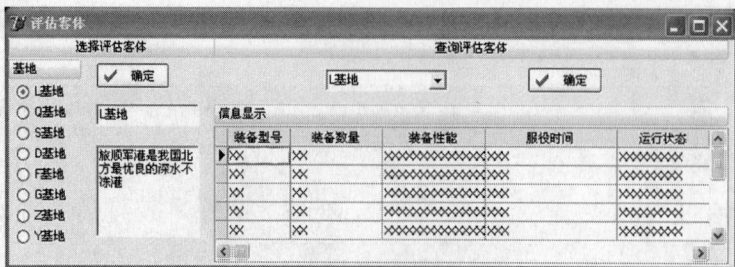

图7-41 评估客体选取和查询的界面

2. 舰船装备保障能力评估指标体系管理模块

指标体系管理模块,主要是对舰船装备保障能力评估指标体系进行管理与查询,通过该模块可以对评估指标体系进行添加、修改和删除,同时可以查询舰船装备保障能力评估指标体系。舰船装备保障能力评估指标体系管理模块如图7-42所示。

图7-42 舰船装备保障能力评估指标体系管理模块

3. 舰船装备保障能力评估信息获取与处理模块

评估信息获取与处理模块,可以确定评估指标权重、获取专家对评估指标的打分,处理单指标评估值,计算单目标和多目标评估模型。

(1)专家评估数据的录入。专家评估数据的录入界面,如图7-43所示。专家评估数据的录入界面,可以统计专家对舰船装备保障能力评估数据。

200

图 7 - 43　专家评估数据的录入界面

（2）单指标评估。单指标评估界面，如图 7 - 44 所示。单指标评估界面，可以统计舰船装备保障能力评估单指标的得分，查询单指标隶属于优、良、中和差的程度。

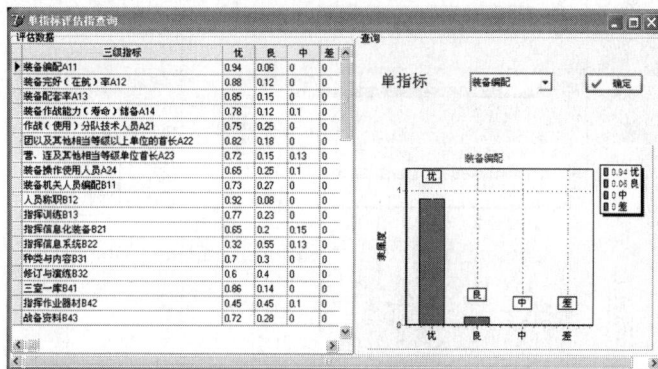

图 7 - 44　专家评估数据的录入界面

（3）评估模型。评估模型界面如图 7 - 45 所示。评估模型包括单目标评估模型、多目标评估模型和元评估模型。单目标评估模型包括单目标评估、面向任务的评估和动态评估。单目标评估模型，可以完成保障能力、一级指标和二级指标评估值的计算；面向任务的评估模型，可以计算基地保障能力满足各种任务的程度；动态评估模型，可以通过调用 Matlab 程序计算保障能力动态评估结果。多目标评估模型，可以完成多目标的排序，并进行聚类分析；元评估模型，可以完成对整个评估活动的评价。

201

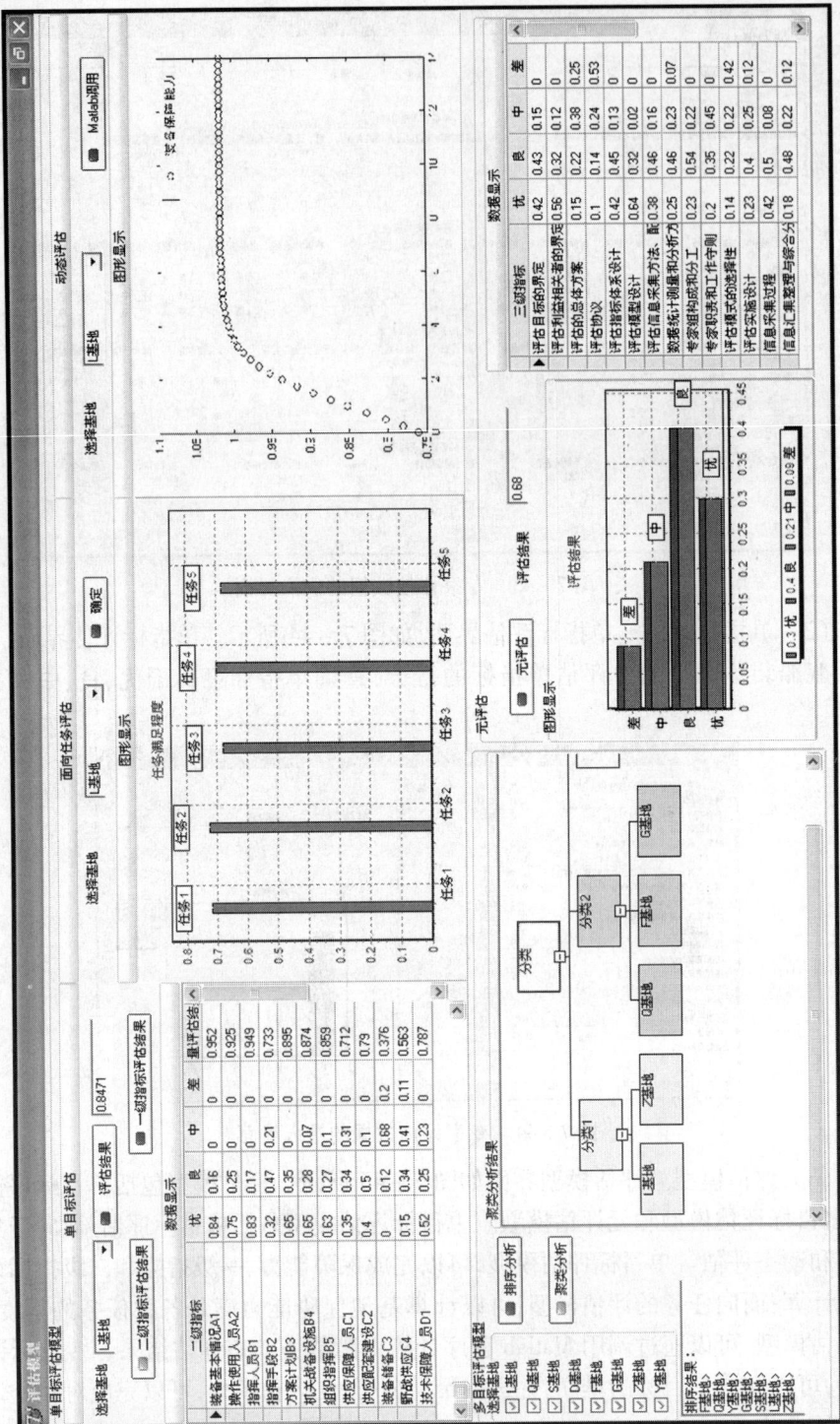

图7-45 评估模型界面

附录 舰船装备保障能力评估指标调查问卷

问卷填写说明：

（1）本书所构建的舰船装备保障能力评估指标体系是针对海军基地而设计的。

（2）请在相应选项前的□中打√或在空格中填写相应内容。

（3）问卷的第2部分，描述了舰船装备保障能力评估一级指标和三级指标的情况。请根据您多年从事海军舰船装备保障能力建设的相关经历，选择您同意还是不同意这些表述的程度，并在相应的表格里打勾"√"，表右边数字的含义是：1——强烈不同意；2——不同意；3——有点不同意；4——即非不同意亦非同意，5——有点同意；6——同意；7——强烈同意。

一、您的有关信息

您的姓名：您所在的单位：

您从事海军舰船装备保障建设的何种工作（可多选）：

□管理工作；□技术工作；□指挥工作；□专家

你从事海军舰船装备保障能力建设工作大约多少年：

□5年以下；□5到10年；□10年以上

二、舰船装备保障能力评估

1. 装备管理使用能力

基础指标	1	2	3	4	5	6	7
	☹非常不同意 ←				→ 非常同意 ☺		
装备编配							
舰船装备完好（在航）率							
装备配套率							
装备作战能力（寿命）储备							
作战（使用）分队技术人员							
保障大队以及其他相当等级以上单位的领导							
保障分队及其他相当等级单位领导							
装备操作使用人员							

2. 装备保障指挥能力

基础指标	1	2	3	4	5	6	7
	☹ 非常不同意 ←——————→ 非常同意 ☺						
装备机关人员编配							
人员称职							
指挥训练							
指挥信息化装备							
指挥信息系统							
种类与内容							
修订与演练							
三室一库							
指挥作业器材							
战备资料							
指挥作业							
指挥机构行动							
指挥所勤务							

3. 装备供应保障能力

基础指标	1	2	3	4	5	6	7
	☹ 非常不同意 ←——————→ 非常同意 ☺						
人员编配							
人员称职							
供应专业训练							
装备分配调整计划							
机动机具设备							
保障设施							
储备规模、结构、质量							
储备管理							
供应保障作业							
战术行动							
机动生存							

4. 装备技术保障能力

基础指标	1	2	3	4	5	6	7
	☹非常不同意 ←——————→ 非常同意 ☺						
人员编配							
人员称职							
技术保障专业训练							
技术保障装备							
技术保障设备							
携行维修器材							
技术资料							
技术保障作业							
战术行动							
机动生存							

您已经填写完这份问卷,您对舰船装备保障能力评估还有何建议,请写在下面:

对您的支持再次表示感谢!

参 考 文 献

[1] 我国军方出台纲要规范装备作战能力和保障能力[EB/OL].[2011-12-27].新华网.

[2] 胡锦涛.高举中国特色社会主义伟大旗帜,为夺取全面建设小康社会新胜利而奋斗.十七大报告[N].解放军报:2007,10.

[3] 拉发格.回忆马克思、恩格斯[M].北京:人民出版社,1959:20.

[4] 毛泽东选集(第1卷).2版.北京:人民出版社,1991:285.

[5] [德]克劳塞维茨.战争论[M].北京:解放军出版社,2005:97.

[6] 朱石坚,辜健,等.舰船装备综合保障工程[M].北京:国防工业出版社,2010:15.

[7] 严兴国,张跃进.海军装备学[M].北京:解放军出版社,2008:9.

[8] 余高达,赵潞生.军事装备学[M].北京:国防大学出版社,2000.

[9] 中国社会科学院语言研究所词典编辑室.现代汉语词典[M].北京:商务印书馆,2002.

[10] 王保存.世界新军事变革新论[M].北京:解放军出版社,2003:14.

[11] 葛涛,等.装备保障能力生成模式影响因素分析[J].装备指挥技术学院学报,2008,4:28-32.

[12] 仲晶.信息化后勤保障力生成模式研究[M].北京:国防大学出版社,2009.

[13] 葛涛,等.装备保障能力生成模式研究[J].军械工程学院学报,2007,4:5-8.

[14] 吕卫东,古平.关于一体化装备保障的系统思考[J].装备指挥技术学院学报,2005,16(4):10-13.

[15] 于洪敏,等.试论装备保障力生成模式转变[J].装备指挥技术学院学报,2011,4:1-5.

[16] 张卓奎,陈惠婵.随机过程[M].陕西:西安电子科技大学,2003:140.

[17] 欧阳莹之.复杂系统理论基础[M].上海:上海科技教育出版社,2002,10:24-36.

[18] 李巧丽,郭齐胜.基于能力的装备需求论证框架研究[J].军事运筹与系统工程,2009,23(2):35-38.

[19] 吕彬,李晓松,陈庆华.装备采购风险管理理论和方法[M].北京:国防工业出版社,2011.

[20] 罗云,张俊迈,吴奕亮.设备寿命周期费用方法及其应用[M].北京:海洋出版社,1992:218.

[21] 李乱泽,郎斌.全寿命周期造价管理在电力工程造价管理中的应用研究[J].华北电力大学学报,2008,(1):7-11.

[22] 腾乐天,李力,韩天祥.以LCC理念进行可靠性管理的探讨与实践[J].上海电力,2005,(1):65-67.

[23] 李涛,马薇,黄晓蓓.基于全寿命周期成本理论的变电设备管理[J].电网技术,2008,32(11):50-53.

[24] 李景仲.海军作战运筹分析及应用[M].北京:国防工业出版社,2008.

[25] 张勇.海军运筹分析[M].北京:国防工业出版社,2008.

[26] 汤宗健.海军作战模拟理论与实践[M].北京:国防工业出版社,2008.

[27] 陈庆华,等.系统工程理论与实践[M].北京:国防工业出版社,2011,10:190.

[28] 何晓群.现代统计方法与应用[M].北京:中国人民大学出版社,1998.

[29] 余建英.何旭宏.数据统计分析与SPSS应用[M].北京:人民邮电出版社,2003.

[30] 荣泰生.AMOS与研究方法[M].重庆:重庆大学出版社,2009:78.

[31] 林嵩.结构方程模型原理及AMOS应用[M].湖北:华中师范大学出版社,2008:48.

[32] 侯杰泰.结构方程及其应用[M].北京:教育科学出版社,2004:158.

[33] 许树柏.层次分析法原理[M].天津:天津大学出版社,1988.

[34] 赵焕臣,许树柏,和金生.层次分析法——一种简易的新决策方法[M].北京:科学出版社,1986.

[35] 赵玮,岳德权.AHP 的算法及其比较分析[J].数学的实践与认识,25(1),1995.

[36] 谢赤,钟赞.熵权法在银行经营绩效综合评价中的应用[J].中国软科学,2002,9:109 – 111.

[37] 乔家君.改进的熵值法在河南省可持续发展能力评估中的应用[J].资源科学,2004,1:113 – 119.

[38] 张守一.现代经济对策论[M].北京:高等教育出版社,1998.

[39] 谢识予.经济博弈论[M].上海:复旦大学出版社,1997.

[40] 万伟勋.管理对策分析[M].上海:上海交通大学出版社,1988.

[41] 梁静国,魏娟.基于证据理论的风险投资项目风险评价[J].科技进步与对策,2005(12): 104 – 107.

[42] 鞠彦兵,冯允成,姚李刚.基于证据理论的软件开发风险评估方法[J].系统工程理论方法应用,2003.12
(3):218 – 223.

[43] 樊红,冯恩德.一种基于证据理论的船舶综合安全评估(FSA)方法[J].武汉理工大学学报(交通科学与
工程版).2004, 28 (4): 546 – 549.

[44] 叶清,吴晓平,宋业新.引入权重因子的证据合成方法[J].火力与指挥控制,2007,32(6):21 – 24.

[45] 李德毅,杜鹃.不确定性人工智能[M].北京:国防工业出版社,2005:143 – 163.

[46] 王新洲,等.模糊空间信息处理[M].武汉:武汉大学出版社,2003:247.

[47] 吴荣海,等.加权模糊 Petri 网的正向推理算法[J].大理学院学报,2007,8:68 – 73.

[48] 袁崇义.Petri 网原理与应用[M].北京:电子工业出版社,2005:1 – 178.

[49] 汪培庄,李洪兴.模糊系统理论与模糊计算机[M].北京:科学出版社,1996.

[50] Huang Y Y, Zhan S H. Fuzzy Petri net mode of fault diagnosis[1]. Journal of Jimei University: National Science, 2002,7(3): 237 – 241.

[51] 杨晶,等.基于可变权重的舰船装备保障资源模糊综合评价[J].中国造船,2011,3:209 – 213.

[52] 邵家骏.质量功能展开[M].北京:机械工业出版社,2004.

[53] 陈庭贵.QFD 技术中质量评判体系及其在冶金设备中的应用[D].武汉:武汉科技大学,2004.

[54] 仓敏.QFD 及模糊综合评判在注塑模设计过程中的应用研究[D].南京:南京理工大学,2004.

[55] 苏愈康.系统动力学原理及应用[M].上海:上海交通大学出版社,1987.

[56] 王其藩.系统动力学[M].北京:清华大学出版社,1994.

[57] 戴汝为,操龙兵.一个开放的复杂巨系统[J].系统工程学报,2001,16(5):376 – 381.

[58] Karnopp D C,Margolis D L,Rosenberg R C. System Dynamics: Modeling and Simulation of Meehatmnie Systems [M]. New York:John Wiley and Sons Inc. ,2006.

[59] 何斌,蔡文.物元命题和事元命题[J].广东工业大学学报,2001,18(1):88 – 93.

[60] 蔡文.物元模型及其应用[M].北京:科学技术文献出版社,1994:22 – 23.

[61] 杨国为.物元动态系统分析[M].青岛:青岛出版社,1996.

[62] 孙延东,张庆波 .基于模糊聚类分析法的地空导弹武器退役模型[J].空军工程大学学报,2005.

[63] (美)项目管理协会,王勇,项目管理知识体系指南.4 版.张斌,译.[M].北京:电子工业出版社,2009.

[64] 徐卓慧,傅纯.关于几种项目管理组织形式的探讨[J].中国高新技术企业, 2008,(23):31 – 32.

[65] 王祖和,聂香.基于 PMO 的企业项目管理组织结构[J].项目管理技术, 2008,(2):22 – 25.

[66] 陈维政,吴继红,任佩瑜.企业社会绩效评价的利益相关者模式[J].中国工业经济,2002,7.

[67] Harold Kerzner.项目管理计划、进度和控制的系统方法[M].杨爱华,等,译.北京:电子工业出版
社,2004.

[68] 朱宏亮.项目进度管理[M].北京:清华大学出版社,2002.

[69] 许成绩. 现代项目管理教程[M]. 北京:中国宇航出版社,2003.

[70] 《MBA 必读核心课程》编写组. 公共部门绩效管理[M]. 郑州:郑州大学出版社,2003:3.

[71] Stufflebeam. D. L. The metaevaluation imperative[J]. Amerrican journal of evaluation,2001,2.

[72] Grasso,P. G.. Meta – evaluation of an evaluation of reader focused writing for the Veterans Benefits administration[J]. American_journal of evaluation,1999(20):355 – 371.

[73] 贺祖斌. 高等教育评价的元评价及其量化分析模型[J]. 教育科学,2001,8:56 – 58.

[74] 曲霏. 高等教育项目元评估的理论与实证研究[J]. 河北:河北工业大学,2007.

[75] 新浪微博. 中国海军基地[EB/OL]. [2006 – 10 – 17] htt P://blog. sina. com. cn/s/blog_51a059dc0100a7hh. htm.

[76] Christopher S. Koprivec, and Peter J. Holdorf. An Analysis of Establishing a West Coast Training Site at Alameda, California, to Maximize Training Efficiencies and Overall Readiness of the Navy Expeditionary Logistics Support Grou P(NAVELSG) Subordinate Units[R]. Naval Postgraduate School,2010.

[77] Competition for Services and Recent Initiatives to Increase Competitive Procurements[R]. United States Government Accountability Office,2012,3.

[78] Jonathan L. Higdon. Base Operation and Support (BOS) ContractsTheir Value to the US Navy . University of Maryland,2007.

[79] Operational Logistics . [EB/OL]. [2012 – 12 – 10]. http:// www. lmi. org/ Services/Logistics – (1) /In – Theater – Support/ Operational – Logistics. aspx.

[80] Maintenance Readiness . [EB/OL]. [2012 – 12 – 10]. http://www. lmi. org/ Services/ Logistics – (1)/ In – Theater – Support/ Maintenance – – – Readiness. aspx.

[81] Logistics – Services. [EB/OL]. [2012 – 12 – 10]. http://www. lmi. org/Contracting/GSA – Schedules – (1)/Logistics – Services. aspx.

[82] Dr Vijay Sakhuja. Naval Logistic Supply Chains: Adopting Best Business Practices [R]. 2005 http://www. Southasiaanalysis. Org/%5 Cpapers15%5 Cpaper1492. Html.

[83] Methods and Models . [EB/OL]. [2012 – 12 – 10]. htt P:// www. l mi. org/Services/ Information – Management/ Tools, – Methods, – and – Models. Aspx.

[84] Clark L. Barker. Examining The Cost Drivers For Navy Aviation Depot – Level Repairables: Recurring Costs Of Aircraft Component Repairs And The Organic Infrastructure[R]. Logistics Management Institute,2009.

[85] Operation and Maintenance Assessments[R]. Portland Energy Conservation, Inc. 2009.

[86] MCSN Michelle E. The valve that changed Navy maintenance[R]. USN Fleet Public Affairs Center,2007.

[87] 许阳,等. 美军装备维护保障技术的现状与发展[J]. 航空维修与工程技术,2005,3.

[88] IEEE recommended Practice for Aircraft, Missile, and Space Equipment Electrical Insulation Test, IEEE 135, April 1969.

[89] Overall Input Efficiency and Total Equipment Efficiency, D. Daniel Sheu, IEEE Transactions on Semiconductor Manufacturing, Vol. 19, No. 4, Nov. 2006.

[90] Understangding the Revolution in Militart Affairs – A Guide to America,21st Century Defense.

[91] U. S. Department of Defense Modeling and Simulation office(DMSO). February(1998).

[92] Open System Acquisition&Supportability Guide,Space and Naval Warfare System Command,internet. .

[93] 张显余,等. 航空兵应急作战装备保障能力评估指标体系研究[J]. 空军航空大学学报,2011,2:31 – 34.

[94] 宋振国. 后勤装备保障能力评估指标体系的建构与合成[J]. 后勤指挥学院学报,2008,2:62 – 64.

[95] 郭煌,等. 灰色理论和模糊数学相结合的装备保障能力评估模型[J]. 火力与指挥控制,2009,3:

75 - 78.

[96] 魏先军,等. 基于 ANP 的联合作战中数字化装甲团装备保障能力评估[J]. 指挥控制与仿真,2009,12: 63 - 66.

[97] 朱峰,等. 基于 BP 神经网络的车辆装备保障能力综合评估模型[J]. 军事交通学院学报, 2006,4:27 - 30.

[98] 王学智,等. 基于 FCA/DEA 的装甲装备基层级维修保障能力评估[J]. 四川兵工学报,2010,3:8 - 10.

[99] 汪正西,等. 基于 Rough 集理论的装备保障资源能力评估研究[J]. 中国市场,2010,4:18 - 20.

[100] 彭善国,等. 基于贝叶斯网络的装备保障能力评估建模研究[J]. 计算机与数字工程,2011,6:61 - 64.

[101] 杨小松,等. 基于层次分析法的车辆装备维修保障能力评估研究[J]. 军事交通学院学报, 2010,9:29 - 32.

[102] 齐健,等. 基于灰色 ANP 的航空装备维修保障能力评估[J]. 四川兵工学报,2010,10:42 - 45.

[103] 吕乙婷,等. 基于灰色关联分析的装备保障能力评估[J]. 防化学报,2010,10:61 - 63.

[104] 臧涛,等. 基于灰色理论的装备综合保障能力评估[J]. 舰船电子工程,2010,11:137 - 139.

[105] 杨晶,等. 基于可变权重的舰船装备保障资源模糊综合评价[J]. 中国造船,2011,3:209 - 214.

[106] 张希猛. 基于模糊评判的电子对抗装备技术保障能力评估[J]. 四川兵工学报,2010,3:25 - 27.

[107] 赵强等. 基于主成分分析法的新装备保障能力评估指标体系[J]. 四川兵工学报,2009,8:94 - 95.

[108] 王海涛,阳平华. 基于主成分分析法的装备维修资源保障能力评估[J]. 四川兵工学报,2008,4: 30 - 35.

[109] 陈跃跃,等. 基于组合赋权法的装备保障能力模糊综合评价[J]. 舰船电子工程,2010,11:140 - 143.

[110] 王平,等. 舰船装备技术保障指挥能力评估研究[J]. 舰船科学技术,2009,7:119 - 122.

[111] 李浩军,等. 舰船装备维修保障能力的一种综合评价模型[J]. 中国修船,2006,6:52 - 54.

[112] 胡海峰,等. 空降兵实战装备保障能力评估模型研究[J]. 通信导航与指挥自动化,2008,5:49 - 52.

[113] 耿德仁,等. 雷达装备保障能力评估研究[J]. 空军雷达学院学报,2010,4:122 - 124.

[114] 侯大达,等. 陆航作战部队装备保障能力评估问题浅析[J]. 陆军航空兵学院学报,2010,4:41 - 44.

[115] 吕卫民,等. 某型导弹装备使用保障能力评估[J]. 火力与指挥控制,2010,3:68 - 70.

[116] 陈进军. 通用电子装备保障能力评估指标体系初探[J]. 装备制造技术,2010,6:134 - 135.

[117] 陈校平,等. 装备保障能力的动态评估[J]. 火力与指挥控制,2011,7:167 - 170.

[118] 张立,冷宣兵,王平. 组合权重舰船装备技术保障能力评估证据理论模型[J]. 火力与指挥控制,2010, 8:162 - 164.

[119] 肖丁,等. 装备保障能力评估指标体系研究[J]. 装备指挥技术学院学报,2011,6:42 - 45.

[120] 张执国,等. 装备保障能力评价体系构建于评价方法研究[J]. 空军装备,2011,11:63 - 64.

[121] 李玉鹏,等. 基于主成分分析的空军雷达兵通信装备保障能力评估[J]. 装备指挥技术学院学报,2011, 4:42 - 44.

[122] 王学义,孙德宝. 部队装备保障能力评价研究[J]. 军械工程学院学报,2002,1.

[123] 曹小平,孟宪君,周红,朱三可. 保障性论证[M]. 北京:海潮出版社,2005:199 - 209.

[124] 李德彩. 战略后勤指挥决策模型化研究[M]. 北京:国防大学出版社,2002:143 - 150.

[125] 俞康伦. 部队装备保障运行评估研究[J]. 河北科技大学学报,2002,4.

[126] 史超,王强,张建立. 航空装备保障性评价的一种新模型[J]. 空军工程大学学报,2003,2.

[127] 马晓峰,刘军,何海龙. 基于神经网络的装备保障资源评估[J]. 装备指挥技术学院学报,2005,2.

[128] 魏勇,刘著卿. 基于 FWFPN 的装备保障性定性指标评价算法[J]. 海军航空工程学院学报, 2011,1:81 - 84.

209

[129] 张涛,等.基于增强型扩展的面向对象 Petri 网模型的装备保障能力评估建模[J].兵工学报,2006,3:273-277.

[130] 孙栋,等.基于熵理论的装备保障力量体系结构复杂度评价[J].军事交通学院学报,2008,9:35-38.

[131] 赵时,等.支持向量机在航空装备维修保障能力评估的应用[J].科技信息,2009,15:436-437.

[132] 李玉鹏,等.基于主成分分析的空军雷达兵通信装备保障能力评估[J].装备指挥技术学院学报,2011,4:42-44.

[133] 田军,李应趾,韩其龙,方晓峰.导弹装备保障能力评价方法研究[J].第二炮兵工程学院学报,2004,8.

[134] 郭煌等.灰色理论和模糊数学相结合的装备保障能力评估模型[J].火力与指挥控制,2009,3:75-78.

[135] 王学义,孙德宝.部队装备保障能力评价研究[J].军械工程学院学报,2002,1.

[136] 刘增勇,等.基于可拓理论的装备维修人员保障能力评价[J].军事交通学院学报,2011,1:29-33.

[137] 丁祥,薛红军.证据理论在后勤装备保障效能评价中的应用[J].科学技术与工程,2007,11:5723-5725.

[138] 穆富岭,武昌,吴德伟.维修保障系统效能评估中的变权综合法初探[J].系统工程与电子技术,2003,6.